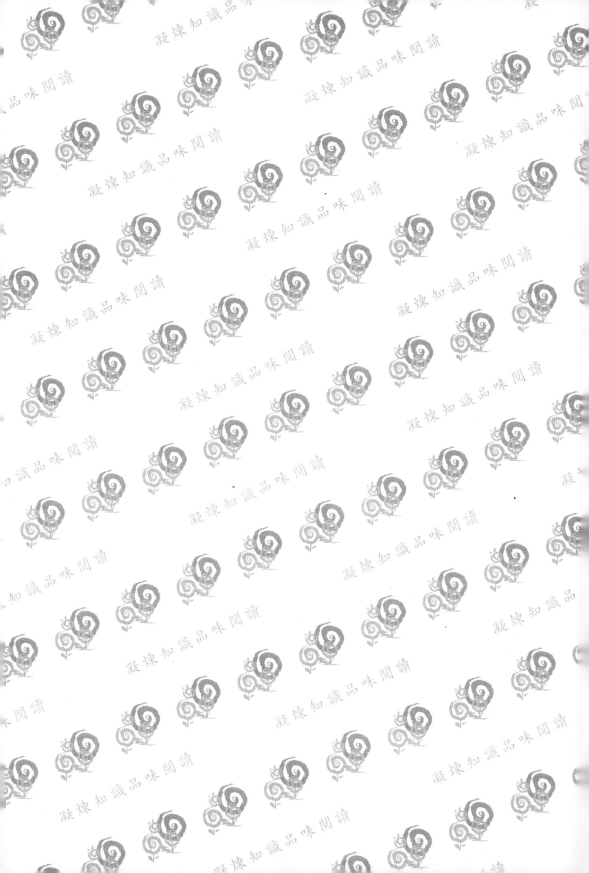

教材教法
——發展與革新

張添洲 著

五南圖書出版公司 印行

編　序

　　跨世紀時代，課程、教學方法與教學材料，面臨更多元化、現代化、專業化、資訊化等全方位的挑戰與衝擊，尤其是教材與教法的發展，關係著整體教育的應用與發展。

　　本書旨在探討課程、教材與教法，全書分三篇十三章。教材與教法的良窳攸關教育目標、教學活動的成敗，更是影響學校教學效能的關鍵因素。因此，第一篇為「課程篇」，期能導引教育工作者與讀者，建立正確的課程理念。包含：教學概論（第一章）、學習理論（第二章）、課程（第三章）、教學設計（第四章）等章。

　　第二篇為「教法篇」，包含：教學模式（第五章）、認知領域教學法（第六章）、情意領域教學法（第七章）、技能領域教學法（第八章）、其他教學法（第九章）、多媒體教學法（第十章）等。教育的發展與革新，需要借助教學以增進績效及改革方案。當前教學方法的發展與管理，有其時代、環境、社會、文化、經濟等背景特色，自有一套規範，本篇希望能提供教學方法應用基本認識與架構。

　　第三篇為「教材篇」，包含：教材（第十一章）、教學媒體（第十二章）、課程教法革新（第十三章）等三章；對於教材理念、教學媒體等的正確瞭解，是教學發展與經營的重點，方能分享教育成果、科學技能的智慧與成果，確認教育發展各種觀點，進而有效吸收、應用、以達成「因材施教」、「教學相用」理想鵠的。期能配合教育與訓練前瞻性的規劃、實施，延續過

去的教育經驗傳承，更能展望未來，達成前後呼應的要求。

　　隨著科技化、民主化、國際化、專業化、多元化、自由化等時代潮流，愈加凸顯教法、教材的重要性。本書期能提供教育與訓練工作者、師範院校、教育學程學生等，作為教育、學習、訓練、經營、輔導等的參考與應用。本書係利用課餘編著，個人學疏才淺，疏漏在所難免，尚祈專家學者、讀者先進給予賜教指正，以利修正為荷。

張添洲

89.6

目　錄

第一篇　課程篇

第一篇

課程篇

1 教學概論

- 教育發展：人本、自由、民主、多元、國際、科技化
- 教育目標：類別、領域、敘寫、當前目標、教育目的
- 教學活動：規範性意義、教學活動，學習領域、學習主義、基本歷程、教學方法、內容選擇
- 教學方案發展：教學資訊、教學方案發展
- 學校本位課程：發展、優缺點、九年一貫課程
- 教法教材：教學方法、教學材料

第一節 教育發展

教育是百年樹人的大計，為社會發展的原動力。是主導經濟、政治、科學、社會、文化、國防等整體發展的根基，其成敗影響國家民族的盛衰。經由教育活動的實施、指導、互動、鼓勵學生們自動學習，以獲得生活上所需要的知識與技能，進而充實生活經驗，謀求身心之健全發展，以帶動社會生活之改善。因此，在整個教育活動中，首重正確發展目標指引，以增進教學效果，激發學生的學習潛能和學習信心，方能提高學習的成效和教育品質。

就教育體制的施行方向與教師對學生的引導而言，理想的教育應以啟發心靈為目的，培養學生「認識自己」，具有自我教育的能力。故教師應時時思考如何在教育歷程中成就自己，進而引導學生認識自己、開發潛能；法國教育家阿里葉（Philippe Aries）指出教育的過程是「人的內在本質的精練，這種精練是透過自我教育來達成。」因此，教師在引導學生追求知識、技能與探索生命價值前，必先不斷地自我教育，期許在「成人覺他」前先「自覺成己」。

教育的對象是「人」，教育歷程中充滿人際的互動，舉凡父母子女、師生、同儕之間的互動溝通，都蘊含深厚的教育意味。說文解字對教、育兩字之字義注釋：「教，上所施，下所效也。」「育，養之使作善也。」即說教育活動是一個「模倣」的歷程，要求父母、教師、兄長等在上者表現善良的行為，以做為在下之子弟、晚輩、學生等模倣學習的榜樣。《禮記・學記》：「教也者，長善而救其失者也。」指出教育具有補救個人缺失、開發人性良善面的作用。

教育具有陶冶、修正、培育個人氣質的作用，瑞士教育家裴斯塔洛齊（Johann Pestalozzi）認為人性中涵有原始獸性、社會性與道德性

三個層面，教育的功能即在克制人的原始獸性而發揚其道德性（張春興，民83）；《中庸》開宗明義說：「天命之謂性，率性之謂道，修道之謂教。道也者，不可須臾離也；可離，非道也。」意指教育若能順乎人類原本清淨的本性而引導之，使人朝良善的方面發展，不斷地琢磨修正因後天環境影響而積染的習氣，而向本真處去尋，以恢復人類本來清淨良善的自性。

教育的本質在尋「道」，而「人道」之建立係經人自身不斷地努力修養、自我教育而成，此即教育歷程中施教者與受教者的任務。施教者能提供符合人性正向發展的教育原則引導之，受教者願意努力提升自己、修正不當的行為，以朝「君子」的人格理想邁進。當社會中多數人渴望成就君子人格時，則群體文化精神之提升可期，進而凝聚文化特色，創造文明的高峰。

教育的發展潮流如下（曾憲政、高勳芳、周麗玉，民84）：

(一)人本化

教育是以人為對象，傳統上都是將孩子視為被教育者，一切思想都是由教育者所安排，往後的教育基本態度，得將學生看成主體，重視學習者的基本權利及其感受，課程設計及教學組織，也要以孩子為思考。同時強調人與各種環境的和諧。

(二)自由化

改進教育品質的根本，在於人人可以自由選擇學校，將加強各級學校的評鑑，賦予更多的教育選擇權。以聯考為例，入學管道更具彈性，儘管部分家長仍然看重分數與聯招的分發，不過學生將隨天賦資質，可以獲得更多的自由發展。自由化的結果，是尊重學術自由，讓教育有自由權，而且尊重專業。

㈢民主化

　　教育的參與者，包括教師、學生、家長、社區，甚至於企業人士，人人有更多的管道發表看法。政治、社會趨向於民主與開放之際，未來的社會乃建立於相互尊重的地位，尤其應該培養孩子照顧弱勢者的觀念。

　　家庭中，權威教育逐漸式微，對於孩子的管教更民主化，建立在非溺愛上。公開討論教育需求，聆聽孩子的心聲。身為家長，應多吸收新知，在「鬆」與「綁」之間，拿捏得當，例如生活常規、習慣的建立，以「綁」待之，而學業成績、聯考分數，以「鬆」對之。

㈣多元化

　　民主化的結果，就是容納各種不同的聲音。因此，多元化的社會中，各類族群平衡，而在人生舞臺上將有更多的角色扮演。多元化的入學管道，將孩子的性向作更多的發揮。

　　舊時代單一價值觀已經不時興，在教導孩子多元化價值判斷時，應教導尊重他人、容納不同意見，並學習以智慧化解衝突的能力。

㈤國際化

　　國際化腳步迅速，接觸國外資訊廣泛，應在認同本國文化之餘，培養孩子國際觀，以及對各國民族文化的尊重。

㈥科技化

　　新科技媒體進入教育領域，跨國學習已是新的潮流，尤其是電腦網路的流通，孩子學習更多的知識與技能管道將更多。

第二節 教育目標

　　教育的目標，在傳授科學與技術基本知識，精通基本技能，維持身心的正常發展，養成良好的工作習慣，使學校畢業後，均能擁有就業的能力，謀得合適的工作。所以說教育是一國的百年樹人大計，完善的教育體制乃培育人力資源之要徑。

　　教育在使人變得有教養、聰明、善良、有智慧、懂得把知識和技能應用在有建設性的地方。博雅教育是教育目標之一，也是孔門六藝的基本精神。

　　變遷的時代，科技發達、資訊爆炸、民主法治社會，正是高度流動變化的社會，知識與技能成了人們安身立命的必要條件，然而個人的知能難以避免其有限性，面對生活中的種種挑戰，若能經由教育的培訓，以培育自身工作、生活中的知識與技能，將能發展出回應挑戰的能力。茲舉當前教育目標與體育教育目標為例：

一、教育目標類別

　　教育目標（purpose）通常分為三類（黃光雄，民77）：

（一）目的（aim）

　　性質最為抽象，內涵最為複雜，達成時間最長久，教育宗旨及學校目標均屬此類。例如，教育目的在提升人性、促進文化發展、培養良好公民等。

㈡具體目標（objective）

　　性質最爲具體，內涵最爲明確，達成時間最爲短暫，課堂教學目標屬此。例如，在半小時的測驗，能列舉出血急救處理法的步驟，詳敘每一步驟的必備條件。所有步驟必須包含於正確的程序裡面，同時需與課本所列的內容相符，強調以可觀察、可測量的言詞，詳敘學習者的發展。

㈢一般目標（goal）

　　處於目的與具體目標間，學科目標屬此。例如，高職社會科目標在「培養學生瞭解社會科學的重要概念，與精熟適當的技巧」等。

　　目的、一般目標與具體目標等三類目標的區別或劃分是相對的，而不是絕對的。

二、教育目標領域

　　教育目標可分爲三個領域（黃光雄，民77）：

㈠認知領域（Cognitive）

　　認知領域目標，強調記憶前已學過的事物，以及解決知性的工作。認知目標從單純的回憶已學的材料，到綜合新理念或材料的高級創造能力。這一領域包括六個層次，即記憶、理解、應用、分析、綜合及判斷等。

㈡情意領域（Affective）

　　情意領域的目標，強調感覺、情緒及態度等。情意目標由對選擇的現象加以單純的注意，到複雜但內部一致的品格和良心。許多研究將此類目標視爲興趣、態度、欣賞、情緒狀態等。包括五個層次，即

接受或注意、反應、評價、價值組織及品格形成等。

㈢技能領域（Psychomotor）

技能領域的目標，強調肌肉或動作的技能、材料或物品的操作，或需神經肌肉協調的動作。技能領域包括七個層次：知覺、準備狀況、指導的反應、重複練習、複雜的明顯反應、調適及創作等。

在社會科學概論教育目標中，除了認知和情意目標外，另外強調過程目標（process objective），即培養學生探究知識及解決問題的方法和過程，而技能目標則較少涉及。

三、教育目標敘寫

教育目標的敘寫可分兩類，一是一般目標的敘寫，主要用在單元目標層次以上的目標，諸如學科目標、學校目標等等。另一是具體目標，或稱行為目標，主要用在日常的課堂教學。

㈠一般目標敘寫

一般目標是源自教育目的，陳述廣泛的方向或一般的意圖。其特徵：

1.一般目標在陳述期望的結果，表示學生的學習成就。

2.一般目標無法確定其達成的特定時間。

3.一般目標涉及的範圍要適當，不宜過廣或過狹。不要廣到像教育宗旨，狹到像列舉教材細節。

4.一般目標最好只包含一項一般的學習結果，而不宜將多項學習結果結合在一起。

一般目標是描述學習的「結果」，而不是學習的「過程」。

一般目標敘寫的例子，如：學生能夠對其工作發展積極的態度、學生能夠發展邏輯思考的技巧等。這些目標均描述學生的學習結果，

沒有指定出明確完成的時間，只含一項學習結果。

　　㈡具體目標敘寫

　　具體目標在描述學生於完成一項指定的學習單元後，能做何事的陳述。具體目標能夠告知學生，教師期望其達成目標後的行為表現，例如：寫出一篇短文、繪製一張圖表等，以證明他們已經學會了要求學生要做的事情。

　　具體目標的構成要素：

　　1.行為：學生學習後所要表現的行為，可以觀察及測量的。

　　2.條件：即學生在表現其行為時的一些規定、條件或限制。

　　3.標準：即學生學習完成後，行為表現所要達到的標準。

　　例如，半小時的測驗，學生能夠列舉急救處理的步驟，詳述每一步驟通過的必備條件。所有的步驟必須包含於正確的程序裡面，同時通過的必備條件須與課本所列的內容相符。這是典型的具體目標或行為目標，裡面包含了行為、條件及標準。列舉、詳述等是行為；半小時的測驗是條件；所有的步驟必須含於正確的程序裡面、通過的必備條件需與課本所列的內容相符，則是標準。

四、當前教育目標

　　教育部為因應社會的變遷，進行一系列的課程改革。不斷邀集學者、專家、校長、教師、教育行政人員及社會資源人士，修訂各級學校課程標準。新課程標準係以生活教育及品德教育為中心，培養德、智、體、群、美五育均衡發展之活潑兒童與健全國民為目的。其基本理念著重未來化、國際化、生活化、人性化及彈性化。

　　行政院教育改革委員會（民84），指出當前需要加強的教育目標如下：

　　1.自律的道德情操。

2.自我瞭解的能力。

3.適應變遷的能力。

4.尊重他人的習慣。

5.關懷他人的情意。

6.革新創造的能力。

7.手腦並用的能力。

8.高尚的生活品味。

9.團隊合作的精神。

10.民主法治的精神。

11.科學技術的智能。

12.終身學習的習慣。

13.生態環境的關懷。

14.開闊的世界觀點。

教育事業的投資是提升人力資源最有效的途徑，而且是增進國民就業能力的捷徑，提供了均等的教育機會，除了教導專業的知識與技能外，還培育職業道德，進行職業輔導等，以提高勞動生產的效能和人力素質，達成充分就業的目標。

五、體育教育目標

㈠健康與體育學習領域

體育學習領域方面，應包含身心發展保健、運動技能、健康環境、運動與健康的生活習慣等方面的學習。

美國體育學者希典特甫（Siedentop）與日本高橋健夫等認為「體育」應包含三種意義（吳萬福，民87）：

1.透過運動（sports）的教育：以運動為方式，促進身心機能的發達、培養良好社會行為、加強體能、充實休閒娛樂的知識與技能等。

2.有關運動的教育：是與運動有關的各種科學：

　　A.自然科學：包括生物學、生理學、生物力學、醫學、形態學等。

　　B.人文科學：包括運動學、運動哲學、心理學等。

　　C.社會科學：包括運動社會學、運動訓練學、運動方法學、經營管理、行政學、運動測驗統計學等。

3.運動本身的教育：也就是運動技術、方法、規則、政府策略、運動場上的公正、公平、公開等行為的教育。

體育活動是綜合性的，包括身、心、社會、生活等多層面的意義與價值的。我國體育的發展歷史，從早期以「體操」為主的體育課，到今日強調遊戲、樂趣、創造思考的體育教學，「運動」主宰大部分的學校體育教材。

運動教育的課程，應適合於學生情意、技能與認知等三方面的發展：

1.情意方面目標：包含了學生能習得對團隊合作與正當比賽，做出理智決定的期望，在歡樂的氣氛下進行競賽，藉以增進遊戲技巧與策略，瞭解每種運動的習俗與慣例，而成為較理想的運動參與者。

2.認知方面的目標：關注學生規劃和管理運動競賽的能力，包括隊伍的選擇、賽程表和紀錄保存等。此外，學生亦發展能夠分析團隊戰略、實際能抗衡對手的策略之選擇能力。當學生成為有效率的運動參與者。發展出負責的領導能力，被鼓勵去擔任使運動參與更順暢的輔助性角色，諸如裁判、教練和記錄員等。

3.技能方面的目標：包含培養特殊運動的體適能，以及競賽時必備動作技能的發展，這類比賽是基於參與者的能力而修改規則、場地和器材、設備。

六、教育目的

布魯納指出教育目的如下：

1.協助學生使他們能處理事情、觀看和想像事物、進行符號運作，特別是與其所處文化表現有關的運作。

2.發展學生信心，使他們相信透過心靈（mind）可以解決問題。能重視教材的適切性（relevance）和結構（structure）。

3.培養學生自我推動，引導自己去操作許多學科有關的材料。

4.培養學生在應用「心靈」時，顧及經濟性，亦即重視教材的適切性。

5.發展學生新制的真實性（intellectual honesty），亦即使學生願意以信心、能力、誠實和技巧以應用心靈。

第三節　教學活動

中國古籍裡的「教」與「育」之意義是相同的。《孟子・盡心篇》首先將教與育合字：「得天下英才而教育之，三樂也。」「教育」一詞合用與「教」或「育」單獨使用之意義都是相同的，都是在增加才智、培養道德（賈馥茗，民72）。

《說文解字》：「教：上所施，下所效」。教字含有提出、顯示的意義。上，是指教師或長輩；下是指學生、弟子或晚輩、下一代。就文意言，凡是師長之言行舉止，學生都可加以模仿；《中庸》有「修道之謂教」；《禮記》有「教也者，長善而救其失也」等記載。

教學二字，合用最早見於《禮記》的〈學記〉篇：「君子如欲化民成俗，其必由學乎。玉不琢，不成器；人不學，不知道。是故古之

王者建國君民，教學為先。」可知「學」是必須的，但要有「教」導引。在學記裡除了這一段文字是把「教」、「學」並用外，其餘便只用一個「教」字。而此一「教」字的意義包括知識和品格的學習，與今日通用的「教育」功能相同，但其內涵則更廣泛（賈馥茗，民72）。

　　教學，是教師指導學生學習的一種活動，是教師運用適當的技術，以指導、鼓勵、激發學生自動自發學習，以獲得其所需要的知識、技能、習慣、態度和理想的過程。教師在教學過程中，不僅要提示教材或講解教材，更須佈置適當的環境，引起學生學習的動機，指導學生從做中學，由行中求知。

一、教學的規範性意義

　　教學的概念可分為「教育性」與「非教育性」。通常教育界都採取其教育性的用法，亦即認為教學也必須遵循教育的認知性、價值性及自願性的規準，否則則為非教育性的教學，或是真假不明、善惡不分的教學，此種見解有悖於教學原理（林寶山，民77）。

　　教學除須符合教育的認知、價值及自願性三種規準外，尚須符合下列三項規準（歐陽教，民75）：

㈠合目的性（purposiveness）

　　任何一種教學活動都是有計畫、有目的的活動，都有所要達成的預期學習成果（intended learning outcomes）。這些目的皆應符合認知及價值規準。

㈡釋明性（indicativeness）

　　教學應透過各種教材及教法直接明示給受教學生，使受教學生均瞭解教師的明確教學意義，以有助於學生的學習、模仿與理解，教學

的釋明性愈高，教學效果愈佳。

(三)覺知性（perceptiveness）

教學活動，包括所要達成之成果皆應為師生雙所共同覺察。教師要瞭解教材、顧及學生能力與學習意願，才能被學生接受，否則很容易流於有教無學或單向式教學。

綜上所述，教學活動有其規範性或準則依循。教學的良善與否，教學有效與否，都可根據上述規準評判。

二、教學活動

教學活動發展順序（李宗微，民80）：

(一)動機（motivation）

研究顯示，除非學生有動機想學，否則很難強迫學生學習，如同可牽牛至草邊但無法強迫牛吃草般。教學活動開始最重要的事項就是引發學生的動機，老師可藉各種不同的活動來引起、鼓勵學生的好奇心，將要教的內容與學生產生關連。

(二)目標（objectives）

在教學活動進行之初，學生就應知道他們要學什麼，在學習結束後他們應具備那些知識、技能或態度。教師宜以學生能理解的名詞概念表達，不應使用專門的學術術語來說明。

(三)必要條件（prerequisites）

當我們將新知識、技術與已知的知識庫結合產生關連時，學習會變得有效，新的知識如是建構在原有的基礎上，學生只需擴充其原有的知識庫，無需另闢新途。說明了學生為何要「溫故」，回想以前學

過的內容。學生如不具備起點行為，教師當儘快予以補救，否則教學
活動很難繼續。

㈣訊息與舉例（information and examples）

行為目標的達成絕非一蹴可幾，要先提供一些相關的訊息。例
如，教切銷實習一定要先教切銷理論與規則；希望學生車銷錐度，就
要先告訴學生什麼是錐度；要教導身體動作也要先行示範、或用口頭
說明、畫面圖解。舉例是提供學生實際應用的狀況，示範也是舉例的
一種。

㈤演練與回饋（practice and feedback）

多數的學習情況，學生如要獲得特殊的技能知識或態度，一定要
多加演練。例如，學習目標是學生能寫相反詞，那麼教師應多提供詞
句好讓學生練習書寫。學生演練後一定要讓他們知道練習的結果。因
此，回饋就是教師對學生回答的一種反應。教師有責任要告訴學生的
答案是否正確。錯誤的答案如教師不及時回饋予以糾正，再多的練習
也無濟於事。

㈥測試（testing）

學生適度的演練後，測試就隨之而來，以瞭解學生理解知識與技
能的能力。教師可先準備形成性評量，先進行小規模的測試，考量學
生。

㈦強增廣化與補救教學（enrichment and remediation）

教學結束後，希望每一個學生均能達成所述的行為目標。會有一
些學生提前達成目標，或無法達到預定的目標。因此，提供一些增廣
的活動給學習已達精熟程度；針對未達精熟者，應安排補救教學活
動，方能使得學習發展完備。學習類型與教學活動的關係如表1-1。

表1-1　學習類型與教學活動關係表

領　　域	活　　動
知識	回憶內容，提供足夠的演練
心智技能	強調起點行為，舉例、演練與反應
身體技能	實際操作，練習與反應
態度	引發學生動機去改變、提供如何改變的方法

資料來源：李宗微（民80），頁84。

三、學習領域

學習目標因人類學習活動的領域不同，區分為三種領域：

1.認知領域（cognitive domain）：能理解到應用的過程，亦即從單純到複雜的狀態。如理解、認識等。

2.情意領域（affective domain）：強調的是學習者的態度及價值，轉變為個人特性的內化程度（degree of internalization），如接受，反應及價值系統的確立等。

3.身體技能領域（motor skill domain）：領域範圍，為運用身體官能及機械技巧的協調性。如模仿、操作、運用、精確性等。

由於每個人的屬性、能力及經驗背景不同，學習目標無論在上述哪一個領域，都應容許個人的差異存在，老師不能以班上表現最好的學生為標準，而要求其他學生達到此一標準，有時老師不妨讓學習者自訂學習目標。

四、學習主義

學習理論既多且雜，概括性說明如下：

(一)行為主義學說

刺激、反應、制約等，都是行為科學學者習用的名詞，其研究偏向學習者外在行為的觀察和測量。以八○年代知覺原則（perception principles）為例，說明其要點。

1.編序教學（Programmed Instruction）：史金納（B.F.Skinner）是行為主義心理學派最重要的代表人物，認為學習就是行為的改變，亦即個人受外在環境刺激（stimuli），產生反應（response），繼而形成某種結果。例如，定義新名詞、解數學題目等。持續這種刺激反應的模式（S-R），產生操作制約。簡單的說，操作制約就是我們獲得經驗的學習歷程（陳敬明，民77）。

增強（reinforcement）是操作制約的重要概念，凡是能夠強化個體的一切刺激，包括人、事、物等，均可視為增強物。不論正或負的增強物，對學習反應都會產生強化的作用。

編序教學著重個別化的自我學習方式，成功與否，要看其教學內容編排良好否，教材的編排必須先熟悉整個教材的內容，找出終點行為，再根據終點行為，將教材分解為小步驟。今日編序教學已經逐漸為電腦本位教學所取代。

2.知覺原則（Perception Principles）：知覺是人們感應外在環境的複雜過程，利用感官，如眼、耳、神經系統以理解周遭環境，並與外界保持密切聯繫。亦即，知覺是對外在環境感應的最初接觸，沒有知覺，那麼學習將無法產生。

知覺的基本原則（李宗微，民80）：

A.知覺是相對的而非絕對的。

B.知覺是有所選擇的。

C.知覺受期望或安排的影響。

㈡認知心理學（Cognitive Psychology）

由於行為主義學說，偏重於外在行為的觀察與測量，對學習者內在行為的分析與高層次的心智活動較缺乏處理。就學習者而言，內在思維體系中無論是知識的記憶、儲存與應用或是思考的過程，都是不可或缺的一部分。因此，探討學習者心智發展過程的認知心理學自然是教學理論概念的重要依據。

五、教學活動基本歷程

教學活動歷程，涉及了許多人與事物之交互作用，這些教學事件（instructional events）與教學的成效有密切關係。一般而言，教學過程包括了下列四種活動或事件（林寶山，民77）：

㈠瞭解學生的起點行為

教學首要步驟，是要對學生的目前程度、能力、興趣、抱負、性向、人格特質等條件有所瞭解。教師對這些起點行為瞭解愈多，教學計畫的研擬會更切合學生需要，教學活動也愈能順利進行。

㈡準備適宜的學習環境

如同戲劇導演要提供理想的場地供演員表演一樣，教師也要準備適合學生學習的環境。這種環境包括舒適的物質環境，有充實的學習資源，有自由、安全的氣氛，使學生能夠獲得鼓勵，能夠培養出學習的心境。

㈢擬定教學規劃及目標

正式教學活動展開前，教師必須擬定教學計畫（instructioal plan）及教學目標（instructional goal）。教學計畫是教師進行教學的重要依

據。無論是單元教學計畫或每課計畫，或教案的設計都是教學活動不可或缺的一環。

教學目標的確定在教學準備過程中極為重要。教師應先擬定所欲期要達成的目標，並以適宜的方式來敘寫目標。教學目標的確立方可作為教學評量的指標。

(四)評量學習成果

透過評量，教師可以瞭解學生的學習是否有進步，是否朝向預期的目標，是否需要補救教學，此外，前一單元的評量方可作為下一單元教學的參考。

以上四種活動構成教學的基本歷程。在此一歷程中，由於教師的教學技巧、學生的學習特質、課程、教材及各類教學資源與環境等因素的交互作用，教學型態呈現多樣化，教學的成效也因之有所不同。

六、教學方法

教學方法，是實現教學目標的一種手段，教學的目標、教材和教法要密切配合，方可達成有效教學的目的。而教學目標和教材的不同，教學方法亦有差異。教學方法的區分（袁立錕，民72）：

(一)根據教學目的而分

1.練習教學法：教學目的，在指導學生養成某種習慣、技能。
2.思考教學法：教學目的，在增進學生知識、啟發學生思想。
3.欣賞教學法：教學目的，在培養學生態度、理想和興趣。
4.發表教學法：教學目的，在培養學生表達情意能力。

(二)根據施教方式而分

1.示範法：教師以實際的操作、試驗作示範，在進行中逐一加以

解說，是技職學校專業科目，實習技能訓練的最佳教學方法，其他如科學的科目亦需採用。示範教學每次只能以一種操作或一個知識與技能為原則，待學生徹底瞭解後，才可進行另一操作示範。

2.書面教學：凡可用口述的教學內容，亦可用文字敘述。書面教學有各種不同的形式，坊間有許多出版的書面資料可供教學使用，但應慎加選擇，並妥善指導。

3.觀察：參觀工作的程序從中學習的教學方法，須有適當的人從旁作中肯的說明。對生產情況的學習，及班級學生數較多時適用。

4.討論：教師與學生討論，或學生與學生相互討論，但須由教師作適當的指導與控制。

5.講述：教師將準備好的教學資料對學生作口頭講述。

6.會議法：如小組討論等方式的教學法，教師居於領導地位，以控制討論的範圍。

很難找到最好的教學方法，因為任何的教學情境中，教學目標、對象、人數、教師、學生、教材、時間、設備、組織等，均會影響到教學方法之成效。對教學方法應有適當的研究素養，方可因客觀情況之不同而隨時調整其教學方法。

七、教學內容選擇

教育的內容範圍甚為廣泛，大到整個宇宙、天文地理現象、經濟社會動態，小至一顆小螺絲釘，都有關教育的應用。因此，選擇教學內容的原則如下（黃政傑，民86）：

1.目標：教學內容的選擇必須依據目標，即是有什麼目標便有什麼內容，讓目標和內容取得一致性，教學活動才能趨於統整。

2.範圍：如能設計足夠的時間去學應用性和遷移力最大的概念，使學生充分理解，則可將使其他概念的學習時間減少，可兼顧深度與廣度。

3.重要性：重要的內容觀察項目：

(1)應是知識與文化中最基本的成分。

(2)應是應用性和遷移力最大的成分。

(3)應是屬於探究方法和探究精神的成分。

4.正確性：內容是否正確的觀察項目：

(1)必須避免錯誤的事實、原理、原則、方法等，是最基本的層面。

(2)必須反應尖端知識與技能的發展。

(3)必須採取多元的標準，將不同的現象呈現出來。

5.難度：教學的內容應依照難易的程度，使學生能循序漸進的學習。難度的判別，可依照知識與技能、文化本身的邏輯結構判定。

6.實用：為考慮到對現在實用或對未來實用，是對維護社會現狀實用或對改造社會實用。

7.缺乏：理想的教育中應包含但實際的教育中並未包含或不夠完整的內容。

8.彈性：教育的內容應有彈性，已適應學生個人的需要、教師的特殊需要、適應地方與社區的需要。

9.資源：教學內容應考慮有無相關的資源存在，包括人、事、物等。

10.時間：有多少時間便學多少的內容，否則在有限的科技間要學過多的內容，會有「教得愈多學得愈少」的格言疏失。

第四節　教學方案發展

一、教學資訊

有效的教學模式，能幫助教師檢視教學過程及學習者的表現、態度、問題，以獲得教學的得失，作為改進教學的依據。教學活動中資訊的蒐集是持續性的過程，主要來源：

1.達成行為目標的總結性評量。

2.教學後的態度評估。

3.教學活動前的知識、技能、態度。

4.教學活動中的演練與測試表現。

5.教學活動中學生的學習觀察與記錄。

二、教學方案發展

方案發展內涵（胡夢鯨，民85），有以下五項步驟（Simpson, 1982: 95-97）：

㈠需求評估

意即方案發展前，必須先評估學習者有何需求。例如，Simpson指出成人有成長性需求（growth needs）及缺乏性需求（deficiency needs）等二大類需求。需求的準確評估，將為方案發展提供正確的方向。

㈡衡量學習型態

即是考量學習者將透過何種途徑或方式進行學習。學習型態包括學習者的學習態度、思考方式或行為模式。Kolb（1971）曾經歸納出四種成人學習的型態：

1.具體經驗的學習。

2.反省觀察的學習。

3.抽象概念的學習。

4.積極實驗的學習。

針對不同的目標群體，以及不同的學習範疇，方案規劃者必須考慮適當的學習類型來進行教學活動設計。

㈢教學、學習方式的選擇

即是幫助學習者選擇適當的學習工具，包括各種方法、技術和設備的選擇。例如，要用大型演講或小團體討論方式進行教學；教學過程除使用傳統教材，是否可考慮使用模擬遊戲（simulation games）或電視教學等方式。方法、技術和設備的選擇，事實上是方案目標、學習需求和學習型態交互作用的結果。

㈣方案執行

即是將規劃好的方案內容、教學活動或課程架構付諸實施的過程。

㈤評估

方案評估基本目的，在考察方案實施有無效果，與探討如何進一步改善原有方案。最常用的方案評估方式：

1.形成性評估（formative evaluation）：係對方案實施過程中的各種互動因素、壓力來源、進行指標等進行評估，以便決定原有方案有

無立即調整或修正的需要。

形成性評估係根據學習計畫的內容與進度，於學習過程中隨時進行評量，以瞭解進度執行及資源使用等情形，是否按原訂計畫實施。

形成性評量允許對原計畫做適時必要的修正，俾使學習計畫更具彈性。

2.總結性評估（summative evaluation）：總結性評量係於學習計畫完成後，根據學習目標及預期效果。對方案實施成果進行整體性的評估，以檢視原有方案達成的程度，及活動達成的程度。

第五節　學校本位課程

學校本位，意指所有的教育決定均在學校層次做成，而學校本位課程發展強調教師的參與、實踐與反省，學校除了是課程實施的場所外，也是課程研究與發展的機制。因此，學校本位課程是將過去封閉而僵化的課程轉化為彈性而符合學生最大學習利益的課程。

學校本位的體育課程改革，重視教師在課程發展中的自主權，教師處於實際教學的第一線，對於學生的需求能立即瞭解。因此，由教師所發展的課程，最能符合學生的需求，並藉此提升體育教師的教育專業地位。

一、學校本位課程發展（school-based curriculum development）

過去中央對學校的課程控制具有威權性，亦即「中央－集權課程發展」（center-periphery curriculum development），此乃以中央為課程的發展主體，建構全國性的課程方案。對於課程標準、學習資源、教

材選擇組織、教學時數都規定得鉅細靡遺。學校教師只是作爲課程的實施或傳達者。此種課程發展是爲建立國家信念與文化價值，並保障學生受教的最低基本權益，達到形式上的教育機會均等。

此種課程發展的過程亦產生了諸多困境，如課程內涵無法顧及學生差異、學校社區的需要，導致教育僵化；教師角色成爲教材的傳遞者或宣傳者，也造成課程發展與課程實施之分離，使教師對課程產生抗拒或誤解，使課程方案實施成效不彰，造成教育改革失敗。

在社會變遷急遽多元與知識科技發展快速，新興的課程內涵不斷更新，全國一致的課程方案修訂更新費時，課程無法反應時代及社會的需要，造成課程流失或懸缺；更重要的教師專業自主中，課程選擇權是極具重要性的指標，教師在課程選擇權的體驗中，教師是課程的研究者，亦是課程的發展者，中央集權課程發展剝奪教師課程選擇及專業成長的機會。

爲改善過去中央集權的課程發展的困境與缺失，落實「學校本位課程發展」有其重要意義。課程發展有的重視發展過程，有的重視課程發展結果，有的強調參與人員或資源的重組。學校本位課程發展是以學校爲中心，社會爲背景，透過中央、地方與學校三者權力責任的再分配，賦予學校教育人員權力與責任，由他們結合學校內外資源與人力，主動進行學校的課程計畫、實施與評鑑（黃政傑，民74）。

學校本位課程發展重要意涵（張嘉育，民87）：

1.學校本位課程發展雖以學校爲主體，但也重視學校內外各種人力、資源的運用結合。

2.學校本位課程發展採廣義課程定義，課程是指在學校指導的一切學生經驗。

3.學校本位課程發展既重視發展成果，也強調過程中學校社區成員的參與和學習。

4.學校本位課程發展重新定位學校於課程發展中的角色，使社會—社區—學校—教師，發展成爲一種關係伙伴。

5.學校本位課程發展重新定義了教師與課程的關係，重視學校教育人員的自主與專業，將課程研究、課程發展與課程實施結合。

6.學校本位課程強調多樣化、地方化與適切性，可立即回應社會、社區、學校與學生的需要。

7.學校本位課程發展是倡導「參與」、「由上而下改革」、「草根式的課程發展」的理念。

學校本位的課程發展在一貫的課程設計中，學校對於課程內容層次的選擇、編輯有諸多空間：

1.就課程內涵層次，可區分爲教科書的選擇，亦可對教材做調整，或對課程做開發。

2.參與人員部分，學校組織的「課程發展委員會」，成員有學校行政人員、教師、家長及社區代表等，是以參與的人員可區分成：個別教師、教學研究會、全體教職員及社區人士組成。

以學校爲本位的課程發展模式，有三個向度，每個向度又可區分不同層次：

1.活動類型向度分成三個不同層次：選擇、調整、開發。

2.課程內容層次分成三個層次：教科書、教材、課程。

3.參與人員分成四個層次：個別教師、教學研究會、全體教職員、學校及社區人士。

各種類型在各具有其意義及功能。

二、學校本位課程發展優缺點

㈠優點

學校本位課程發展在教學中的優點（黃政傑，民74；王文科，民86）：

1.提供適當課程，以符合社區學校及學生的需要。

2.提升教師參與課程的滿足感與成就感。

3.降低課程發展與課程實施的差距,促進課程的實施的落實。

4.提高學校課程自主權力,促進教師專業發展。

㈡缺失

學校本位課程發展在現階段國內實施亦有困難之處,需待突破,才能發揮其功能。其困境歸結(羅清水,民87):

1.時間不足:對多數教師而言,現行的各項規定,教學時數及行政工作即占去大部分時間,幾乎無空餘的時間,從事課程發展。

2.資源不足:學校的資源、設備、經費不足,且教師負擔極重,編制又不足且缺乏彈性自主空間,是以要落實學校本位課程,在資源缺乏下有其困難。

3.教師認知差距及抗革:學校本位課程發展成功與否,視教師認同與否、支持與否而有極大的關係,然多數教師對課程發展不感興趣或抗拒,因此無法落實學校本位課程發展。

4.學校組織及社區環境無法配合:學校組織及行政人員是否配合支持,在學校本位課程發展中是極重要的因素。然現行學校行政組織多以行政事務優先,而社區家長的專長興趣、認知,無法配合學校本位課程發展,讓課程發展無法落實。

課程發展中,落實課程自主、教學自主及維護教師專業與學生學習權益的保障,有其意義,在九年一貫課程的設計發展中更有其必要性,使學校能落實學校本位課程發展。

三、九年一貫課程

九年一貫的課程設計理念是建構在培養「身心充分發展的健全國民」為目的,並期透過課程的一貫性,建立統整而均衡發展的國民教育課程,提供給學生富有人性化及適性化的學校學習生活。因此,國

民中小學課程設計以生活為中心，配合學生身心發展的歷程；尊重個性發展，激發個人潛能；涵詠民主素養，尊重多元文化價值；培養科學知能，適應現代需要。

九年一貫教育目標透過人與自己、人與社會、人與自然，設計人性化、生活化、適性化、統整化與現代化的學習領域教育活動，以傳授基本知識，養成終生學習能力，培養身心充分發展的健全國民與世界公民。然此九年一貫的課程建構在五項基本內涵、三項課程目標、透過下述七項學習領域：語文、健康與體育、社會、藝術及人文、自然與科技、數學及綜合活動，培養十項基本能力，完成身心充分發展的國民。九年一貫課程設計原則如下：

（一）統整原則

九年一貫課程設計乃根據國民中小學一貫發展的特性，以學生為中心，重視國民中小學學生的身心發展，使其學習領域及學習內涵能與身心發展相結合，因此課程具統整性。此外，在學習領域及課程目標中均將各年級連續及銜接。使在人與自己、人與社會環境、人與自然環境各目標均能加以統整。

（二）發展原則

課程形成是連續的、發展的，課程除重視學生身心發展之外，也重視生涯規劃及終身學習的發展。在課程結構中，重視發展性，由本土到世界，從自我到他人。因此，課程設計具有發展的原則。

（三）彈性原則

課程是學生學習的內涵，學生有個別的差異，文化或價值也會受地區及環境的不同而有所區別。因此，課程的設計要依據課程目標、學習領域、性質及內涵，以豐富學生的學習經驗。新課程的設計中可區分「基本的教學時數」與「彈性的教學時數」讓教師與學校有彈性

的教學空間。而在教材的選用中，亦保有學校地區的彈性空間，使新課程具彈性原則。

㈣專業原則

課程設計的步驟，可分為課程選擇、課程組織、及課程創造三部分。學習領域中的教材應用，根據「課程綱要」之目標，以學生生活經驗為核心，考量學生個別差異、教學時數、地區需求、學校特色、並反映社會變遷的事實及未來的需要。由教育專業人員妥善加以設計、選擇、組織、及開發創造，新的課程綱要即保有讓教師發揮課程設計專業表現的空間，符合專業原則。

㈤實驗原則

課程設計，除應具統整、彈性、發展、專業之原則外，在共同的課程目標引導下，學校得保有課程教材內容與教學方法做適切的調整，以因應教育改革理想進行教育研究實驗。在新課程中，學校可考量社區、學校、業界等資源及需要，審慎規劃發展學校本位課程，此乃具實驗之原則。

㈥結語

新的課程發展，在統整、發展、彈性、專業、實驗的原則下，推動學校本位課程發展乃有其意義及適切性。在學校本位課程發展中，不論課程內容層次教科書、教材、課程內涵的選擇、調整、開發及參與人員的參與，在課程活動中均能符合其精神與原則。雖然學校本位課程發展在現階段而言有許多困境，但如能加以突破、修正，做好各種相關配合措施，提供充分資源，加強教師專業，重視主管的溝通協調，增進教師的瞭解及參與，讓學校本位課程發展，能落實實施於各級學校，將有助於課程之落實與課程目標的達成。

第六節　教法教材

　　教學爲實踐教育目標的主要活動策略，常見教學方法、教材概述如下（李祖壽，民69）：

一、教學方法

(一)講述法

　　講述法或稱講演法，多用於知識之傳授。爲各級學校最通用之方法，各有優缺點，易流於極端之教師中心型乃至注入法。

(二)問答法

　　包括複講法，通常由教師向學生提出問題令學生作答，以觀察學生瞭解之情形；或由教師提出問題，誘使學生自行獲得教師所希望之解答，教師須鼓勵學生發問，屬於雙向溝通教學法。

　　問答法爲各級學校教學過程受重視的教學方法，教師應利用學生問題，給予啓發、解答、指導。教師應利用發問以瞭解學生之程度及學習成果，從而作爲施教及改進教學之根據。

(三)討論法

　　討論法，可全班共同討論，或分組討論，且常有其他討論方式。主要目的在發揮學生間相互影響，增加學生學習興趣，並培養學生思考與發言能力。爲多向溝通之教學法。

(四)觀察法

教學時讓學生觀看圖表、標本、模型、儀器、實物、幻燈片、電影、校外教學參觀等，皆可稱為觀察法。觀察法指除閱讀外所有利用視覺以吸取知識之活動，特指對於實物、圖表、標本、模型、儀器等之觀察，顯微鏡下之觀察，以及各種在放映情況下之觀察。觀察，不僅能加深印象，引起興趣，促進瞭解。語言文字對於事物之報導不若實際觀察之正確有效。所有科學教學離開實際觀察幾無法獲得教學效果。

(五)調查法

調查為蒐集資料之一種方法，係學生在教師指導之下的一種學習活動。有時可利用表格，有時須親自訪問。訪問者可以是個別學生，可以是小組。學生從調查訪問中增加知識，增加對問題之瞭解，增加對社會之認識，並養成社交的能力，及建立良好人際關係的能力。書本固然重要，但並非人類知識之唯一來源，調查訪問亦為求知之一種方法。此種觀念可從幼兒時代起及早培養，否則學校將成為書癡的工廠。

(六)發現法

發現係給學生機會與最低限度之指導使其自發自動，並具強烈的信心，探究問題以自行獲得結論。探究的方式包括閱讀、討論、觀察、實驗、參觀、訪問、調查，以及對於各種資料及各種方法之應用。接受知識固然重要，發現知識及發現方法之培養更屬重要。

(七)示範法

為了傳授某種技能或說明某種原理而由教師示範。可利用圖表、幻燈、電影及教師個人之動作。如游泳教學，教師可利用電影，或於

游泳池中示範;物理、化學、生物等科之教學,常利用示範實驗以增
進學生之瞭解。由於示範之直接目的係供學生觀察,從邏輯言示範法
可併入觀察法內。

　　示範爲若干教學所不可缺少之活動。各種技能之學習必須有所示
範。家政、技能實習活動,無不需教師示範,或以動作,或以成品,
或以一系列之活動。有時更須借助圖表、幻燈片、影片、唱片、錄音
等。前述觀察亦也括對教師之示範觀察。示範目的在給予觀察之機
會。各級學校之教學均需教師作必要之示範。

　㈧**實驗法**

　　實驗是實際考驗,不僅指物理、化學、生物等科在實驗室中之實
驗,也可泛指將一切理論或假設付諸實行以觀察結果之活動。主要目
的在於證明、發現。實習之主要目的只在於實地應用已得之知識,使
將來之行動更爲熟練,更能減少錯誤。現代教育注重啓發,實驗爲啓
發的方法之一。

　　指導學生自己從事實驗以獲取或證實某種知識或原理,在自然科
學教學中常用此法。直接目的在於提供可以觀察之現象或事實,也可
併入觀察法內。

　㈨**實習法**

　　實習爲實際練習,泛指將理論知識付諸實施。它是嘗試性的,練
習性的,需要指導的。可能是一個簡單的動作,如工具的使用;可能
是一系列的活動,爲某一專業所必需,如繪圖實習、製作專題。

　　實習可看作是知識的應用,不經實習,不易覺察所學是否徹底。
在實習過程中,教師對於學生的要求不僅是技能,更包括態度、習
慣、理想等。各級學校中均應有實習的活動,尤其是技職學校的技能
實習課程。

(十)練習法

通常是反覆練習，目的在追求熟練。有時也指應用，如公理、公式、定理、定律等的應用，它是常見的教學活動。任何學習，均需要練習。練習與實習兩詞雖然有時混用，但其涵義不盡相同。練習重在熟練熟悉，實習重在實地應用、實地練習。爲要獲得某種技能，記憶某種知識，或達成某種習慣，都需要練習。

(十一)展覽或陳列法

展覽或陳列係指將教學資料有系統的集中於一個場所，供學生閱覽、研究、觀摩，也可包括將有關資料有系統的集中於平面以供眾覽。此種活動之籌備，配合師生共同負責，具有多重之教育意義，可培養學生蒐集資料之能力，鼓勵學生認眞從事作業，提供學生在科學、美術、工藝方面發揮創造之機會，更可培養學生計畫與合作之能力。

(十二)團體法

又稱小組法、分組教學法，一般形式是將學生作長期或短期的分組，以共同從事各種學習活動。有時亦採全班共同活動的方式。方法重在將一個班級之內的學生加以適當的編組，相互發生影響。

分組爲班級人數眾多時採取之教學措施。各級學校各個學科均有採用分組之時機。分組討論、分組訂定工作計畫、分組完成各種作業、分組觀察、實驗、分組遊戲、運動、分組調查、訪問、參觀等。可增加學生自動自發機會，及培養學生健全人格使能成爲現代民主社會有效率之公民。

(十三)廣播放映法

1.廣播：可與教室內之教學結合，各級學校教室內宜有收音機、

電視機等可直接收聽各廣播電台具有教育性、公益性之節目。校內設廣播系統，隨時廣播直接或間接與教學有關事項。各項具教育性之廣播節目必要時可加以錄音，另行定時播放。較大之教室內如有擴音器之裝置，亦足以變更教學氣氛，增進語言溝通效果。

2.放映：包括所有利用電光將事物影像呈現於銀幕或其他物體表面之活動。極具魅力，不僅學生感覺興趣，青少年及成人亦表歡迎。如利用透明放映機（overhead projector）之放映，教師可於課前利用透明之特製塑膠紙做好各種圖解、表解、圖形、要點，一面放映，一面講解，可省下板書，更能增進教學效果。此種透明教材可以重疊放映，便於說明人體或動物內部器官及各種自然地理與人文地理情況。

二、教學材料

(一)圖表

為常用之教具，易於製作與獲得，可表示個別事物與一般事物之情況，為觀察之對象。包括照片、圖畫、圖解、表解、地圖、統計圖表、連環圖畫、廣告畫等。可直接提供學生觀察研究，亦可利用各種放映設備給予放大。各級學校所需圖表之性質或難度自有差異，但均需利用圖表協助教學則不變。

(二)標本

係觀察之對象，為研究動物、植物、礦物等必需。通常的標本係指用人工方法將各種動物、植物加以處理，以便長期保存觀察，或截取部分天然物如岩石、礦物、土壤等以利教學時之觀察研究。在教學時若無法接近大量實物，即可利用標本以代替。

㈢影 片

影片之教學效果甚為顯著。可將古今事物生動的呈現。藉著繪圖與攝影的技巧，可讓學生觀看平常肉眼所看不到的事物、活動、或過程。

㈣唱片、光碟

可以協助音樂、國語、外國語文等之教學，也能協助其他學科之教學。如文藝朗誦、名人演說，均可製成唱片，讓學生聆聽。今日立體音響技術，發展迅速，更能增進唱片放送的效果。

㈤錄音帶

應用廣泛，價錢便宜。教師須把握機會錄下各種音樂、演講及其他教材，以備上課時應用。也可購買現成教材之錄音帶，適機應用。教師更可利用空白錄音帶鼓勵學生從事各種語言、音樂、及其他教材之練習，並根據錄音情況，予以矯正獎評。

錄音帶不僅為良好之教學工具，也是良好之學習工具。各級學生均有應用的機會。錄音內容之深淺，放音時間之長短，可隨學生之程度與年齡有所差異。

㈥電視

現代化之大眾傳播媒介，亦為目前最現代化之教學利器，不僅有線、無線電視台不斷提供教育性之節目，校內也可裝置閉路電視系統，自行製作節目。錄影帶可幫助校內、校外電視台保存各項節目。此種電視之最大優點是能協助學生立刻知道應該明瞭之外界事物。

2

學習理論

- 學習內涵：重要性、層次、重點、歷程、核心能力、計畫、類型
- 學習理論：行為、認知、人文、社會學習、其他
- 教育哲學：中國、西洋教育哲學觀
- 心理學基礎：行為學派、認知學派
- 學習目標：認知、心理動作或技能、情意、人際關係技巧學習領域、學習的相互關聯性
- 有效學習：有目標、形成風尚、簡單、激勵、關懷、方法

　　人不能離群獨處，就需要學習，以發展自我的概念，與人類社會接觸，變成能符合社會規範的社會人，才能扮演好個人的角色。人生的學習歷程並非漫無章法，想學習什麼就學習什麼，碰到什麼就學什麼，而是要有某種有形與無形的規律存在著，以增進學習的效率。

　　學習是一種自動化的過程，由「做中學，學中做」不斷的運用原則才能改變自我的處事能力和人際關係，激勵自我成長，追尋自我的生活與生涯目標。學習如何成為社會中的一份子，「活到老，學到老」實際上就是社會化的過程。

　　學習本身就是成長和快樂，學習能在生命中注入新的成分，使人煥發生機，社會變遷快速，若不抱持「活到老，學到老」的精神，難免會落伍，而被社會所淘汰；學習是個緩慢的過程，是需要花費相當時間的，不可能一蹴就有所得。想要成功，就得一步一步的用心學習，能堅持到底，才能逐步邁向成功。

第一節　學習內涵

　　讀書與學習的真正目的，是為了學習前人所累積的經驗，以便於日常生活的適當應用，而達到明理知義為服務社會的作用，所以學是為了用。學習過程中，最重要的學習內容，就是學習扮演好應該扮演的角色。知道自己是什麼樣的人，瞭解別人希望「自我」是怎樣的人，認清自我想做怎樣的人，此即自我概念的發展。

　　漸漸的除了自我之外，每個人扮演的角色將隨著年齡的增長，經驗的累積，愈來愈多，也愈來愈複雜，於是進一步的學習認識別人，學習與他人的相處，以維持和諧的人際關係，成為名符其實的社會人；學習能使個人透過文化、經驗等的吸收，參與社會以實現自我的潛能，並且學習承受責任，使個人能擁有真正的尊嚴。

一、學習的重要性

從社會學的角度來看，《三字經》開宗明義的說：「人之初，性本善，性相近，習相遠。」可見人的本性並無善與惡之分，自出生呱呱落地的剎那起，就開始了個人漫長的學習歷程，學習爲人處世、應對進退、知識與技能、角色的扮演等，可見學習對每個人的重要性。

各種知識與技能已成爲生活中的主要資本，特性如下（Bloom, 1991）：

1.知識與技能具有伸展性和自我創造性：物質被使用會形成消耗，知識與技能卻是越用越增加。

2.知識與技能具有替代性：可以取代土地、勞力及資本。

3.知識與技能具傳送性：而且以光速速度傳遞。

4.知識與技能具有分享性。

思想觀念快速的傳播與改變，是現代的社會特徵。在忙碌、緊張的社會裡，需學會調適自我、放鬆自我、規劃自我，積極的求知是有效的作法，理由如下：

1.每個人都是社會的一份子，爲了適應社會，和其他人和睦相處，學習爲人處事的知識是必要的。

2.社會上的每個人都應該有職業，因此必須要有專業的知識與技能，以配合社會的需求。

3.求知是充實精神的良方：書報雜誌、網路中的知識經由閱讀而存入腦中，隨時可供咀嚼。知識與技能豐富了，精神也就有了內容，思想有所憑藉，就不會有空虛的感覺，可以提升個人性靈及人生的境界，自然有守有爲。

4.閱讀前人著述，能夠很快的吸取他們的智慧與經驗，奠定生活的根基。

5.求知才能夠知道宇宙的廣大渾厚，面對浩瀚的知識與技能，才

能體認自我的渺小，而開闊視野，知道「人外有人，天外有天」學會謙卑，心存尊敬。

6.面對知識社會，因應資訊時代的來臨，經由求知以保持心胸的開放，避免代溝的產生。

7.知識的多元化：由於教育、傳播、資訊、印刷、網路等的發達，形成多元知識與技能。

二、學習的層次

《論語》：「學而不思則罔」，學習有層次之分（南陽實業，民82）：

1.知道（know）：係由學習、告知、親身經歷中獲取經驗，並加以記憶。例如，認識工作方法、操作程序。

2.理解（understand）：能夠瞭解事物的意義、性質與解釋。

3.心得（comprehend）：能夠融會貫通，綜合應用。碰遇問題，會主動請教，設法找出最好的解決方法。能將學理、原則吸收，融為自我的心得或理念。

三、學習的重點

學習的目標在於培育優秀的人力資源，豐富生活情趣，提升生活品質等。在經濟發展方面，藉由學習的推動，可以均衡人力的供求；在社會關係方面可以達成因才施教，促成社會流動的目的；在教學上可能兼採文雅教育及技術實用教育的目的。其重點如下（黃炳煌，民86；張添洲，民86；Bloom, 1976；Laska, 1984）：

1.學習的產生乃是由於練習或經驗的結果：凡是沒有經過練習或是經由與環境接觸而產生的經驗，縱使行為有所改變，也不能稱為學習。例如，身體自然的成長發育或是由於外傷所引起導致行為發生的

改變,均非學習。

2.經由學習改變的行為具有持久性:例如,因疲勞或藥物使動作緩慢,或是行為的改變,均非學習。

3.學習並非全是「教導」或「訓練」的結果:包括在生活環境中只要與事物接觸發生了經驗,都會產生學習。

任何學習的重點在於知識與技能的培養,其目的在使學習者具備各種相關行業的知識與實作能力。因此,學習應考慮的重點為:

㈠認知發展的考慮

從認知發展的觀念而言,各種知識與技能皆包含有抽象系理以及複雜的邏輯分析能力。根據布魯姆(Bloom)的研究,認為動作的學習可以增進符號,影響學習的功能與經驗,以幫助學生瞭解學習的內涵。

㈡學習內涵的考慮

例如實驗室、實習工廠內的學習工作可以培養學習者未來就業之工作精神與方法。

㈢學習遷移的考慮

實際經驗增進了知識與技能的發展,連帶則有廣泛的類化效應。因此,實習工作能驗證理論的探討,使學習者易於學到整體的理論概念,學生就能將所學到的理論應用到相關的生活或是工作之上。

㈣學習動機的考慮

學習者一旦喜歡知識與技能的學習活動,將對工作、生活、生涯世界的活動更有興趣。

人類在成長的過程中,必須不斷的學習,惟有經由學習才能幫助成長。在《天地一沙鷗》書中,海鷗岳珊納不斷的學習自我突破,雖

然歷經狂風暴雨以及無數次的失敗，仍然愈挫愈勇，不斷的展翅飛翔、再飛翔，終於能突破自我體能的極限，飛出一片廣闊的天地，開創亮麗的人生與光明的前景。

四、學習歷程

梅耶（Mayer）認為學習是由於經驗的累積，因而促使個人在知識或行為上所產生較為持久性的改變；張春興（民80）認為學習是經由練習或經驗使個體在行為上，產生較為持久性改變的一種歷程。因此，學習的內涵如下：

- 學習是一種歷程。
- 學習的歷程是練習或認知。
- 學習是使人行為產生較為持久性改變的歷程。

美國教育心理學者蓋聶（Gagné, 1977）將人類學習的歷程由簡單而複雜分為八大類：

1.訊號學習（signal learning）：為人類最原始的學習方式，如冒煙是煙火的訊息。

2.刺激反應聯結的學習（stimulus-response learning）：某種反應與特定刺激之間聯結。如見到熟人會叫出姓名，懂得文字發音等。

3.連鎖作用（chaining learning）：指上述反應聯結學習後的多重聯結。單一刺激與單一反應間的聯結構成一個環，把數個環串連在一起，就是較高一層的學習。

4.語文聯結（verbal association）：為語文學習的基本方式，例如把人的姓名和電話連在一起。

5.多重辨別（multiple discriminations）：指從多個類似刺激中選擇其中之一去反應。如破音字音的辨別使用。

6.概念學習（concept learning）：指能將同樣事物按照其特徵歸類而獲得抽象觀念的學習。

7.原則學習（principle learning）：指經由學習而學習到二種或二種以上概念之間的關係。如「旭日東昇」是一個原則，在此原則中每個單字都是一個簡要概念，將這些概念按照一定次序組合，就成為原則。

8.問題解決（problem solving）：運用已經學習學得的概念和原則，以便解決問題的目的。

因此，學習的方式可歸納為以下方式（黃光雄，民79）：

- 嘗試錯誤的學習。
- 頓悟學習。
- 從觀察中學習。
- 從做中學。

五、核心能力

能力有部分是天生的，但是以後天教育與訓練培養而成的居多。能力通常分類如下（李鍾桂，民84）：

- 對人的能力：如待人親切、友善、容易相處，人緣佳，受人喜歡，解決問題能力好。
- 對事的能力：為處理事情的能耐。
- 對資料的能力：為能迅速有效、有系統的整理資料。
- 對思考的能力：為思考、腦力激盪、分析、判斷等能力，有賴經驗或是學養的累積。

徒有「知能」無法因應當今劇變的年代。資訊爆炸，組織結構扁平化，僅有單一知識與技能的人才不再吃香。能適應變遷的，是擁有多項知識與技能、能溝通、能主動、能合作、能解決問題者。澳洲政府研討出八項核心能力（key competences），認為培養核心能力，不只是為了教育、工作、更是為了因應未來生活。這種能力不是僅止於知識與技能的理解，也不是訓練機械反應式的技能，而是既要動手也

要動腦，結合思考與實做的能力。核心能力不是限於某一行業特殊的能力。所以，不論是接受教育，或是職業訓練的年輕人，都需要接受核心能力的訓練，其要項（吳韻儀，民84）：

㈠蒐集、分析、組織資訊的能力

　　是因應現代資訊社會資訊爆炸的必備能力。具備此種能力的人，知道如何尋找、篩選、分類資訊，並且能以大家瞭解的方式分享資訊，評估資訊、獲取資訊。

㈡表達想法與分享資訊的能力

　　清楚的表達想法與分享資訊，是工作與生活中都不可或缺的要素。知道如何解釋、描述、爭論與回答問題的人，做事會更有自信、有效率。能夠與其他人分享概念想法、交換資訊的人，才能不斷擴大自我的知識與技能領域，進入終身學習的領域。

㈢規劃與組織工作的能力

　　不論是過去的層級組織，或是現在的變形蟲組織，規劃與組織工作都是組織成員的責任。有此種能力的人，能夠認清工作目標、排定工作的優先順序、善用時間與資源、集中精神完成工作，並能在工作的過程中，評估自己的表現。

㈣團隊合作的能力

　　團隊合作是九〇年代的工作新趨勢。不論是小組合作，或是共同合作，都屬於團隊合作的範圍。有此能力的人，能成功的扮演隊員的角色，達成共同的目標。

㈤應用數學概念與技巧的能力

　　生活中，人人需要利用數學的概念與技巧來比價，在工作中，用

以分析市場趨勢與顧客反應，以判斷組織的表現。並能應用數字、空間的概念，估計、預測、選擇有效的工作方式。

(六)解決問題的能力

有解決問題能力的人，不僅能適當處理眼前的問題，還能進一步預測問題，並設計適當的策略，預防問題的發生。必要時，會解決問題的人不僅會找答案，更能運用創意思考，創造出解決策略，達成目標。

(七)應用科技的能力

現代的工作環境、工作成果，甚至於人際間的互動方式，都深受科技的影響。惟有掌握應用科技的能力，掌握操作設備的技巧與敏感度，並能將科技應用於工作之中，才不至於被社會淘汰。

(八)體認文化的能力

從認識鄉土、社區文化，而認同文化、肯定文化，將文化融入於生活中。

六、學習計畫

教師可採取三種策略增進學生自主學習能力：
1.增強批判反省能力。
2.促進理性思考能力。
3.使用助人技巧增進學習者的自我導向。
學生學習態度的培養和自主學習能力的策進，基本上須由教師和學生共同負起責任。

(一)學習計畫研擬

在學習活動中，學習計畫的研擬居於關鍵地位。學習計畫的研擬，可以分為四個階段進行（Stufflebeam, 1981）：

1.起始階段（initiating phase）：重點在瞭解學習需求，設定學習目標，分析預期效益。

2.規劃階段（planning phase）：包括尋求學習資源，選擇學習活動，建立成就指標等。

3.管理階段（managing phase）：包括執行學習活動，分析資訊內容，記錄個人改變等。

4.評估階段（evaluating phase）：包括評估學習需求是否滿足、學習目標是否達成，以及日後學習活動方向等。

(二)學習資源利用

除了學校資源和各種機構資源外，學習者還可以利用期刊、雜誌、電視、錄影帶、錄音帶，電腦網路、工作手冊、旅遊休閒等學習資源，進行自我導向學習。

七、學習類型

學習類型在學校教育方面傳統上是以團體教學（group learning）為主，近年來由於因材施教及小團體學習理念的影響，小團體學習及個別化學習的類型逐漸出現。此外，對於落實終身教育、成人教育理念的隔空教學（distance learning）及特殊教育（special education）都拓展了學習類型的廣度深度。

由於學生人數眾多，教師通常以演講式的教學方式實施。學生學習的速度需符合一定的教學進度，教材常是固定的統一教材，較缺乏彈性。

團體教學的優點在於教學成本低，缺點則是由於學生人數多，教材進度一致，如學生個別差異過大時，此教學方式並不能符合學生的個別需求，「上智」與「下愚」者往往被忽略，效果自然未臻理想。教育的趨勢是朝向小團體學習以求因才施教。例如，近年國內教育主管機構致力於中小學班級人數的降低，及強調利用資源教室的個別化教學，即爲例證。

團體教學，教師仍有可發揮的空間，以達到較好的學習結果，如藉著團體教學提供學生共同的經驗，便於進行小組討論；或是將團體教學以腦力激盪方式進行，以提高學生的學習興趣。新知能的介紹與解釋，團體教學仍是最便捷的方式。

在團體學習的類型中，教學媒體通常可發揮補充的功能，如透明片可將該課的內容大綱顯現在銀幕上；影片、錄影帶、幻燈或海報可用做團體教學某部分的說明，或引發學生動機。當然，學生參與的程度要視媒體與學習目標的關連及媒體的品質而定。

第二節　學習理論

早期對於學習的研究，常界定在針對知識與技能的本質、人類的心靈成長，認知目的等哲理性的探索研究。十九世紀後逐漸有科學性的研究，分別從學習者心智、學習思維程序、學習過程、結果等探索，帶動學習理論的發展，理論如下（簡建忠，民84）：

一、行爲學派

行爲學派（Behaviorist orientation）創立約在二十世紀初期，貢獻在聯結論（connectionism）或刺激－反應間的學習理論，並以效果、

練習、準備等三定律解釋連結論。聯結論經過驗證與修正，至史金納（Skinner）時形成重大發展。Skinner貢獻在於以制約（operant conditioning）解釋學習的程序，即是「激勵個人再度表現出所要見到的行為，而忽略個人不希望再出現的行為」。研究重點集中於激勵的程序、時機，和逃避的行為等。

行為學派學習理論的假定：

1.研究重點為可觀察的行為，而非不可見的內容思維程序，尤其學習的證明即是行為的改變。

2.學習環境塑造人類的行為，亦即學習的發生決定於環境因素，而非個人意念的作用。

3.持續和激勵是解釋學習程序的重點。

行為學派學習理論，曾廣泛的運用於學習活動，如教學設計、程式性教學、電腦輔助教學、能力本位教學、職業技能訓練等，仍受到其他學派的質疑與挑戰。

二、認知學派

對行為學派最早的挑戰來自完形心理學家。完形心理學家強調人的一體性與完整性，因此批評行為學派的排他性、過度重視單一事件，與過分強調外顯的行為以解釋學習。完形心理學派和行為心理學派對於「學習」的觀點，常被冠以認知（cognitivist orientation）或資訊處理的學習理論。

完形心理學派留給認知學派的貢獻，在於認知、洞察力、學習意義等概念。認知學者認為「人的思維並非是被動的處理刺激和反應的系統，而是積極的詮釋其意識的感受，並賦予特殊的意義」。因此，學習包括經驗的重組，以解析來自外在環境的刺激。

完形或認知心理學派和行為心理學派，最大的差異在於學習活動的控制，行為學派認為在於環境，認知心理學派則認為在人，特別是

人的思維程序，而在往後的發展中，思維程序的研究也與教學互相結合；基本上，認知學派對於學習的解釋較爲廣泛，其重點仍以學習者所掌握的思維程序爲主。

三、人文學派

人文學派（Humanist orientation）主要以人類成長潛能的觀點來解釋學習，與行爲學派和認知學派的解釋不相同。人文學派駁斥人類的行爲是受到環境或其潛意識的控制，並認爲人性本善且會力爭上游，人能掌握其命運，人依照其意志而活動，行爲只是人類抉擇的結果，人具備成長和發展的無窮潛能。

馬斯洛（Maslow）被視爲人文學派創始者，認爲學習的動機來自學習者的內在需求，學習之目的不僅在於自我實現，學習的過程本身就是自我實現的一種方式。因此，學習不僅是一種心理治療，對於心理健康也有相當的助益，學習同時有治療和教育的特質外，主張以學習者爲中心的學習理念，學習可促進人類的成長和發展。

從學習理論的觀點而言，人文學派爲奠基於經驗的「認知」或「知覺」（perception），自由和責任同爲學習的重要元素，並成爲學習中強調自我導向和經驗的價值之理論基礎；人文學派強調「人具有學習的天性，而此特質在適當配合的環境中將更能發揮」的理念，將有助於建構具備學習特質的組織或社會（Cross, 1981）。

四、社會學習學派

社會學習學派（Social learning orientation）認爲人類處在社會環境中，經由觀察他人的行爲而學習。人類不僅只在觀察中學習，並且模仿所觀察到的事物，有時透過由經驗的解析，無須經過模仿也可以達成學習的程序和產生結果。

　　人類的行爲產生於具有意義的環境中，經由與他人的互動行爲而學習某項行爲，而行爲的持續發生，則是取決於期望、激勵等動機作用；觀察中的學習深受注意力、記憶、經驗、行爲演練、動機等程序的影響，學習過程中獲得相當的激勵以達成學習的要件。因此，學習爲環境、觀察、外顯反應、激勵、模仿等的綜合體。

　　上述四種學習理論各有其發展的時代背景與特色，若能將學習理論融入學習、教學、輔導等活動與環境中，配合學習者的特質與人格差異，方能提升學習成效，增進學習品質。

五、其他理論

　　教育必須借重其他理論基礎，方能充實發展。教育的理論基礎，是以哲學、心理學、生物學、社會學等爲範圍。教育所致力研究的問題與對象廣泛，只要是有助於人類思想、行爲、心理、生理、或是能促進人群生活的經濟、政治、社會、文化等方面的知識與技能，都是屬於教育鎖鑰探討與研究的範圍。所以，教育學除了哲學的基礎外，還包括下列基礎（黃政傑，民84）：

　　1.教育生物學基礎：包含人類個體的生長與教育，如各期生長特徵、行爲傾向等，遺傳環境與教育，人類生物特質與教育，生物差異與教育的適應，生理衛生與教育等。

　　2.教育文化學基礎：包含文化與教育、知識技能社會學與教育，文化社會學與教育等的關係。

　　3.教育政治學基礎：包含政治發展與教育，政治社會化，政治制度與教育制度等關係。

　　4.各個專門學科教育基礎：包含語文類科，如國文、外國語文等；科學學科，如數學、物理、化學等；藝術類科，如美術、音樂、戲劇等；社會學科，如歷史、地理、社會科學等；專業學科，如機械材料、電工原理、自動化概論、計算機原理等。

第三節　教育哲學

　　教育與哲學有密切的關係，所謂哲學是教育的引導方向，教育是哲學的實驗室。當代的哲學思潮往往主導著教育的方向，教育宗旨與教育目標也必須建構在哲學的理論基礎之上。往往偉大的哲學家都是偉大的教育家。例如：東方的孔子、孟子，西方的柏拉圖、亞里士多德、培根、康德、杜威等皆是。

　　哲學乃在幫助教育探究及批判其本質，確定其教育方向，不同的哲學思潮，有各自不同的教育主張與教育方法。例如：文化學派認為教育是一種文化傳遞、繁衍和創造的歷程，因而注重文化的陶冶，強調科學及藝術的重要性；理性主義者認為教育是一種人類理性啟發的歷程，推崇博雅教育，疏忽技術及職業教育；實驗主義則認為教育是種經驗的改造、重組的歷程，因此重視學童在社會環境中的適應，以達成教育生活化，學校社會化的理想；存在主義哲學，重在開拓一種新的人生觀，強調人的主體性與個別性。因此，當代的哲學思想常主導著教育的方向，而教育宗旨與教育目標也必須建構在哲學的理論基礎之上，兩者相輔相成。

　　面對超工業化世界，國民所得提升，物質享受不虞匱乏，但相對的價值觀念卻多元發展，道德的淪喪，文化的墮落，環境與生態的破壞，人與人之間的疏離等副作用的出現，提醒我們對當今的教育方針要重新研究，科技與人文是該整合的時候，亦即「價值與科學」需要統合，這將是新時代的哲學導向。

　　哲學始終是愛智的、科學的、規範的、思辯的、分析的活動。教育係以工作為手段，以成就為目的，採取多元的歷程，是一序列的、整合的、連貫的價值形成，知識與技能的獲得與認知的活動，是與哲

學互相吻合的,因此將之結合為教育哲學,以探究教育的認知分析與價值判斷(歐陽教,民75)。

　　未來的時代將是科技與價值的整合,人文與實用的融合,人類除了不斷的在知識與技能領域追求突破與創新外,同時,也需要不斷的對價值做理性的判斷,方能將人類帶到更有效率、幸福的境界。

二、中國教育哲學觀

　　教育哲學是一門分析、思辯、規約、批判的學科。教育思想與哲學觀的產生常受到當時社會環境變遷的影響。隨著主觀、客觀內在、外在環境的差異,衍生出各種不同的教育哲學觀。中國重要教育哲學思想如下(馮丹白,民81):

　　1.修己安人:重點在調和個人與社會間的角色,使個人能在未來適應社會生活。

　　2.尊王明倫:強調服從及道德倫理的陶冶,屬於泛道德主義的衍生思想。

　　3.心性涵養:重點在道德教育,是屬於泛道德主義思想。

　　4.致良知:重點在知識與理論的配合,使學用一致、學有所用,屬於實用主義的哲學思想。

　　5.世界觀:世界觀的教育哲學思想是西風東漸的影響下,所形成的民主教育思想。

二、西洋教育哲學觀

㈠自然主義教育思想

　　盧梭(Rousseau, 1712~1778)倡導「順應自然」學說後,生命的重視與關懷是自然主義的教育宗旨。重視直接的生命經驗及保持生命

與綿延種族的思想。

(二)存在主義教育思想

存在主義（existentialism）又稱為實存主義，創自丹麥哲學家祁克果（S.Kierkegaard, 1813~1855）。存在主義有見於現代文明的發達及道德的墮落，而提出對傳統理性思想的反動，因為傳統的理性主義過於強調理性的本質，而忽略了實際人生的存在。

存在主義教育哲學，認為學校具有協助學生認識自我，瞭解其在社會中的地位，師生之間的交互作用等功能，主要目的在幫助學生個別的學習。存在主義教育目的在提倡個性的教育，強調人的存在氣質，追求富有人味的教育，如真誠、忠實、責任感、決斷等；教育方法注重個人存在的價值，所以教育方法為崇尚個性的瞭解。

(三)實驗主義教育思想

杜威（Dewey, 1859~1952）實驗主義的教育思想淵源於民主主義的自由思想；十九世紀科學及實驗方法；達爾文的進化論；皮爾思。詹姆士的實用主義；孔德的實證主義及社會理論；赫胥黎的生理學啟示；黑格爾思想；洛克的經驗主義等思想。

實驗主義（Experimentalism）又稱試驗主義或工具主義（Instrumentalism）取知識之「工具」理性價值，認為能夠有效解決問題的知識，方為真正的知識，認為人類在社會生活中，不斷的接受知識、技能、經驗，作為謀生的工具。

實驗主義源自美國，是由英國傳統的經驗主義與美國的實用主義（Pragmatism）演變而來。代表人物為杜威，其教育及哲學著作有《思維術》（*How to think*, 1910）、《準確性的探討》（*The quest for certainty, 1929*）、《民本主義與教育》（*Democracy and education*, 1916）、《經驗與教育》（*Experience and education*, 1938）等（孫邦正，民74；歐陽教，民74）。

　　杜威以實用的觀點，站在行動的立場，去解釋實在以人類存在的種種問題，而成為工具主義的知識論與試驗主義思維術，因此實驗主義又名工具主義，以能實際幫助人們解決問題的知識為真（歐陽教，民83）。

　　杜威站在經驗的立場，從生物學的觀點出來調合理性與經驗主義以久的紛爭，視理性與經驗為知識發展歷程中，彼此相互關聯，互相依賴的兩個要素（郭秋勳，民74；林寶山，民82）。

　　杜威的思想係建立在實驗主義的基礎上，並融合了洛克經驗主義（Empiricism）與達爾文進化論（Evolutionism）的原理，和法國孔德的實證主義（Positivism）以及近三百多年來科學與經驗方法研究的結果而形成其思想體系（葉學志，民74）。

　　實驗主義認為良好教育的三個條件為（林寶山，民82）：

　　1.教育目的須建立在受教育者原有的活動和需要之上。

　　2.教育目的須能轉變為一個能使活動順利進行的方法。

　　3.教育目的不可過於廣泛與遙遠。

　　實驗主義教育目的在培養學生改造經驗及強調解決實際生活問題的能力，認為「教育即生活」、「教育即生長」。教育方法注重知行合一及人與環境的互動歷程，而且特別重視實際經驗的教育活動。

　　實驗主義教育哲學，強調學校應該重視社會學科與經驗，運用問題解決探究的方法是有效的學習途徑。此外，教師是學生的協助者與諮詢者。

㈣實在主義教育思想

　　實在主義（Realism）又稱唯實論，相對唯名論，認為宇宙乃是由組成的物質在運動中所構成，人類所生存的世界構成了實體，人類及其知識均在宇宙律則下運作，真理為一種可以觀察的事實，感官知覺是獲得知識的橋樑。

　　實在主義教育目的認為對事物本質的認知，有助於人類的適應與

發展。重視符合客觀知識與社會需要的現代科技人才的培育。教育方法鼓勵科學思考教學，有組織、有系統、有制度的教學及以教師爲中心的教學方法。

實在主義教育哲學，認爲教育即對個人實施科學智能鍛鍊的歷程，學校應該傳授與世界有關的科目。例如數學、自然科學等，學生應該接受事實的知識並且熟練，教師角色在傳授學生實在的知識。

㈤永恆主義教育思想

永恆主義（Permanencism）具有較強烈的保守性格，重視傳統知識的傳授，強調傳統絕對永恆的精神文化遺產之維繫，教師有責任傳授學生有關理性、心靈、不變眞理及本質必然的知識與道德，使學科的內容在教師的詮釋下，更爲合理化。因此，永恆主義乃是進步主義（Progressivism）思想的反動。

永恆主義教育目標，置於人類獨特且最有價值的理性範疇之上，希望能透過人類心靈的開展及理性的運用，以控制人類的需求；教育方法強調啓發思考的訓練，此種心智的訓練，有助於內化人類的意志能力，使期能夠面對人類生活世界的各種挑戰。

永恆主義教育哲學，主張學校的存在乃在於傳授學生永恆的眞理，以彰顯人類的理性價值。教師的角色在於解釋並且告知學生永恆的眞理。

㈥理想主義教育思想

理想主義（Idealism）又稱爲觀念論或是唯心主義，引用自十八世紀哲學家萊布尼茲（G.W. Leibniz），強調心靈、精神、與觀念在實體方面的重要性，爲西方文化最有系統的哲學（葉學志，民74）。

理想主義教育目的，在強調理性及文雅教育的啓發，認爲知識主要來源係理性的作用，實在即是理性；視教育的本質爲培養人類理念不斷發展的歷程，其最終目的爲自我實現（self-realization）；教育方

法強調啓發式教學及折衷學生中心與教師中心的教學方法。

理想主義教育哲學，主張學校具有塑造學生的功能，提供各個年代的智慧與背誦老師教導的內容。

㈦個人本位主義教育思想

將教育視爲一種歷程，在此歷程中，尊重學習者的個人自由，謀求個性的發展，充實個人的知識與技能，以作爲成人生活或社會生活的準備。

㈧社會本位教育思想

社會本位教育學者認爲教育是社會同化個人的一種歷程。亦即，教育是促成個人社會化的主要歷程。

㈨人文主義教育思想

人文主義教育學者認爲教育是引導人性圓滿、智慧發展的一種歷程，並強調古文學對於人生的重要價值。

第四節　心理學基礎

教育心理學基礎包含個人身心發展、學習歷程與學習律則、學科心理、心理測驗、個人差異、人格特質、心理衛生等。教育有關心理學理論，主要爲學習理論的發展，主要可分爲二大學派：

一、行爲學派聯結學習理論

行爲學派在學習理論方面，強調「一個人的外顯行爲才是心理學

的學習重心」，亦即學習的行為表現為教育重點。行為學派的聯結學習理論又稱刺激－反應理論，主張學習是刺激和反應間的聯結，強調個體的反應。行為學派聯結學習理論，可以下述四種為代表：

(一)古典制約學習

係俄國生理學家巴夫洛夫用狗的消化腺反射的實驗所成，其主要學習原則有增強、消弱、類化及辨別。

(二)工具制約學習

指從個體多個反應中選一強化，而固定學習方式。以桑代克（Thorndike）為代表，以貓做「迷籠」的實驗，主張學習是經由嘗試與錯誤，或選擇與聯結的歷程。提出學習三定律：

1.練習律（law of exercise）：練習的次數愈多，刺激與反應之間的聯結就會愈強。

2.準備律（law of readiness）：身心狀況準備反應時，能聽其反應就較易滿足，若阻止其反應，則形成苦惱。

3.效果律（law of effect）：刺激與反應之間聯結的強弱，是根據反應後所得到的結果而定（張春興，民80）。

(三)增強理論

以史金納（Skinner）為主以白鼠壓損桿而強調增強的學習原理，並採用教學機以增強學習結果。

(四)接近理論

葛瑟律（Guthrie）強調學習是刺激與反應間的接近結果，若刺激與反應趨於一致時，學習便告完成。

二、認知學派學習理論

認知學派的學習理論重視「透過科學的方法，分析人類心靈結構與過程，和理性活動，以瞭解人類行為，並強調抽象觀念及知覺與思考的本質」。認知學派的學習理論將個體對環境中事物的瞭解與認識，視為學習的必要條件，故稱為認知理論（cognitive theory）。

完形心理學派重視知覺的整理性，重視環境中眾多刺激的關係，反對行為學派所提倡的「行為本身可以分解」之論點。認知學派認為個體面對學習情境，能否產生學習，視下述條件的配合（張春興，民80）：

1.新情境與舊經驗符合的程度。

2.新舊經驗的結合並重組：學習並非是零碎知識的增加，而是以舊的經驗為基礎在學習情境中吸收新的經驗，並將兩種或兩種以上的經驗加以結合重組，以構成經驗的整體。

認知學派的學習理論，可以下述為代表：

1.皮亞傑（Piaget）認知學派論：主張學習係個人受到環境中條件的限制與環境中的人、事、物而獲得經驗。

2.布魯納（Bruner）表徵系統論：認為個體的智能發展是經由動作表徵、形象表徵、符號表徵等三個時期，產生三個不同的行為表徵，正代表三種不同的學習方式。

㈠認知學派學習理論原則

布魯納的學習理論，在教學應用上提出四個原則：

1.動機原則（principle of motivation）：學習要有動機，學生必須喜歡學習，願意學習，教學才有效果，學習才有成效。

2.結構原則（principle of structure）：指教材的組織。教材與學生動機不同，就應採用不同的教學方式，教學方式應由動作表徵到符號

表徵。

3.順序原則（principle of sequence）：具有準備的意思，即教學之初要考慮學生的動機與興趣，進而引起學生的動機，維持學生的興趣；同時教材的使用，要能適合學生的智力發展順序，由具體而抽象，由簡單而複雜，由動作表徵而符號表徵。

4.增強原則（principle of reinforcement）：增強的原則是內發的，而非外控的，因此主張教學應採啟發的方式，因認知理解而自我滿足，以產生增強作用。

三、結語

行為學派學習理論強調聯結學習，偏重於片斷性的活動與學習，而忽略了內在思考、推理、綜合等學習，容易形成記憶、背誦、適用於較單純化的技能訓練；對於較複雜的學習活動，如思考、推理、觀念或原理原則，問題解決等學習活動，應經由認知過程的學習。

1.心理分析學派：以佛洛依德（Frued）為代表，強調性與攻擊的分析，認為人類的許多行為來自於潛意識。

2.行為學派：以桑代克（Thorndike）為代表，主張聯結論（connectionism），當代行為學派史金納（Skinner）強調增強與酬賞作用。

3.認知學派：以皮亞傑（Piaget）的發展認知論及布魯納（Bruner）的認知發展觀點，皆認為人類的行為係基於認知，強調知識組織、訊息處理及做決定等認知。

4.人本學派：羅吉斯（Rogers）的人本學習論和馬斯洛（Maslow）的需求階層理論，皆認為個人是受到自我經驗所感受到的意義所引導，教育的重點在於開創一個能夠誘導自我導向學習的學習環境。

第五節　學習目標

一、認知學習領域

認知學習領域，包括知識的學習與智能技巧的培養。

㈠皮亞傑認知學習論

皮亞傑採取適應環境的觀點解釋心智能力的發展。爲了能有效適應環境，個人受到環境中各種條件的限制，與環境中的人、事、物、形成互動交往作用，因而獲得各種學習、生活等經驗，即爲學習的歷程。

皮亞傑認知學習理論重點爲：基模（schema）、適應（adaptation）、平衡（equilibration）、同化（assimilation）、調適（accommodation）（張春興、林清山，民80）：

1.基模：爲個體在適應環境時，在行爲上表現的基本行爲模式，爲個體在遺傳條件下所學習到的經驗與能力。基模表現在各種行爲上，諸如：語言、動作、思考、觀念等，能代表個人行爲特徵的，都屬於個人的基模。

2.適應與平衡：適應與平衡具有交互關係，都是以基模爲基礎。個體在生活環境中，已有的基模（行爲模式）能適應環境需求，就不需要新的經驗，就無從產生新的學習。此即基模未變，適應方式也未變，個體的內外在關係保持著平衡關係；若是個體在生活環境中，已有的基模（行爲模式）不能適應環境需求，就需要新的經驗，因此產生新的學習。此即基模已變，適應方式變化，個體的內外在關係才能

繼續保持平衡關係。

3.同化與調適：個體爲求平衡（動機的滿足）而有適應，因適應而使個體基模逐漸擴大、升高，行爲變化就愈複雜。適應的方式爲二，一爲同化，一爲調適，兩者相輔相成，形成整體認知學習歷程，在同化與調適過程中，何時同化，何時調適，決定於個人的認知結構，亦即認知基模。

(二)布魯納表徵系統論

布魯納表徵系統論，在解釋智能發展是由動作表徵、形象表徵、符號表徵三個時期。三種不同的行爲表徵，代表著三種不同的學習方式。布魯納教學理論除瞭解釋學習經由上述三個表徵方式外，在教學應用上提出下述原則：

1.動機原則：學習必須要有動機，才能喜歡學習、願意學習，教學才有效果。布魯納認爲孩童入學之初，具有好奇、好勝兩種天賦驅動力，因此教學時必須保持並善用。

2.結構原則：係指教材的組織，所有的教材結構必須配合學習心理，才能達到教學的好效果，建議教學方式由具體到抽象，亦即由動作表徵到符號表徵的學習方式。

3.順序原則：順序的意義一爲準備，教學初使需考慮學習者的動機與興趣，有所準備，自然容易學習；一爲教材教法的準備，由具體到抽象，由動作表徵到符號表徵。因此，建議教學宜用螺旋式課程（spiral curriculum），構想爲由具體到抽象，動作表徵到符號表徵等循序漸進。

4.增強原則：強調孩童學習是主動、自發、好奇的，因好奇而活動，因活動使好奇心滿足，對活動形成增強作用。因此，增強是內發的，主張教學宜採啓發方式，因認知理解而自我滿足，使學習產生增強作用。

㈢布魯姆認知領域

　　布魯姆等將認知領域，分成：知識、理解、應用、分析、綜合、評鑑等層次。

二、心理動作或技能學習領域

　　第二類學習目標爲心理動作或技能的動作技巧。涉及骨骼和肌肉的使用、發展和協調。在實驗課、體育課、職業培訓、軍事訓練科目中，這常是主要的教學目標。稱爲「心理」動作，是因爲在動作技巧的學習中涉及認知的心理因素。例如：學習鋼琴彈奏技巧，需要掌握一定的樂理知識。

㈠哈樓的分類

　　哈樓（A.J. Harrow）在一九七二年將心理動作學習分成六類，是一個綜合性的分類體系。由低層次向高層次：
　　1.反射動作（reflex movements）。
　　2.基礎性的基本動作（basic fundamental movements）。
　　3.知覺能力（perceptual abilities）。
　　4.體力（physical abilities）。
　　5.技巧動作（skilled movements）。
　　6.意見交流（nondiscursive communication）。
　　反射動作和基礎性的基本動作是隨著身體發育的發展自然形成的，不是習得的技巧，所以教學中不設定這兩方面的低層次的學習目標。主要介紹四個較高層次的學習目標。
　　1.知覺能力：指對所處環境中的刺激所作的觀察和理解，並作出相對應調節動作的能力。包括動覺，如保持身體平衡，視聽覺辨別、觸覺辨別、眼－手和眼－腳協調動作，如踢球、接籃球、平衡等。

2.體力：包括動作的耐力、力量、靈活性和敏捷性。是學習高難度技術動作的基礎，構成體育技巧訓練中的基本訓練。例如，長時間運動的耐力鍛鍊、快速動作訓練、舉重訓練等。

3.技巧動作：指熟練完成複雜動作的能力。以基本動作爲基礎，結合知覺能力和一定的體力，經過一定的綜合練習，就能熟而生巧地掌握技巧動作。例如：彈樂器、使用工具、修護汽車、裝配零件、調整機器等。

4.意見交流：指傳遞感情的體態動作，亦稱肢體語言，既包括反射性的，也包括習得的。有手勢語、姿態、臉部表情、藝術動作和造型等，如舞蹈，感情透過動作流露、改變臉部表情等。

(二)辛普森分類

辛普森（E. Simpson）一九七一年提出分類說，是目前應用較廣泛的分類體系。把動作技巧的學習目標分爲：

1.知覺（perception）：瞭解與某動作技巧有關的知識、性質、功用，例如背誦儀器操作方法等。

2.準備狀態（set）：爲適應某動作技巧的學習作好心理上、身體上和情緒方面的準備。例如：瞭解動作的難度、要領及動作進程，使身體預備就位以便開始練習等。

3.指導下的反應（guided response）：能在教師的指導下表現有關的動作行爲。例如，能模仿教師的動作進行學習，在教練引導下進行試誤練習，直至形成正確動作等。

4.機械作用（mechanism）：經過一定程度練習，要掌握的動作已形成熟練的技能。例如：能正確、迅速地切片製作標本，能迅速、準確地打字等。

5.複雜的外顯反應（complex overt response）：能用最少的時間和精力表現全套動作技巧，一氣呵成，連貫嫻熟，得心應手。例如，精確迅速地完成解剖任務，迅速排除儀器的故障等。

6.適應（adaption）：練就的動作技巧具有應變能力，能適應環境條件及要求的變化。如能根據已掌握的舞蹈技巧，編製現代舞。

7.創作（origination）：在學習某動作技巧的過程中形成了一種創造新動作技巧的能力。如能改進實驗操作方法，創作新的藝術表演方法等。

體育運動、藝術表演、工具操作技巧、設備機器的操作技巧等，一般都可以用前面的分類系統加以分類，從而確定相對應的學習目標。心理動作的行為通常外顯化，容易觀察、描述和測量。

三、情意學習領域

情意是對外界刺激肯定或否定的心理反應，如喜歡、厭惡等。個體的情意會影響他在行為上的選擇。情意學習與形成一定的態度、提高鑑賞能力、更新價值觀念、情意塑造等等有關。

克拉斯渥爾（D.R. Krathewohl）等人在一九六九年提出情意學習目標分類，把從簡單的知覺到形成個性、形成思想、世界觀、認識觀的過程分解成五個由簡單到複雜的層次：

㈠接受或注意（receiving or attending）

願意注意某事件或活動。如認真聽課，意識某事的重要性等。

㈡反應（responding）

樂意以某種方式加入某事，以示反應。例如，完成教師規定作業、提出意見及建議，參加小組討論，遵守校規，同意某事等。

㈢價值評定（valuing）

看到某種現象、行為或事物的價值之處，從而表示接受、追求某事，表現出一定的堅定性，反映一種內部的價值觀。例如，主動關心

學弟妹，表現對文學有興趣，報名參加創作組，刻苦學習外語等。

(四)組織（organization）

當遇到多種價值觀念出現複雜情景時，將價值觀組織成一個系統，把各種價值觀加以比較，確定各種價值觀的相互關係及它們的相對重要性，接受自己認為重要的價值觀，形成個人的價值觀念體系。例如，先處理團體的事，然後考慮個人得失；先完成老師規定的作業，再玩遊戲等。值得重視的是，已建立的價值觀體系會因為新觀念的介入而改變。

(五)形成品德（characterization by a value or value system）

透過對價值觀體系的組織過程，品德逐漸形成，即各種價值被置於一個內在和諧的架構之中，它們的高低層級關係已確定。個人言行受其所確定的價值觀體系的支配。觀念、信仰和態度等融為一體，最終的表現是個人世界觀和人生哲學的形成。例如，工作一貫勤勤懇懇，保持良好的健康習慣，用客觀的態度處理問題等。

四、人際關係技巧學習領域

教育心理學把人類學習分為上述認知學習、情意學習和心理動作學習三個領域。近年來，羅米斯佐斯基（A.J. Romiszowski）提出的人際關係技巧學習（interpersonal skills learning）的目標日益受到重視。這是涉及培養與他人有效地交往、處理人際關係能力的一個新的學習領域。

人際關係技巧包括諮詢技巧、管理技巧、討論技巧、合作技巧、銷售技巧等。分類如下：

1.尋求與提供信息（seeking / giving information）：指能從他人那

裡獲取有關事實、聽取意見、取得解釋，能為別人提供事實、發表自己的意見、解釋或澄清問題的能力。

2.提議（proposing）：指提出一個新觀念、建議或行動方案的能力。例如，同有關部門提出職位培訓的具體構想。

3.支持和擴充（building and supporting）：指對他人的提議或提出的想法表示擁護並在其基礎上進一步發展的能力。例如，在會議上，對某人的方案提出進一步的改進意見。

4.引導和阻止發言（shutting out / bringing in）：指在討論或談話時引起其他人講話或使其停止講話的能力。例如，在會議討論中，能啓發沈默者說出自己的見解。

5.異議（disagreeing）：指能有意識地、直率地表達不同意見，或對他人的觀點見解進行批評的能力。例如，在討論中能反駁他人對一個新方案的批評。

6.總結（summarizing）：指以緊湊、簡潔的形式複述前面所討論內容要點的能力。例如，在會議上，發表自己的見解之前，先總結一下前面幾位發言者的不同觀點。

五、各類學習之相互關聯性

如技職學校學生在學習混合化學劑技巧時，既要懂得各種試劑的化學性能之知識及它們之間的關係，又必須掌握混合化學劑時的操作程序與技巧，以及培養安全操作觀念的問題。同時涉及認知、心理動作和情意三個方面的學習。多數人際關係技巧的學習都包含情意和知識運用的成分。

第六節　有效學習

學習就人群關係而言，為針對人們各種需要之有待滿足，藉由各種心理上或生理上的獎賞，以誘導行為朝向積極性、建設性、教學性等方面進行。因此，有效的學習法則，經綜合各專家與學者的說法如下（張春興、林清山，民80；秦夢群，民77；Adams, 1979；Cross, 1981；Robbins, 1991）：

1.學習要有目標：目標為各個人所希望達成的努力方向，就如學校的教學目標。

2.學習要形成風尚：人們的行為常受制於團體，以團體的力量激勵，形成風尚。

3.學習必須簡單了當：人們對簡單的或明確的學習反應較大，興趣及學習效果就大。

4.學習必須伴隨有達成激勵目標的條件：包括工作或學習的方法，應有的設備工具，適當的指導等。

5.學習應透過適當的溝通：才能互通心聲，產生良好的認知與感應，把原則變成共識，由共識產生默契，以免減低學習的效果。

6.由於學習的誘因不同，學習的方法也應不同：對某甲有用的，對某乙未必有效，而時間的改變，方法也應有所調整，尊重和關懷則是學習的基本要素。

7.對學習的關懷應即時，過時將失去功效。

8.學習應隨個人的程度而定：能力強者，告訴目標，盡量讓其發揮能力；程度差者，告訴其工作要領與方法，並加強督導。

9.學習原則的應用視各種教學情境及個人的差異性而做彈性應用：彈性是指每個人不必強求一致，因為每個人的能力與起點不盡相

同。

　　10.設定學習目標時：爲達成激勵作用，不妨先設定短期可達成的目標（如每日、每週或每月），然候再將目標逐步提升。

　　11.瞭解自我的興趣與需要：包括瞭解學習目標，發展個人的興趣，在良好的學習環境中主動參與學習，獲得適當的鼓勵與成功的經驗，維持師生與同儕之間良好關係，充分發揮潛在能力。

　　12.避免過高的期望水準，建立可以達成的學習目標：對於學習的期望應適當，避免給自我過多的壓力。有適合自我能力的期望，不但可以減少失敗的經驗，並能滿足成就動機。

3

課程

- 課程：定義、特質、概念、類型、內涵、要素、發展原則
- 課程規劃：計畫、設計、發展、實施、評鑑階段
- 課程設計：組織、特性、設計模式、設計原則、修訂
- 技職教育課程：課程組織、類型
- 技職教育課程設計：職業資料收集、分析，課程編組
- 技職教育課程發展：教學目標配合、行業分析運用、各界參與、配合教育計畫方案推行

第一節　課程

　　我國教育體系，包含了國小、國中、高中、高職、專科、技術學院、大學等層次，各有特定的教育目標，互成連貫。教育的發展一方面須符應社會環境的需要而調整其結構與功能，另一方面更應掌握世界潮流與國家發展的動脈，前瞻規劃並研擬改進措施，以培育未來國家經濟發展所須的各級人力，促進社會的繁榮與進步。

一、課程定義

　　課程（curriculum）是教學的內容，也是師生活動的依據。因此，課程內容的良窳，不僅直接關係學生的學習效果，且亦深切影響教育實施的成敗（羅文基，民77；李大偉等，民78）。課程是人為的產物，為了因應社會的變遷，迎接挑戰或迎合設計者和課程接受者的需求，而需加以修正。

　　傳統觀念中，把課程視為一種學習或訓練的進程，透過此種進程，以求獲致教育的效果。在相關的課程文獻中，常因各人背景的不同、觀念的差異，提出修正或另創新義如下：

　　1.以目的、目標、成果或預期的學習結果為導向。

　　2.以學校為計畫、實施課程的主體，而以學習者為對象。

　　3.以團體或個別為實施的方式。

　　4.以在校內或校外為實施的場所或地點。

　　5.以提供科目、教材、知識、經驗，或學習機會、活動為類型。

　　由於知識領域、學習理論等的改變，課程的定義由狹義而廣義：

　　1.從學習內容或科目種類，變為在學校指導、計畫下學生獲得之

經驗的總和；

2.課程是學校爲了增進學習結果所提供之有計畫經驗的總和；

3.課程是學校爲使學生達到預定的學習結果而採取之有計畫的綜合努力；

4.課程是學校所負責之有計畫的學習結果；

5.課程是學生在學校內循一定程序而進行的各種學習活動；

6.課程是學生在學校安排與教師指導之下，爲達成教育目的所從事的一切有程序是學習活動或經驗。

孫邦正：課程是學生在學校內循著一定的程序而進行的各種學習活動；方炳林（民78）：課程是學生在學校安排與教師指導之下，爲達成教育目的所從事的一切有程序是學習活動或經驗；課程係指學校所教、學生所學的總稱；楊朝祥（民73）：課程是爲一群特定的學生，所編排的學習科目、活動及經驗的總稱，具有適當的秩序性，並且能夠達成特定的目標；張天津（民73）：課程是學生在學校安排之下，爲達成特定的目標，而使學生學習的必要科目、活動以及經驗，所接受的一系列有系統、有組織、有計畫的學習的活動。

課程定義依發展歸納的不同而有所差別，視課程爲科目總合者，強調知識爲中心的課程；視課程爲經驗者，強調學習者爲中心的課程；視課程爲目標者，強調社會導向爲中心的課程。技職教育的課程應涵蓋認知、情意、技能等三個領域。

廣義的課程定義，將課程視爲「有計畫的學習經驗」，不僅把課程的中心由學科內容轉到學習者，而且擴充了課程的範圍，從課內學習到課外活動，從教室到任何發生學習經驗的教育場所與環境。

依課程的發展歸納如下：

● 視爲科目總合者：強調知識爲中心的課程。

● 視爲經驗者：強調學習者爲中心的課程，從經驗中觀察學習。

● 視爲目標者：強調社會導向爲中心的課程。

● 視爲計畫者：重視課程內容、方法等的計畫，以具備完整性、

彈性、一貫性、適應性等。

二、課程特質

課程特質（歐用生，民83）：

1.課程是學生所從事的學習活動或經驗：這些學習活動或經驗是在學校安排與教師指導下進行的。

2.課程包括課內的學習活動和各種課外活動：學校課表上所列的學科。例如：國文、數學、自然科學、體育、音樂等固然是課程，其他如集會、參觀、藝文競賽、運動競技、學生自治、社會服務、社團活動等，在教師指導下進行的課外活動也是課程。因此，教師對於課內教學和課外教學，應予同樣重視，並作適當的安排。

3.課程是有程序的學習活動：亦即課程是有組織的、有系統的，有其一定的順序和層次。課程實施前要確立教育目標，發展學習活動，課程實施時，要組織教學活動，使內容、方法和教學情境都能配合教育目標；課程實施後要加以評鑑，使學習結果成為最有效的經驗。由此亦可知課程、教材和教法是密切關聯的。

4.課程是實現教育目標的途徑：學生在教師指導下，從各種課內學習或課外活動中，獲得有用的知識與技能，養成良好的習慣、價值、信念等，成為五育均衡發展的健全公民。

綜合各家的觀點，課程的定義如下（王文科，民84）：

1.課程即是科目與教材：課程即科目與教材，係指與確立學習進程有關，且由教師講授，學生學習的進程指引、科目、教材大綱、教科書等；屬於較傳統、保守或優勢的課程概念。

2.課程即是經驗：係指學習者所獲得的經驗而言。經驗泛指經過重組後的知識與技能，在學校的輔導下，經由個別學習者的學習而獲得相關經驗，目標在於增進學習者控制知識、技能、經驗的能力。

3.課程即是目的、目標或成果：二十世紀初期，興起科學管理風

氣,影響課程的研究,強調課程目標的重要性,主張依照成人應該具備的知識與技能,決定課程的目標。課程即是目的、目標或成果的概念爲能力本位教育(competency-based education)提供理論上的依據,對技職教育及師範教育的發展,產生深遠的影響。

4.課程即是有計畫的學習機會:理想的課程概念,應兼顧科目與教材、經驗,以及目的、目標或成果三者,亦即任何學習或教學計畫需有意向、特定的方案以及目標,避免因嚴格區分手段與目的,而產生流弊。同時,課程計畫應兼顧學習的角色。

三、課程概念

凱利(Kelly, 1989)舉出課程的概念:

1.潛在課程(hidden curriculum):係指學習者學習的內容中,未經仔細計畫、組織,或未存在於學校行政人員意識的部分,卻有隱匿的結果與副作用的產生。

2.官方課程或計畫課程(official or planned curriculum)與實際課程或接受課程(actual or received curriculum):官方課程或計畫課程,係指有意安排的學習內容、課程大綱、內容說明書等;實際課程或接受課程,則指在學校實際實施並且爲學習者經驗得到的內容。

3.正式課程或非正式課程(formal and informal curriculum):正式課程係指在學校排定有授課時間表的學習活動;非正式課程係指學生志願參與的各種活動,如運動、休閒、旅遊等,多半利用課餘、放學後、假期等時間實施。

四、課程類型

課程依據實際需要分成六類(孫邦正,民74):

(一)分科課程

分科課程係以學科為單位的傳統性，係根據知識與技能的性質，進行有系統的理論組織，分科依照獨自的系統予以劃分組織，分別施教，例如：數學、力學、電學、理化等。分科課程的優點，在於學生分科學習能獲得系統的知識，而且各科教材易吸取知識與技能的精華，並作專精的研究。

分科課程的缺點：

1.以學科為中心的論理組織，不適合學生的身心發展和學習心理，因此不能引起學生的學習興趣，提供最有效的學習經驗。

2.各科之間缺少聯絡與溝通，分割了學習經驗的完整性，學生只獲得零碎的知識與技能。

3.學習內容偏於空疏的知識，忽略了實用知能的訓練，不能培養解決現實生活中問題的能力。

4.教學方法仍偏於講解和記憶，缺乏追求知識與技能的訓練，不能培養學生決策等的能力。

(二)相關課程

相關課程，是合併有關科目，但不打破科目的界限，僅透過各科的聯絡教學，以增進學習興趣，並使學習經驗更為完整。相關課程的形式有二種：一種是不同類科目的配合，如社會科學概論和國文的性質雖然不同，但所敘述的相關的名人傳記或文獻，可配合起來教學；第二種是同類科目的配合，如機械原理、機械力學、機構學、熱處理等科都是研究機械類的情形，可將其有關的教材配合起來施教。

(三)合科課程

合科課程，是把各種有關係的科目合併起來，成為一個新的科目，其目的在減少分科課程支離割裂的弊端，使學生得到更完整的經

驗，期能更適應生活需要。例如：將歷史、地理、公民融合為社會科學概論；高職機械製造，涵蓋切銷、量度、車工、鉗工、銑工、熱處理等領域。

㈣廣域課程

廣域課程是把課程依其性質分為幾類，而不分成科目，以擴大教材領域。打破原有學科組織的界限，同一類的各科教材加以重新組織和排列，以便學生的學習。

廣域課程可使學生得到統整的知識與概念，瞭解各種知識與技能間的相互關係，並擴大學科教材的領域，使學習更能切合實際生活需要。缺點如下：

1.僅提供某一學科的概要知識，不能更精深的研究探討。

2.容易偏重學習經驗，而忽略學科本身的論理系統。

3.需要自行設計課程，使少數教師無法勝任。

㈤核心課程

核心課程是在若干科目中選擇幾個重要的學科合併為一個範圍廣泛的科目，並與其他科目配合教學。例如：高職機械原理和機械製造合併為機械專業學科，課程編製則以原理、機械設計和機械製造等功能為主，課程由師生共同設計，教材和教科書只是解決機械製造的工具。教學法是問題解決法，注重實際機械原理的應用與解決，不重視考試和記憶，重視個別差異，學生的興趣成為學習的主要動力。

核心課程的目的，在培養學生處理或解決問題的能力。核心課程的實施困難：

1.核心課程的理論基礎不夠堅強。

2.缺乏適當的課程指導教學參考資料。

3.缺乏具有充分才能的教師。

4.不能得到部分家長及社會人士的支持。

5.傳統的考試制度根據固定的學科為標準，與核心課程精神有所衝突。

㈥活動課程

活動課程不採分科教學的方式，學校只有活動，沒有科目。而活動都以學生的興趣、需要、能力、和性向為起點，以學生的生活為內容。課表、編班等都具有彈性，教師只是指導者，學生有很大限度的自由。此種課程採問題解決法，閱讀、討論、觀察、實驗、製作、表演、參觀等是主要的活動，其目的在培養學生解決問題的能力。適用於較小階段的學程。

活動課程的優點：

1.採活動本位，以學生為中心，由學生自由選擇，學習興趣較濃厚。

2.重視學習經驗，活動中學習所獲得的是活的經驗，而非課本上的知識。

活動課程的缺失：

1.課程隨學習者的興趣轉移，學生不能獲得系統的知識。

2.容易忽視民族累積的文化傳統及將來的社會情境。

3.課程設計以工作的需要、問題為中心，學校教育計畫很難密切配合。

4.許多既定的教育目標很難實現。

五、課程內涵

課程內涵包括：

1.正式課程：即是學校所計畫的學習科目，列於課表上，俗稱為正課。

2.非正式課程：為正課以外所安排的學習活動，例如：朝會、典

禮、社團活動、文藝活動、比賽、專題演講等。

3.潛在課程：學生經由學習環境中人、事、物或學校、班級組織及過程中的接觸所產生的學習經驗。存在於學校教育的各個層面中，如座位的安排、師生之間的互動、同儕團體的影響、學習情境等。

六、課程要素

課程涵蓋各種要素，各要素之間相互連貫，並非孤立的型態：

1.目標：根據教育宗旨，確立各科課程目標。

2.活動：指學習的方式，如聽講、觀察、實驗、訪問等。

3.方法：係指教與學之間的過程。

4.內容：如教材等。

5.資源：包括學習所需要的器材、設備與儀器等。

6.環境：為各種與學習相關的環境，如燈光、照明、通風等。

7.評鑑：以確知學習狀況及表現成效的方法和工具等。

8.其他：例如行政措施、社區資源等的配合。

七、課程發展原則

高科技社會，課程發展應重視統整與銜接原則，軟體和硬體有效配合，其原則如下（張天津，民86；Hone, 1996）：

1.多元化原則：課程、學制、入學管道、系所科的設立、教學目標、教學內容均應多元化，才能配合與適應各種不同的需求。

2.彈性化原則：課程內容、教材教法、上課時程、學生輔導等均應彈性化，方能因材施教及滿足不同對象的需要。

3.未來化原則：現在所教與所學是要滿足未來的需要，和提供繼續學習的方法與工具。

4.國際化原則：世界一家、國際村的時代已來臨，應具有國際

觀，和足夠的外語能力以吸收新知識，未來將是一個國際合作與國際競爭並存的時代。

5.資訊化原則：資訊化、電腦化時代的教學方法與學習方式都將與傳統方式有很大之差異，在可見的未來遠距教學、電腦化教學，將會逐漸地取代傳統的教學。

6.績效化原則：教育課程內容與教材教法都應重視實用、應用和績效，重視簡易方便與服務精神，從行政措施到學習內涵和輔導學生都應把握績效化原則。

7.重視理論基礎原則：課程發展，教材編訂與教學方法皆有其不同的理論基礎和背景，如知識觀、學習理論、教學實踐與教學方法、能力本位訓練、社會學觀點、心理學看法、政治學目標等，都有其依據和參考價值，不宜忽略。若能善加應用並深入探討，將有助於新課程的發展與創新觀念的啓發。

第二節　課程規劃

課程規劃階段（黃政傑等，民82）：

一、計畫階段

㈠草擬工作計畫

由負責教育或訓練課程人員草擬初步的課程規劃工作計畫，提經討論。

㈡成立組織

成立「課程規劃委員會」，成員包括：學術機關代表、授課教師代表、學員代表、課程專家、學科專家、評鑑專家、專業組織代表，例如：教師會、學會、工會、商會等。

㈢評估需求

評估的項目應包括：
1.社會需求。
2.機構或單位的需求。
3.學員需求。
4.任務分析。

㈣評估影響因素

影響課程規劃的因素，包括經費來源、支持程度、師資來源、場地的大小與位置、教學設備的供應等，在計畫階段應加以詳細評估。

㈤尋求相關資源

課程規劃必須有哲學、心理學、社會學、經濟學、政治學等的理論基礎，以及專門學科的知識內涵，考慮相關的法令規定與過去辦理的經驗得失。

㈥確立工作計畫

主要的工作是根據需求、影響因素的評估與相關依據的分析結果，檢討並修正初步的工作計畫，並對計畫的可行性進行整體性的評估，據以確立正式的工作計畫，做為下一階段「課程設計」的依據。

二、設計階段

設計階段兩大任務：規劃課程方案、規劃課程實施計畫。階段進行步驟與主要工作項目如下：

㈠規劃課程方案

1.成立課程規劃小組：成員包括委託機構與受託機構代表、教師代表、課程專家、學科專家，相關諮詢人員，如評鑑專家、教育專家、學員代表等。

2.確立課程的具體目標。

3.選擇課程領域、科目或主題。

4.設計各個課程領域、科目或主題的教學時數及順序。

5.評鑑、修正及確定課程方案。

㈡規劃課程實施計畫

課程方案確定之後，下一個步驟就是規劃課程實施計畫，安排所需師資，相關的支援人力、所需的經費、教學設施與器材等配合措施。實施計畫必須經過評鑑、修正，然後加以確定。

三、發展階段

發展步驟與主要項目如下：

㈠研訂教學大綱

1.研訂各個領域、科目或主題的教學目標。

2.根據前述目標，研訂各領域、科目或主體目標的內容綱要。

(二)選擇或編輯教材

選用或編撰各個領域、科目或主題的教材。有些教材是現成的，但不一定完全適合課程方案的需求，必須加以選用或做局部的修改。有些是新教材，則必須由訓練單位自行編撰。

(三)設計教學活動

設計教學活動的主要工作，是設計教學型態與學習活動。教學的型態，就教學對象的多寡而言，可分為大班級教學、小組教學與個別教學；就教學的方法而言，有講述法、討論法、啟發法、發現法。學習活動亦有多種方式，如座談、研習、參觀、訪問、操作與創作發表等。教學型態與學習活動應多元化，但要符合目標及教材的性質。

(四)設計教學媒體

為提高教學效果，經常需要使用教學媒體或教具。成人的教育活動也不例外，在設計教學活動時，相關教學媒體與教具，可同時並用安排或規劃，有些可利用或購買現成品，有些則必須自行製作。

(五)發展評量工具

發展評量工具主要工作，是編擬各領域、科目或主題的評量工具，其目的在幫助教師與學員瞭解學習成果。就發展階段的步驟而言，評量工具在設計教學活動時，亦可同時進行設計。

(六)試用、評鑑與修正

以上所發展的教學大綱、教材、教學活動、教學媒體與評量工具必須進行試用，並評估其可行性。此步驟具有形成性評鑑的性質，評鑑結果可作為修正教學大綱、教材、教學活動、教學媒體與評量工具的依據。

四、實施階段

實施階段的步驟，包括實施前的準備、實施教學與進行教學評量，各步驟的主要工作如下：

(一)實施前的準備

在實施教學前必須完成的工作有：
1.召開教學協調會或辦理教師進修、研習。
2.召開相關支援人員協調會。
3.進行課程方案宣傳。
4.完成講師聯繫事宜。
5.完成學員編組及接待事宜。

(二)實施教學

實施教學時，主要的工作：
1.按課程方案實施教學。
2.督導教學過程。
3.督導各項行政支援措施。

(三)課程的實施階段

包括教學前計畫、準備、教學實施與教學評量等工作。教學計畫步驟主要如下：
1.瞭解教學目標。
2.擬定教材大綱。
3.排列教學學習單元。
4.編製教學進度表。

㈣進行教學評鑑

實施教學與教學後，必須進行教學評鑑。評鑑的工作：

1.評鑑學員的學習過程與學習成果。

2.實施教學意見調查：有關發展階段之研訂教學大綱、編選教材、設計教學活動與教學媒體、發展評量工具等，以及上述成品的試用、評鑑與修正的實施，皆可納入教學意見調查之中。

五、評鑑階段

評鑑是一種劃定、描述、獲取，及提供敘述性與判斷性資訊的歷程。資訊涉及教學目標、設計、實施，及學習成效等。評鑑的三個主要目的為：指導如何做決定、提供績效的紀錄以及增進對評鑑現象的瞭解。評鑑基本的觀點為：「評鑑最重要的目的不在證明而在於改良（not to prove but to improve）。」因此，不認為評鑑是在挑毛病或是僅為評定績效的工具，相反的，主張評鑑是一項工具，能幫助應用評鑑所得資訊的人，使得方案更具有成效（黃光雄，民79）。

● 由各級學校自行評鑑。

● 由課程研發中心評鑑部門進行評鑑。

評鑑階段的步驟與主要工作：

㈠評鑑課程方案及課程實施計畫成效

1.評鑑學員學習成效。

2.評鑑教師教學成效。

3.評鑑行政支援成效。

4.評鑑課程方案成本效益。

㈡改進課程方案及課程實施計畫

1.分析各項成效評鑑資料。

2.根據評鑑結果修訂課程方案及實施計畫。

第三節　課程設計

一、課程組織

課程的組織方式，呈現在實際的教學活動中，對於教學效果有直接的影響，是課程設計中必須考慮的重要因素。一般有下列六種主要的課程組織形式，簡述如下：

1.分科課程（separate subjects curriculum）：以學科為單位的傳統課程，每一科目分別單獨的教學。

2.相關課程（correlated curriculum）：仍然採用分科的形式，不過增強科目間的聯繫。

3.合科課程或廣域課程（broad fields curriculum）：將相關科目合併起來，成為一個新科目，或把課程分為幾個大類進行教學。

4.核心課程（core curriculum）：是以某一科目為中心，其他學科的教材力求與此中心學科互相配合，使學員獲得完整的生活經驗。

5.活動課程（activites curriculum）：是以實際生活為課程的內容，以學生的興趣、需要、和能力為編製課程的出發點，並以學員的活動為學習的方法。

6.折衷課程（go-ordinated curriculum）：把相關課程與活動課程作折衷的分配。

二、課程特性

課程是所有教學科目的總稱，是指學生在學校安排與教師指導下的一切活動與經驗。包括課程內教學、課外活動、社團參與、家庭作業、社會經驗等。課程的特性（陳昭雄，民74）：

1.必須經過有計畫的設計與安排。

2.必須循著一定的程序而進行。

3.必須遵循一定的目標而進行。

技職教育課程特性如下：

1.技職教育課程是以學生就業為導向。

2.技職教育課程是基於個別地區及職業的不同需求。

3.技職教育課程並不局限於提供特定行業範圍的相關知識，應提供較為廣泛的技術及職業知識、技能、工作態度、和工作價值觀。

4.學生學習獲得的行業能力，必須以能實作及應用能力等，考量學生的成就水準。

5.學生畢業後的工作表現，為評量技職課程的標準之一。

6.保持學校課程與行業的配合，是技職教育課程的基本要求。

7.技職教育課程必須符合國家的教育政策及要求。

8.技職教育課程必須跟隨教育、職業、工業、社會、科技等的進步而改進。

9.技職教育課程的執行，要靠有關的建築、設備、器材、教學資源以及有關人員的密切配合。

三、課程設計模式

完整課程發展程序，至少包括分析（analyze）、設計（design）、發展（develop）、執行（implement）、以及調整（control）五個步

驟。而課程設計是課程發展中重要的一環，用以表明課程之元素，彼此間之關係、組織原則，以及實施課程之必要條件（陳昭雄，民74）。

課程設計之研究，可分為目標模式（objectives model）與過程模式（process model）兩種取向（陳昭雄，民74）：

(一)目標模式

目標模式係以學習者之預期學習成果作為課程設計之依據，並考慮下列七個要項：

1.診斷學習需要。
2.訂定學習目標。
3.選擇學習內容。
4.組織學習內容。
5.選擇學習經驗。
6.組織學習經驗。
7.決定評鑑之目的、內容、方式。

(二)過程模式

過程模式則主張以學習歷程作為課程設計之準繩。例如，英國教育學者彼得史（R.S. Peters）主張：課程之內容選擇可根據知識原有程序、概念、與批判基準，不須以學生之行為或其他手段來達到目標；美國教育學者漢尼（P.J. Hanley）等人亦認為課程設計時應強調探究問題、應用原始資料以論證問題、討論、組織經驗等學習過程。例如，技職教育之課程，看重於學生技能之學習與知識之獲得，並強調學習成果與預期目標之相互驗證，目標模式不失為技職教育課程之良好策略。

四、課程設計原則

美國教育學者泰勒（Tyler, 1951）認為課程發展，首先應認明發展任何一種教學課程與計畫所必須回答的四個根本問題，這四大根本問題：

1.學校應該追求哪些目標？

2.要提供哪些教育經驗才能達成這些目標？

3.這些教育經驗如何才能有效的加以組織？

4.如何才能確定這些目標正被實現？

具體而言，課程設計應注意下列原則：

1.應該與教育目標相配合。

2.應該適合學生的需要。

3.應該適合社會的需要。

4.必須以學生的學習能力為依據。

5.能讓學生在校內外從直接經驗中去學習。

6.能適應學生個別的興趣與特殊的需要。

五、課程修訂

課程修訂為教育改革重要工作項目之一，修訂之法則及理論均經教育學、社會學、心理學、經濟學等專家學者多年來收集英、美、德、法、日、澳等先進國家之教育制度、課程設計以及其教改經驗作全面而深入之研究，並對我國當前各級學校課程之現存問題以及具體之改革方法作出明確之指導。

新課程內容要整合使能配合世界潮流及未來之需要，加強通識基礎之建構，並使彈性化、多元化以培養學生之學習興趣，試探個人之性向以順勢發展，整體課程結構延後分流與分化等理念，為重要發展

趨勢。

　　教育之根本為培育完整之全人為目標，亦即「人本教育」。無論人文、社會、自然科學均必建構於「人本」基礎之上。

　　校訂科目之設計，係為各校自由彈性使用，以滿足各校科大多數學生之需求，各校科可參酌校訂科目參考表自行訂定，可開設專業科目、實習科目或一般科目，只要經由教學研究會議決，經教務會議討論通過並呈校長核准後實施。

　　整體而言，部訂一般科目是為人本以及自然科學之基礎主幹，部訂專業科目是為各類教育之分化點，屬基礎課程，校訂必修及選修則為各學科課程之分化點。

　　課程是整體學校教育的核心，修訂工作非常重要，要周延考量，方能妥善規劃。規劃重點：

　　1.課程規劃應注重縱向的連貫：課程規劃除了橫向的統合、協調性外，更應注重縱向的連貫。避免令人擔心有些課程太過艱深，因此，課程規劃應特別注重縱向的連貫，使學生能在有系統、有規劃的課程安排中循序漸進受教與學習。

　　2.謹慎審查各門課程的授課時數，考量其為必修課或選修課。要謹慎審查各門課程的授課時數與必修性，幫助學生有彈性地選擇符合其身心發展的學習情境。

　　課程是實現教育目標的具體內容，是整體教育活動的中心與原動力，課程修訂不但是需要配合環境變遷需求而加以調整，更應以前瞻性眼光看到未來國家社會及個人的需求而事先加以規劃，所謂「十年樹木，百年樹人」，在課程規劃時，更需慎重。

第四節　技職教育課程

一、技職教育課程組織

身為教師應具備課程設計的知識與能力，方可實際負起課程設計與教學責任。技職教育的課程組織內容，應包括下列各項重點（袁立錕，民72）：

1.專業的分類，注重經濟因素，及該等專業在該地區的重要性。

2.為實現廣泛的通才教育，其課程內容，各工業發展國家，均注重學生品格與理解能力之發展，以及道德意識、社會、文化、專業價值和責任感之培養。

3.工程師及工程管理師的高等技職教育，注重根基廣泛的教育，並提供適合其領域內有關科學之完整的工作經驗。有志專精於研究及發展者，均應提供其研習有關科學之高深的研究機會與學習課程。

4.技術員教育，注重某一特別職業的技術，兼及實作技能與所涉及的知識理論。

5.工程師、工程技術師及工程技術員，除授以專業知識外，亦應提供各自領域的社會、經濟、管理等事項的教育，使其能將可取用之人力、物力與其他資源，作良好的協調和有效的應用。

6.熟練技工教育，注重未來就業所需求的知識與技能，以奠定未來專業或深造基礎。

二、技職教育課程類型

近代各工業先進國家，爲適應經濟生產所需技術人力之培養，對於技職教育內容，莫不十分重視，技術職業教育課程的研究與實驗，亦因而甚爲熱烈與普及。工業教育課程類型按課程設計的方式，可歸納爲如下數種（康自立，民67）：

(一)統合型

係將傳統的各自獨立、彼此互不發生關連之教學科目型式的課程，以社會的或知識結構的立場，給以統整成彼此相互關連的統合性科目，使學生能從統合的教材學習過程中，獲得更切合社會需要的統整經驗。此種統合型課程具有彈性，能按學生的成熟情況個別施教，使學生獲得具有連貫性學習經驗，保持較高的學習興趣，並可更較熟練地使用機器設備。

(二)職業分類型

利用職業分類類型的分析：
1.工作分析：以工作者所從事的整個工作做爲分析的基礎。
2.行業分析：以完成工作所需的操作做爲分析的基礎。
3.職業分析：是工作分析及行業分析的綜合方法。
4.任務分析：任務，就是完成工作目標所需之合乎邏輯的一組相關動作，通常在一項工作中包含許多的任務。
找出職業的內容及圍繞職業的有關因素，從而決定教學內容，此種課程稱爲職業分類型。用分析方法決定課程的內容，只能找出在學習當時已有之工作內容及相關知識，無法預知職業在將來所需要的內容，此類課程適合於社會變遷緩慢、科技進步不太快速的社會。

(三)職業群集型

職業群集（vocational cluster）是將職業技術依其適應性分析成群集，如機械類群、金屬工業類群、電機類群、建築類群等。各職業類群又可分為若干行業。在同一類群的各種行業的工作中，將其共同必須的主要技術，做為專業技術訓練的主要內容。先學習整個群集共同的主要技術，再依個人志趣逐漸縮小學習範圍，終至於學習某一特定行業的知識與技能。

職業群集課程的學習過程，包括職業的試探（exploration）、職業性向發展（development）和職業的準備（preparation）三個階段。我國所實施的職業群集課程，通常第一學年學習某一職業群集中各行業整個的主要共同技術，學生經由此種廣泛的基礎訓練，試探其性向、興趣和能力；第二學年依個人志趣選擇該職業集中之二至三個行業，從事較為專門的學習，以發展職業準備性的經驗；第三學年將第二學年所習之二至三個行業，再按其志趣精通一項，進行專精學習，以準備就業。

職業群集課程的目標，在於提供較為寬廣基礎的專業技能，而非單一行業的專精訓練。使學生得以在較廣大的職業領域中，獲得更多的就業機會，並在必要時易於轉業，以充分發揮工業技術人力應用的彈性。

(四)職業功能型

以職業的功能而非工作或行業的基礎所設計的課程，是為職業功能型課程。目的在使學生具備相同性質的多種不同工作與行業之專業知能。

職業按其功能，通常分類：

1.生產貨財的行業：包含研究、發展、生產計畫以及製造四大功能。

2.服務型行業：包括診斷（diagnosis）、修正（correction）及測驗（testing）等三種功能。如在高職學校實施，學生於第一、二學年學習生產貨財的職業功能課程，第三學年學習服務的職業功能課程。

生產功能的課程，第一年在大量生產摹擬組織中，瞭解生產系統的功能，先行學習大量生產的型式。第二年先學習單元生產技術，如同製作簡單的工具、測試或裝配，以體驗生產計畫的特質，再學習生產工廠的佈置，產品設計、研究及發展等經驗。第三年學習如何透過診斷、改正及測驗等功能，以從事修護產品等服務經驗之學習。

㈤職業階梯式

為參考西德階梯式職業訓練而設計的課程。就職業技術分析為幾大群，第一年採大分科方式，先實施多種技術的基礎訓練；第二年經過性向測驗及技能評量後，進入工業專業技能訓練；第三年依據學生個人意願，配合工業界實際生產之所需，以建教合作方式，在工業生產機構實施專業的職業生產訓練。這也是一種先廣後專的多元技術訓練，甚為適合於學生對行業的選擇、轉換與變動。

第五節　技職教育課程設計

技職教育專業課程的設計，常採用活動分析法，將職業的活動詳細加以分析，找出其中所需之主要知識、技能和習慣，按其難易的次序，逐項列舉，做為課程設計的依據。具體步驟有三，包括職業資料的收集、職業分析以及課程編組（袁立錕，民72；康自立，民78；張添洲，民86；Kelly, 1989）：

一、職業資料收集

(一)職業分類的資料：職業分類方式

1.依產業類別分類：以各種產業不同的經濟活動性質之差異做為分類的依據，如聯合國國際經濟活動分類標準，將職業分類：

(0)農業、林業、狩獵、漁業。

(1)礦業及採石業。

(2)～(3)製造業。

(4)營造業。

(5)電氣、瓦斯、自來水、衛生設備業。

(6)商業。

(7)運輸、倉庫、通信業。

(8)服務業。

(9)其他。

2.依工作性質與工作內涵分：以各種職業從業者的工作性質和工作內涵之差異，做為分類的依據。主要分類：

(0)專門及管理職業：又分為專門職業、半專門職業、管理及公務職業等類。

(1)事務及販賣職業：又分為事務及類似職業、販賣及類似職業等類。

(2)服務職業：又分為家庭服務、個人服務、保護服務及雜項服務職業等類。

(3)農業、林業、漁業及類似職業：又分為農業與園藝職業、林業與狩獵職業、漁業職業等類。

(4)～(5)技術行業。

(6)～(7)半技術行業。

(8)～(9)非技術行業。

　3.我國職業分類的方法：中華民國職業分類典，依：

(1)職業所需知識、技能與資歷。

(2)生產之物品或提供勞務之種類。

(3)工作環境及工作程序，或是使用之原料、工具、設備。

(4)在職業上所擔負之任務，將職業作有系統之分類，共分四個
　　層次，九大類，三百餘小類，一千多個細類。

(5)我國職業之分類及其編號：

　0）1）、專門性、技術性及有關人員。

　2）、行政及主管人員。

　3）、監督及佐理人員。

　4）、買賣工作人員。

　5）、服務工作人員。

　6）、農、林、漁、牧、狩獵工作人員。

　7）8）9）、生產程序、運輸設備操作工及體力工。

　X.職業不能分類之工作者。

　Y.現役軍人。

(二)職業的等級區分資料

　　職業分類可細分至無窮盡，按其性質、教育水準作五個等級區
分：

　　1.第一等級——專業性等級（professional level）：從業人員須具
備高深而廣泛的學術基礎，通常不必具備熟練的手工技能。工作以心
力為主，僅用很少或不用體力。大多由大學及研究院培養。例如：教
師、工程師、會計師、農業專家、工商業經理、銀行家等。

　　2.第二等級——專技性等級（technical level）：從業人員須具備
次於專業性等級的學術基礎，程度較淺、範圍較狹。某些職業須具備
相當的技能，工作亦以心力為主、體力為副，通常由技術學院、專科

學校培養。例如：工程師、管理與督導人員、檢驗員、估價員等。

3.第三等級──技術等級（skilled level）：工作內容以技能為主，需要相當的相關知識。技能範圍較為廣泛，工作有獨立性，工作應用亦較普遍。須手腦並用，體力多於心力，多由職業學校培養，或由職業訓練培養。例如：技術員、電匠等各類技藝精湛的技術人才。

4.第四等級──半技術等級（semiskilled level）：從業者所須具備的工作技能較狹窄，且多具重複性，較易學習與精練。工作以體力為主，少用心力，通常由短期職業訓練或工作崗位上訓練。例如：司機、機械操作員、裝配工等。

5.第五等級──非技術等級（unskilled level）：從業者須有相當的體能，無須特別的技能和專門知識，僅須簡單的訓練。如搬運工人和各種以勞力為主的工人等。

㈢個別職業研究資料

前述各種職業分類及職業等級的區分，均難達到理想程度。故技職教育課程的設計，亦須從事個別職業的研究比較，以獲得所須的資料。個別職業研究的內容應包括下列各項：

1.此種職業之歷史的演進。

2.此種職業在全國及地方經濟上的重要性及其與社會的關係。

3.此種職業的工作內涵，包括技能及知識項目與工作環境等。

4.全國或當地從事此種職業之人數及其分布狀況與消長趨勢。

5.從事此種職業所須具備的條件，如年齡及性別的限制、體能條件、特殊技能與知識、特殊資格限制、就業前考試制度、其他特殊的法律規定或限制等。

6.就業的方法，如考試、推薦、介紹等。

7.就業訓練必要的時間，包括養成訓練或補習教育。

8.晉升制度與晉升機會。

9.與此種職業有密切關係的各種職業狀況。

10.從事此類職業的報酬，包括初薪、平均薪給、最高薪、加班津貼、獎金及福利設施等。

11.與此種職業有關之雇主及受雇者之組織，如公會及工會等。

12.雇用此種職業從業者的處所。

13.其他有關此種職業之優點與缺點。

14.補充資料，包括有關此種職業的專門性書刊雜誌、學術團體等資料。

二、職業分析

將收集到的職業資料，用職業分析方法加以詳細的分析，找出就業市場實際所需的知識及技術等的主要內容，及其所需人才的教育水準，以為編製課程的依據。

三、課程編組

根據職業分析所得的結論，進行下列的課程編組工作：

1.設置哪些科（系）？科（系）之中應否分組？分哪些組？

2.訂定各科（系）的教學目標。

3.訂定各科（系）的教學科目、學分或教學時數。

4.決定各科（系）的修業年限。

5.決定招收對象，如基本學歷、年齡、性別以及其他特殊條件。

6.各教學科目教學順序之安排。

7.各教學科目之教材大綱。

8.教學實施方式。

9.教學必須的設備。

10.其他有關事項。

第六節　技職教育課程發展

　　技職教育課程基於本身所具備的特點，有其獨特的設計發展模式。技職教育課程之設計，必須考慮的要素與步驟（陳昭雄，民74）：

一、教學目標配合

　　國家經濟建設所需的人力結構，是工程師、技師、技術員、技工（skilled worker）、半技術工人（semi- skilled worker）、以及非技術工人（unskilled worker）等所構成。就我國的教育體制而言，技職教育涵括科技大學、技術學院、專科、高職、國中技藝班等，目標乃在培養上述各個階段的人力資源。技職教育的課程設計，首先必須把握重點，針對此目標來進行課程之設計與發展才不至於有所偏廢。

二、行業分析運用

　　技職教育課程之設計，為了配合各特定科別所屬行業需求，必須獲得該行業的工作特質及內容，因此行業分析（task analysis）技術在技職課程的發展中，有其重要性。

　　行業分析的目的在分析某一特定行業，以便瞭解從事該行業者的工作內容以及應具備的知識及態度。其實施的步驟與方法，專家學者各有不同的論述，以布雷登（Paul V. Braden）提出的方法為例，其進行的方法如下（陳昭雄，民74）：

　　1.描述工作（job description）。

2.列舉即將分析的工作（job）所包含的任務能力。

3.設計訪問行業的資料蒐集工具，並決定：

　　A.蒐集方法：參觀工作者，訪問領班，或混合使用。

　　B.選定母群：何種行業、地區、及行業特性。

　　C.擇定變項：操作頻度、學習難易度、需求能力等。

　　D.決定判定變項的測量標準。

4.進行資料蒐集工具的預試工作。

5.分析蒐集資料並做結果整理。

三、各界廣泛參與

　　爲求技職教育課程之設計能夠盡善盡美，應視需要邀集學術界之學者、專家、企業界、技職教師、學生等對於技職教育有深刻瞭解人士，配合教育、科技、政治、經濟、文化決策單位以及企業界人士，共同參與課程之設計研擬，再找出技職教育課程設計專家，依據理論與實際，進行課程之規劃設計。圖3-1之模式，可做爲進一步之說明。

四、配合教育計畫方案推行

　　爲使教育的辦理更能合乎績效的要求，在教育課程內，常包含各種特定的教育計畫方案（program）。技職教育計畫方案，乃指爲學生安排的一系列學習課目（course），它包含了相關知識、價值觀念、工作行爲和態度，以及行業技能，其目的在培養學生有足夠的能力和信心，於畢業後可隨即就業。例如，輪調式調教合作、階梯式建教合作等計畫皆是。從事課程設計，除考慮全盤性的課程之外，更應該配合各種教育計畫方案的特殊性質及需要。

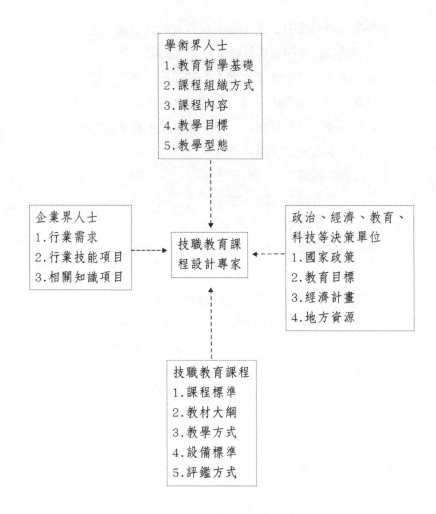

圖3-1　各界人士參與工職教育課程設計之途徑

資料來源：陳昭雄（民74），工業職業技術教育，頁115。

4

教學設計

- 師資：師資能力、教師角色、專業師資
- 教學分析與設計：教學分析、教學設計、教學步驟
- 教學方法：傳統教學方法、能力評量教學方法
- 學習任務分析：動作技巧、態度學習、資料收集
- 學習活動：本質、過程、成果、時段、
- 教學活動設計：教學活動、任務分析實例

第一節　師資

　　教師是人類的工程師，國家人力資源的開發，國民素質的提升，文化的傳承，文明的創新，均有賴於優良師資的培育與塑造。基於自由化、民主化的教育理念與社會思潮，「師資培育法」已於八十三年立法通過，確立了我國師資培育多元化的原則。一般大學生有志於教育工作者，只要修習相關教育學程，通過初檢、實習、複檢的程序，就可以從事百年樹人的教育工作。

　　教育的成敗，繫於師資良窳。因為，教育是教導、協助他人成長的事，教師是人類心靈建設的工程師。孔子：「學不厭，教不倦」的精神，為古今教育工作者的楷模。人人都在學習與成長，教師更需要不斷學習與成長，方能由「成己」：自我先具備了專業知識與技能道德、精神；而達成「成人」：使受教者的心靈獲得成長，表現優良的行為，養成良好習性，增進知識與技能，提升品格；以至於「成物」：萬物和諧並存的目標。

　　師資水準則是教育成效的重要預測指標，攸關教育的成敗，進而影響人力資源的素質及建設成果。

一、師資能力

　　美國明尼蘇達州立大學莫斯教授（Jerome Moss., Jr.）認為初任職業教師（Beginning-Level Vocational Teacher）者應該具備以下五個領域的能力（彭森明等，民87）：

(一)教育專業能力

1.教學技能
2.專業教育及其管理理論知識。

(二)專門學科能力

1.行業技術：所擔任教學行業的操作技能與相關知識。
2.職業認知：瞭解工作世界的人事組織，技術結構及指揮，管理與評鑑。
3.職業價值：認識工作環境，建立工作價值觀及工作態度、工作習慣。

(三)獲取知識的能力

1.分析、綜合及溝通思想的能力。
2.獲取新知識與技能的能力。
3.處理知識的能力。

(四)一般能力

有關教學、科學、人文科學、社會科學及其融會貫通的能力。

(五)個人品德

個人個性、興趣、健康、語言表達能力等。

教師應具備能力（陳昭雄，民74）：

1.具備豐富的專業知識：由於特殊行業具有其特殊的知識和技巧，教師必須有豐富的專業知識，才能具體而微地讓學生充分瞭解行業知識和技術，也才能獲得學生的信心和尊嚴。

2.熟練的教學技巧：

A.講授音調清晰而有條不紊。

B.根據學生的學習潛能而安排講授。

C.強調學習的重點。

D.有技巧地做示範。

E.提供操作練習及測驗以發展學生應有的技術及態度。

3.能不斷地改進教材教法：科技的進步愈來愈快，教師必須不斷地更新教材才可以配合學生的需要。同時由於學生個別學習形態的不同，教師更須因才施教，迅速有彈性地修改教學方法。使學生個別的學習效率提升。

4.具有評估的知識和技巧：教師必須有瞭解學生學習情況的熱忱，因此對教學過程中學生的反應都應給予重視。定期的考試可以評估學生的學習效果。考試的目的不在於評定學生的成績，而是在於瞭解學生學習的品質。教師要隨時注意每一段教學是否可以發展學生應有的知識、技術和態度。

5.具有教學熱忱：教學的熱忱是教師努力做好教學工作的動力。教師不應有「該教什麼」的想法，而應有「學生該學什麼」的想法，這樣方可以學生的需要來作教學的主體。

6.具有發展人際關係的能力：學生、家長、社區人士、行政人員等，教師必須善於相處。情緒是可以影響學習的，所以在發展人際關係上，教師應注意下列幾點：

A.與學生或同儕友善地相處。

B.和其他教師充分合作。

C.參與社區社交活動。

D.對學生或同儕的成就表示讚許或興趣。

E.考慮他人的感受。

F.具備專業精神。

二、教師角色

韓愈的〈師說〉：「師者，傳道、授業、解惑也。」一般教師的職責主要為傳道、授業、解惑。傳道、授業在傳遞知識與技能；解惑即為協助學習者面對問題，解決問題。因此，教師不僅是經師，尚需是人師，在教學過程中不僅幫助學生獲得知識與技能的學習，更應協助學習者面對問題，解決生活中的各種迷惑。

今日教師的角色，深受工業化、國際化、資訊化等的衝擊，以及社會變遷、文化價值多元化的影響，教育的功能隨之調整，教師的角色也隨之擴大：

1.教師是專業的工作者。

2.教師是社會體系的代表。

3.教師是知識與技能的源泉。

4.教師是慈祥的學長益友。

5.教師是熱心的輔導者。

6.教師是公正的法官。

7.教師是個體的領導者。

8.教師是學生認同的對象。

9.教師是耐性的園丁。

10.教師是學校的尖兵。

11.教師是社會的導師。

12.教師是英勇的義工。

13.教師是忠實的橋樑。

14.教師是美感的陶融者。

15.教師是聖哲的化身。

美國學者麥克奇（W.J. Mokeachie）等人歸納教師具備的角色如下（陳李綢，民83）：

1.學術專家：代表教師要有組織能力，教學技巧及表達能力，才能傳遞專業領域的知識與技能、觀念及見解給學生，讓學生獲得專業科目的知識與技能。

2.學習引導者：代表教師應能有效掌握教學歷程及教學評量，促進師生良性互動關係，成為良好的班級經營者，以引導學生學習動機及學習成長。

3.社會化導航者：代表教師需要主動發現學生在學習、生活及未來社會生活上需要及問題，協助學生規劃未來的生涯，指導學生適當規劃自我的生活、學習及社交活動等與未來有關的生涯。

4.成長的輔導員：代表教師應瞭解成長中青年心理需求及問題，適時接納及尊重學生，協助學生自我瞭解、自我成長及潛能的發揮，增進學生面對問題，解決問題的能力。

5.價值綜合者：代表教師應在價值觀上，扮演著啟迪、引導及統整性的角色任務，讓自己擁有健全、快樂的心理與價值觀，成為學生價值認同者，引導學生確認理想與價值觀念。

6.人格陶冶者：代表教師要有堅定的教育理念，更要將投入教育的關心，對學生言行的關愛完全表達出來，讓學生在學習的過程中認同教師的行為及為人處事的風範，陶冶人格及修養。

三、專業師資

1.基於心智的活動。

2.具有特殊的知識領域。

3.具有專門職業訓練。

4.需要不斷在職進修。

5.永久的終生職業。

6.可以自訂其應有的水準。

7.以服務社會為目的。

8.有健全的專業組織。

從上述對「專業」的詮釋，不難瞭解現代社會對教師的要求和期望。因此，一位成功的教師必以達成社會的要求和期望為目標，而要達成這一目標則必須具備一定水準的能力。通常將這些能力統合區分為一般教學能力及技術教學能力等兩大類。

㈠一般教學能力

教師為教育系統內的一分子，做為一位誨人不倦的老師基本能力仍然不能缺少。教師應有的一般教學能力內涵：

1.教育目標：

A.認識長遠的教育目標及當前的教育政策。

B.樹立個人的教育理想。

2.課程：

A.瞭解課程的編製。

B.瞭解課程的特質。

3.教材：

A.選擇、發展、使用教材的能力。

B.運用既有的材料及工具。

C.選擇優良的課外讀物。

4.教學：

A.善用各種教學方法，妥善安排教學活動。

B.編製教學明細計畫。

C.收集、製作、使用教具或教功的能力。

D.運用社會資源。

5.教師（人格特質）：

A.從事教育的堅定決心。

B.不斷充實自我、反省自我。

C.儀容端莊、和藹可親。

　　D.行動積極、健康有活力。

　　E.為學生、家長、社會與學校的溝通橋樑。

6.學生：

　　A.激發學生自動自發的精神。

　　B.瞭解學生的身心發展。

　　C.認識學生的家庭背景。

㈡技術教學能力

　　技術教學性質特殊，技職教師所應具備的能力亦不同於一般的教師。依照上述格式，把技職教師需要的特殊能力列舉出來，和一般能力相對照，技職教育的特性增加了設備與評量兩個項目。

1.教育目標：

　　A.認識技術教育目標。

　　B.樹立個人的技職教育理想。

2.課程：

　　A.瞭解我國及其他國家技職教育趨勢。

　　B.知道行業組織的程序及其生產型態。

　　C.發展或修正行業科技課程的能力。

3.教材：

　　A.編製涵蓋行業科技新知的系統實用教材。

　　B.瞭解行業科技進步情形。

　　C.具備高中、國中工藝教材之各種專門知識。

　　D.編製教學單的能力。

　　E.認識國家標準。

4.教學：

　　A.分析技職結構。

　　B.瞭解有關行業之各項法令。

　　C.操作技職教學之設備、器材、工具。

D.設計作業。

5.教師（人格特質）：

A.奉獻技職教育的決心。

B.適應各行業的演進。

C.敏捷的反應與判斷能力。

D.讚美學生工作成績。

6.學生：瞭解學生職業性向並協助其發展。

7.設備：

A.申請採購設備、材料的能力。

B.瞭解設備、工具性能及標購。

8.評量：設計明確的評量標準。

　　上述為師資必備的一般及特殊教學能力，教學工作者都應該充實這些能力。民國八十三年師資法通過後，已經有更寬廣的師資培育途徑，以應實際之需要。對於教師，也廣開進修之路，如碩士在職專班、暑期研習、短期講習，乃至於各大專院校開設的研究所課程，都是教師進修的途徑。才能保維持教師的能力，隨時適應科技的迅速遞變需要。

第二節　教學分析與設計

一、教學分析

　　教學分析（teaching analysis）源於職業分析、行業分析。在將操作技能、工作及作業之分析。其目的（Bruner, 1966；Reigeluth, 1983；Joyce et al. 1992, 1996）：

- 基於教學的目的，將一種職業或活動的要素，加以鑑別和列舉的技術。
- 將所有需要學習的資料逐一列舉成教材的形式，並將全部資料按照學習難易次序編成教學順序，使容易於達成教學目的。

（一）操作形式

教學分析法可廣泛的應用於教育和各種職業技能訓練。操作是技能工作的過程，係將材料或未成品使成為完整的器物，或從事修理、裝置、調整、準備，或從事成品之機件調換等的單元工作。按照操作的形式分為：

1.生產性操作：是製造或生產物件過程中的操作，結果經常是生產某些特定的物件。如高職機械類科銑床鑽孔、電銲切斷金屬；餐飲業中的烘焙等操作。

2.服務性操作：是將產品的形狀修改或改善過程中的操作，目的在使產品產生某些變化。例如：商業中的銷售、服務、製發傳票；農作物種植、禽畜飼養；家政工作中的保育、美容等均屬服務操作。

（二）操作要點

通常能做為一個教學單位以從事示範的作業，即可視為一個操作，以工業的操作為例，通常有八項要點或標準提供鑑定的參考：

1.經常在一種職業中發生，內容大都一致，在時間和空間中亦相對不變。

2.包括有可教導、可學習的內容。

3.是一個分開的單元，當完成時，能使操作者感覺到已進入一個良好的停止位置。

4.與其他操作連貫時最有價值，單獨使用則不然。

5.所需時間及工作量，與教師所作的示範內容相同。

6.使之與其他操作連貫，可產生較大的事物，其間並無縫隙或重

疊。

7.包括描繪、整理、造型及裝配等。

8.可被分解成若干階段或程序。

操作經選定後，應依次序編排成邏輯的教學順序，用卡片或圖表加以編排。

二、教學設計

學習效果的加強，不只是在教學的傳送方式（type of delivery）上變化，如選擇某種視聽教材，而應是對學習的每一環節全面性的做分析，方能有效教學。其中包括學習者的特性分析、需求預估（needs assessment）、工作分析（task analysis）及行為目標分析。

系統化學者蓋聶（R.M. Gagné）為系統化的教學設計，開研究之先。其工作分析學說，將完成一指定工作的條件界定為一科層關係（hierarchical relationship），要完成某一工作（task）前，必須先完成與該工作相關的次工作（subtask）。因此學習的環節是一個步驟接一個步驟推展開的。

教學活動設計一般原則：

1.準備原則：凡事豫則立，事先告知活動內容、評量方法、上課須知等，使學生有遵循的方向。

2.類化原則：為減輕壓力，從學生熟悉的舊有經驗入手，使其感覺自己的能力足以應付問題，產生安全感與信心。

3.興趣原則：上課需要新鮮有趣，較多自由發揮的空間，使學生感到「好玩」，才能引起學習動機，集中注意力學習。

4.努力原則：考慮學生的年齡、能力、經驗及環境等因素，使教材難度適中，易於解決問題，以提高學習意願。教學過程中，注意觀察學習結果，並適時肯定，使成為更努力的原動力。

5.讚賞原則：當有新發現或成就時，應立即給予稱讚。是努力的

被肯定,具有增強作用。

　　6.個別適應原則:每個學童的能力各不同,對於能力較弱或反應較慢的學童,應特別照顧與鼓勵,並隨時給予誘導。

　　7.認同原則:上課時,教師盡量參與學生的學習活動,必能增強學生的活動意願。

　　8.三動原則:教學設計應做到頭腦要動、身體要動、人與人互動等三動原則,才能提升教學效率。

三、教學步驟

　　有效的教學步驟:

(一)準備

　　準備是教師在教學開始前,使學生所作的學習準備。因學生如缺乏準備,也不知學習目標,將很難自教學中獲益。換言之,準備是教師要引起並保持學生的學習興趣的教學步驟。優良的教師應不斷利用各種方法培養學生的學習興趣,準備也可說是引起學生的學習動機(motivation)。

(二)教學

　　教學為實際的施教,將所要教的資料,運用適當的教學方法傳授給學生。良好的教學,需要教師善選教學方法,及教助之充分準備,並作有效的運用與彈性、權宜的變化。

(三)應用

　　教師施教結束,學生須迅速地應用其所學,重複地加以應用或是練習,以加深學習的體會和效果。學生練習及應用時,教師應從旁觀察或考查,並予以協助,但協助不宜太快,讓學生有足夠的時間自己

去試做。

　　㈣測驗

　　測驗是教師瞭解學生學習和應用的程度之方法，例如：考試、觀察實習結果、背誦、討論、報告等。教師對學生學習及應用之瞭解，是教學的重點項目。

　　有經驗的教師實際教學時，會配合教學實際情況需要，自動地採取適當的步驟，而不必拘泥於連貫的次序。

第三節　教學方法

一、傳統教學方法

　　學習心理學依學習的性質，將學習分為知覺、知覺、概念、思想與情緒五種的學習。知覺的學習，係指一種的技能動作，如繪畫、寫字、打字、運動、駕駛汽車、操作機械、使用工具，以及從事各類職業之生產或服務的操作等而言。學習的過程可分如下四個步驟：

　　1.認知和接受示範或模式（pattern）做為學習的目標。

　　2.仿效模式加以練習（摹仿）。

　　3.批評摹仿的成績，以摹仿的結果與模式相比較。

　　4.練習一種正確的反應，直至練習成熟為止。

　　根據上述學習的步驟，專業教學方法，應有下列步驟（Bloom, 1976；Biehler & Snowman, 1990）：

㈠示範（demonstration）

先由教師作正確的示範，或提出良好的榜樣，做為學生學習的目標和摹仿的根據。要點：

1.注重優良的方法：學習與方法的優劣，決定學習的成敗及其成就的極限，應特加注意。

2.一面示範一面說明：使學生知道做的方法、要領及所要達到的標準。

㈡摹仿（imitation）

教師示範後，緊接著要指導學生摹仿，使學生親自體驗、練習。特別注重動作的正確，及早從摹仿中矯正錯誤的動作。因錯誤的動作如成了習慣，則很難甚至無法改正。

㈢評估（criticizing）

學生摹仿時，教師應從旁評估並分析其摹仿的成績，指出錯誤之所在，及時加以矯正。開始學習時，錯誤在所難免，教師應耐心指導，多予鼓勵，以培養學生的信心和興趣。並應詳察錯誤的原因，隨時提示矯正，使學生不斷嘗試，逐漸淘汰錯誤的動作，保留正確的動作，直至接近或完成學習目標為止。

㈣練習（Practice）

經過了示範、摹仿、矯正、再摹仿的過程，動作已正確，但仍必須進一步加以反覆練習，養成機械的、固定的反應，直至成為習慣，方可算是達到了學習的真正目的。技能到了此一地步才算純熟，運用時自然省時、省力、迅速、正確。練習的指導，應注意先求正確、精度，次求速度。整體的方法優於分段方法，分布的練習優於集中練習。

㈤教學要點

1.注重班級管理：技能訓練是動態的教學，施教的環境複雜，如工廠、實驗室、工作室等，遠較普通教室的面積大、設備多、高危險，學生散佈在不同的工作崗位，教學時應加以組織，運用實習人事組織，協助教師維持良好且安全的教學情境。

2.良好工作習慣的培養：教育中專業技能之發展目的，不只在於學習如何獲取經濟的利益，並應注意熱誠工作習慣之養成。因此，應自學校各種科目的教學中，尤其是實習技能訓練過程中，培養學生正確的工作態度和職業道德，因良好的學習習慣是與良好的工作習慣同時俱來的。

二、能力評量教學方法

㈠能力評量教學意義

能力評量教學係以行為目標（performance objectives）為導向，在教學前預先設定基本能力做為教學目標，並訂定評量標準。教學時，學生先經由學前測驗，決定其學習起步點，依照個別差異，在教師指導下進行自我學習。直到學生依據自我評量表評量自己，認為已達到了所欲學習的基本能力，再向教師申請加以測驗並認定。如獲通過，則可加廣教學。若測驗不合標準，必須以不同的教材重新學習，直到測驗通過經教師認定為止。

美國於一九六七年開始發展能力本位教育（competency-based education），最初應用於師資教育，因其特別注重學生最後的學習結果，被逐漸引用到技職教育方面。

許多情意領域（affective domain）的學習目標，亦難以使之行為化。專業技能的傳授，教學方式不在教導學生獲取呆板的知識，在於

獲得做事的能力，故較易於採用此種教學方法。

　　能力本位教學方式，並非完全適用於所有的專業教學。採用此一方式教導學生學習技能，只能達到既定的就業水準，將導致偏重技能的培養。爲提高技能訓練水準，可將此一教學方式作若干的修正，如同以「任務」代替「工作」，採用行爲目標爲導向，建立技能評量手冊，使評量的模式具體化等，均可使技能教學更爲實質化。

　　㈡能力評量教學特點

　　1.以任務爲教學目標。

　　2.預知學習過程與效果。

　　3.二分法評量。

　　4.備有多套教材。

　　5.學生個別自我學習。

　　6.規定學習上限。

　　7.可超越學習與提前畢業。

　　㈢能力本位教學步驟

　　能力本位是一種系統的教學方式，包括步驟：

　　1.收集並分析就業市場供需資料：以瞭解就業市場需要哪些技術人力，決定提供何種課程或設科分組。

　　2.進行行業分析：以瞭解擬提供之課程或擬設科組中各行業從業者所應具備的知識、技能、態度、習慣。

　　3.確定教育內容：各行業從業者所需的知識、技能及態度可能很廣泛，技職教育由於時間等因素的限制，無法全部予以傳授。當瞭解了全部的需要之後，應按其難易度、是否常使用、是否爲初入該行業者之所必須等原則，加以審愼的選擇。

　　4.編寫行爲目標：教學內容確定後，進一步將其編寫成一系列具體的行爲目標，做爲教學的依據及評量的標準。一項完整的行爲目

標，應包括下列部分：

(1)行動（action）：當學生將所應學習的教學內容學習完成之後，在行為上將有何變化？在行動上能做些什麼？

(2)情境（condition）：學生將在何種情境之下去應用或執行其所學得的行動？

(3)評量標準（evaluation criteria）：是以衡量學生業已學習完成之行動的最低接受標準。

5.收集並編製教材：依據所訂的行為目標，收集並編製教材。能力本位教學中，學生依據教師編製的教材自我學習，通常包括經過精心設計、編寫詳細的書面單元教材，或編序教材（programmed instructional materials）和視聽教材等。此類教材之編製，費時費力，應盡可能將現有各種教材，改編成單元形式利用，以節省人力、物力。

6.計畫教學：在以學生為中心的能力本位個別式教學法中，教師的主要任務，雖在輔導學習能力及進度互有差異的學生達到相同的結果：預定的行為目標，但仍需有詳細的教學計畫，以規範教師如何施教和學生如何學習。

7.實施教學：在傳統的教學方法中，教師將其大部分時間用於施教及教學之評鑑，很少注意解決與學生學習有關的情緒等問題。能力本位教學方法中，教師施教包括下列多項的工作：

(1)教學。

(2)解決學生學習情緒上的問題，諸如學習動機、情緒的高低、願不願到校學習，以及對所提供的課程是否有興趣等。

(3)對足以影響專業技能學習的某些科目，或某一科目中特殊部分具有困難的學生，提供補救性的教學。

(4)對心理、生理、經濟等有困難的學生，提供特別的輔導，使其安心而順利地進行學習。

8.評量教學：能力本位教學，每一學生必須達到的學習成就，已訂有具體的預定目標，學習的時間與速度，則視每一學生個人的學習

能力而不作硬性規定，故學習的評量益顯重要。必須通過評量，才可測知學生是否已完成了某一單元的學習，是否可以繼續另一新單元的學習。同時根據評量的結果，以瞭解該課程及教材的實用性，做為修正課程的依據。

9.修正及更新課程：一方面根據教學評量的結果，二方面根據行業技能內容變遷及技術進步等實況，不斷研究及修正課程中之行為目標、教學計畫、教材以及教學方法，使教育的內容能密切配合工業、社會進步的實際需要。

第四節　學習任務分析

一、動作技巧學習任務分析

以動作技巧為基礎的行為結果表現出身體動作的迅速、精確、力量或連貫性。諸如：球類運動、舞蹈表演等，在學習的過程中，動作技巧的學習常與認知學習交互作用。例如：實習、實驗學習使用儀器工具；音樂課學習演奏樂器等。

動作技巧包含認知成分，又稱心理動作技巧（psychomotor skill）。心理的涵義，指動作技巧不是簡單的外顯反應，強調它受內部心理過程的控制。例如，學習英文打字，除學習打字動作技巧外，學習者還必須瞭解有關字母、單詞拼法、標點、格式、移行規則等知識，不懂這些知識，動作技巧也不能學好。

教學設計中，動作技巧學習任務指由一組從屬動作技巧構成有意義的學習結果，如機器設備的操作、英文打字、國術學習等。一項動作技巧學習任務可分解為一系列的從屬動作技巧或步驟。例如：將信

紙裝入打字機、定字數與行距、敲擊字母和符號鍵、移行等，都是構成打字學習任務的從屬技能。

根據其特點，對動作技巧學習任務的分析，不僅要剖析爲實現目標所需掌握的各項從屬動作技巧、揭示它們之間的聯結性，還要列出學習這些技巧所需掌握的相對應的知識。

二、態度學習任務分析

態度是對於事情的看法和採取的行動，做爲一種學習的結果，是習得的、影響個人對特定對象作行爲選擇的有組織的內部準備狀態。特定對象包括事物、人和活動。

教學設計一般從兩方面分析態度學習任務：

㈠學習者表現出教學目標所要求的態度時，應能做什麼

實質是對智能技巧或動作技巧學習任務的分析。以培養學生某些行爲規範的教學目標爲例：當學生表現出願意按行爲規範去做時，就有必要教他們學習這些行爲。例如：學習外國語文、學習注意安全衛生、學習遵守等。這都是智能技巧和動作技巧的學習任務。只有學會做這些，「遵守行爲規範」的態度才能落實。

㈡爲何要培養這種態度

要求學生瞭解培養某種態度的意義。在上例中，要使學生懂得培養良好行爲的意義。顯然，這涉及到語文資訊的學習。

三、資料收集

在技術培訓、體育技巧訓練、藝術教學等方面，任務分析是一種有用的工具。在某些職業領域，老一輩手藝、技藝工作者面臨退休，

其精湛的技藝要向青年人傳授以利傳承。

(一)資訊蒐集

動作技巧學習任務分析的關鍵之一是資料的蒐集有關學習任務的具體資料：

1.查閱有關學習任務的各類資料：教科書、參考書、工作或操作手冊、期刊、視聽資料網路等文獻。

2.觀察有關專家：技術人員、運動員、藝術家等，完成任務的完整過程。

3.現場觀察、採訪有關專家。

4.模擬：親自將有關的學習任務、程序，動手操作一次。學習任務的資料是在綜合上述讀、看、問、做、寫的工作基礎上收集的。這項工作是否細緻、完整，將直接影響教材內容的科學性與教學性，影響學習者的學習。

(二)採訪準備

要先閱讀相關資料，對要觀察的任務有基本的瞭解。其次，應準備好觀察和採訪的提綱，準備擬發問的問題。對每一個操作步驟，都要深入瞭解：

1.做、操作什麼？各項技巧使用的頻率如何？關鍵技巧？

2.如何做？順序？

3.使用設備、材料等？

4.為什麼要這樣做？必須懂得哪些知識與技能？

5.是否需要特殊的操作環境或工作條件？

(三)觀察記錄

採訪和觀察時，應作好詳細的觀察記錄，將每一環節的「應知」和「應會」內容記錄。注意專家在遇到特殊困難時是如何處理的，在

哪些方面應注意安全問題等。請專家把操作過程中考慮問題的想法說出來，注意瞭解專家除技巧操作外，對一些問題是如何分析、判斷並作出決策的。

採訪時，如條件許可，應使用照相機、錄音機或錄影設備，幫助記錄有關的內容情景。

第五節　學習活動

一、學習活動本質

布魯納認為，任何學科的學習活動首要目標，要使學習者在未來的學習更容易。下列兩種方式可以達到此目標（Bruner, 1960）：

第一種方式利用學習本身的特別應用能力去學習與其性質相似的任務（task）。這種應用能力即是學習心理學所稱的「特殊的訓練遷移」。布魯納又將之視為習慣或聯結的延伸，而且只限於技能方面的學習。

第二種方式則是「一般觀念的遷移」，或是原理及態度的遷移。這類遷移是教育過程的重點所在，可使知識在基本觀念上繼續加廣與加深。布魯納認為這種原理原則的學習遷移有賴於對學科教材結構的精熟（mastery）程度而定。為了使學習者能辨認某一觀念能否「應用」到新情境並且增廣其學習，學習者就必須在心中對於他所要處理的現象本質有清楚的認識。換言之，學校的教學法應以該學科基本觀念的教學為主。

二、學習過程

布魯納認為學習活動涉及三種幾乎同時進行過程（Bruner, 1960）：

1.新資訊的獲得：通常是指那些與個人已有的知識相對立的資訊或用以取代先前已獲得的資訊而言。此種新資訊至少也是舊有知識的新形式。

2.轉換（transformation）：轉換的過程是指應用舊有知識去處理新的學習任務。通常用分析或揭示的方式將舊知識轉換成另一種形式或予以補充。

3.評鑑（evaluation）：此種過程是在查核所應用的知識是否足以處理新的學習任務，亦即對知識的適當性進行評估。

三、學習成果

蓋聶認為學習後所獲致的成果，是任何一種學習要關切的課題。他指出有五種學習成果，也就是五種習得能力（Gagné, 1985）：

1.心智技能（intellectual skills）：此種技能是指利用某些心智，如符號（symbols）來學習「如何去做某事」（how to do something）的能力。心智技能包括：

(1)辨別。

(2)具體概念（concrete concept）。

(3)定義概念（defined concept）。

(4)原則。

(5)高層次原則（high-order rule）。

2.語文知識（verbal information）：指用口頭說明、書寫、打字、繪圖等方式，以陳述或說出某種概念、事實、事件。語文知識通常就

是觀念、事實或名詞的陳述性知識。

3.認知策略（cognitive strategy）：是指學習者用來管理自我的學習記憶、思考及分析問題的能力，認知策略能力掌控了學習者的內在學習歷程，亦即史金納（Skinner, 1968）所謂的自我管理行為。

4.動作技能（motor skills）：指在進行某些動作時所需要使用的技能，例如打字、駕車等皆是運用動作技能的活動。

5.態度（attitudes）：指會影響學習者隊旗個人行動之選擇的心智狀態。態度包括了認知、情意、動作三種成分。

四、學習時段

蓋聶認為每一個學習行動都可以分成八個時段（phases）（林寶山，民77）：

1.動機時段：是學習的第一個時段，大部分是屬於誘因動機（incentive motivation），亦即預期獲得的獎賞。

2.察覺時段（apprehending）：即注意到某些刺激而產生選擇性的知覺。

3.獲得時段（acquisition）：將訊息加以收錄使之存入於中樞神經系統中。

4.保留時段（retention）：將所記憶的訊息加以儲藏。

5.回憶時段（recall）：將所儲藏的訊息加以提取或檢索。

6.類化時段（generalization）：將提出的訊息應用到不同的情境，亦即遷移作用。

7.表現時段（performance）：作出可觀察的行為反應。

8.回饋時段（feedback）：為學習的最後階段。通常「表現」本身就是一種回饋。

以上即是蓋聶所主張的「學習八時段」，在每個時段裡，「學習成果」的獲得與否受到與其相對應的「內在歷程」和「外在教學事件」

的影響。

第六節　教學活動設計

一、教學活動

　　蓋聶揭示九種學習的內部過程是各類學習、認知、態度和動作技巧等，所共有的內部機制，因此，與之相對應的九類教學活動對各類學習均有促進作用，可做為設計教學活動的一般指導（張祖忻、朱純、胡頌華，民84）：

表4-1　學習的內因與外因

學習的內部過程	促進學習的外部因素—教學事件
1.接受	引起注意
2.期望	告訴學習者目標
3.工作記憶檢索	刺激對先前學習的回憶
4.選擇性知覺	呈現刺激材料
5.語義編碼	提供學習輔導
6.反應	誘發行為
7.增強	提供回饋
8.檢索與增強	評鑑行為
9.檢索與類化	增強記憶與促進遷移

資料來源：張祖忻、朱純、胡頌華（民84），頁208。

㈠引起注意

　　用以喚起和控制學習者注意的活動，保證了刺激的接受和神經衝動模式的學習過程。基本方式：

1.突然改變刺激：如電影、電視畫面迅速切換和出現閃爍的指示符號、教師突然提高音量等。

2.引起學習者興趣：如提出學習者感興趣的問題、電視畫面描述一個異常現象等。

3.用肢體語言：手勢、表情等引起學生注意，爲教學中教師常用方法之一。

㈡告訴學習者目標

教學開始時，應讓學習者具體瞭解當學習目標達到後，將學會什麼，從而激起學習者對學習的期望。用學習者熟悉的語言講解學習目標，不僅能提高學習動機，還發揮「前置組體」的作用，使學習者看到教材的基本結構，便於學習者對將學習的具體知識進行組織。這項活動可設計在自學教材中，或直接在視聽媒體中表現，或在配合的文字教材中交待課堂教學中由教師直接掌握。

㈢刺激對先前學習的回憶

學習新內容前，可指出學習新的技巧所需具備的先決技巧，以此刺激學習者回憶已學過的有關知識與技巧。還應讓學習者看到自己已掌握的知識和技巧與學習目標的關聯。這使學習者有可能充分利用認知結構中已有的合適的觀念來同化新知識，有助於避免機械學習。由於學習者的個別差異，設計得再好的教學媒體也無法適應個別學生的特定情況。因此，課堂教師在這項活動中的作用尤爲突出。

㈣呈現刺激材料

當學習者作好準備時，向學習者呈現教材。呈現的刺激材料應具有鮮明的特徵，以促進選擇性知覺的內部過程。如學習概念和規則時要使用各式各樣的事例做爲刺激材料；要求學習者掌握規則的使用時，應安排各種例題，讓學習者看到這些規則的應用。

　　教材呈現涉及順序的安排及組塊（歸組）大小的設計，考慮因素：

　　1.學習者的年齡：對幼小兒童，應使組塊保持在相當小的範圍內。成人學習者就能應付較大的信息組塊。

　　2.學習者的準備知識：對基礎差的學習者，組塊不宜過大，對基礎好的學習者組塊不宜過小。

　　3.學習的類型：不同的學習類型，其組塊大小不同。規則學習的組塊顯然較具體概念學習的組塊爲大。

　　㈤提供學習輔導

　　提供學習輔導旨在促進語義編碼的內部過程。語義編碼是爲信息的長期貯存作準備的處理過程。爲了幫助學習者用命題、各種概念的層次關係等有意義的形式組織好所接受的信息，需要從外部，或透過教師，或透過教材爲學習者提供學習輔導。例如，爲語文資訊的學習提供一個有意義的組織結構；教師透過一系列提示或問題，爲學習者提供思路，啓發學習者去尋求答案，掌握新的規則，從而促進認知結構的發展與學習記憶。

　　學習輔導的程度還必須適應學習者特徵，過多的輔導會使理解快的學習者厭煩，而過少輔導則可能使領會慢的學習者失去信心。

　　㈥誘發行爲

　　爲促使學習者反應的活動，即學習者參與原則。參與指主動地學習，即在教學過程中學習者對所呈現的信息以各種方式予以積極的反應。透過參與，學習者能更好地理解並保持所呈現的信息。

　　學習者參與學習活動愈積極主動，學習成績也愈高。如能在呈現信息過程中穿插問題，較能提高心理上的參與。即使不期望學習者回答，也能產生推動學習者思考的效果。用這種方式發問時，應稍作停頓，然後給學習者以答案。如果要求學習者不僅自己默答，而且寫出

回答或進行複述,則效果更好。

教學媒體設計可採用下列方法誘發學習者參與活動:

1.在內容呈現過程中穿插要求學習者立即作出書面或口頭回答的問題。

2.要求學習者完成解釋、總結、舉例等書面作業。

3.要求學習者從看到或聽到的事物中進行選擇、判斷或決策。

4.要求學習者就看到或聽到的有關技巧進行操作。

5.輔導學習者完成其他與課業有關的簡短練習。

(七)提供回饋

學習者反應、表現出行為後,應及時讓學習者知道學習結果,這是提供回饋的活動。透過回饋信息,學習者能肯定自己的理解與行為是否正確,以便及時改正。可能的話,應在每個問題或步驟後即時予以回饋。很多情況下,這種回饋是由學習者自我提供的。由外部提供回饋的方式可以有很多種,如教師觀察行為時的點頭、微笑、以及教材在適當的地方出現答案等。

提供回饋活動的目的是促進增強的內部學習過程。透過回饋,學習者的成功學習得到肯定,受到一定的鼓勵,就能建立信心。以後,當相同的或類似的情境出現時,曾得到肯定的學習反應將重新出現。

(八)評鑑行為

評鑑行為目的,是促進進一步的回憶並鞏固學習結果,即檢索與增強的內部過程。具體表現為要求學習者進一步作業,並評定學習成績。測驗是評鑑行為的主要方式,既檢查學習結果,又能產生增強作用。與評鑑行為有關的測驗一般可分三種:

1.插入測驗(embedded test):常在教學過程中可插入類似練習的新測驗。這類測驗常常最能準確地瞭解當時的學習狀況,可做為學習者在教學過程能否完成預期行為的依據。此外,這類小測驗如能恰

當使用也能提高學習者的學習積極性。

2.自我測驗（self-testing）：教學過程中學習者不同程度地參與各種教學活動，回答問題或進行各種練習。透過自己的實驗，學習者一般可以知道自己的情況，特別是透過教師或教材的回饋已可作出自我測驗。學習者參與的許多活動均可視為自我測驗的性質。

3.後測（postest）：後測是指完成一個單元的學習之後進行的測驗，也可稱單元測驗。測驗形式一般不超過教學過程中常用的練習形式，但在要求上應稍高於插入性小測驗，比較全面、系統，並在一定程度上要求學習者表現出較多創造性。

後測結果常成為下一階段學習的依據。應讓教師和學習者瞭解：

- 如果學習者未能達到預定的教學要求，應該怎麼辦？是簡單地重複學習課的某一部分，還是另給他們別的材料？
- 如果學習者達到預定的掌握程度，他們應繼續學習下一部分，還是進行其他補充活動，涉及對教學後活動的設計。

㈨增強記憶與促進遷移

旨在促進檢索與類化的內部過程，使學習者牢固掌握所學內容，培養應用所學知識與技巧解決新問題的能力。要達成目的，就語文資訊的學習而言，要提供有意義的結構，使結構在檢索過程中發揮線索作用，供學習者回憶知識時使用；就智能技巧的學習而言，應安排各種練習機會，每次都要求學習者重新回憶和運用已學的技巧，並進行有間隔的系統複習。

二、任務分析實例

㈠單元名稱：

精密量度工作

㈡編號：

應用201

㈢學習目標：

⒜認知方面

1.熟悉分厘卡的量度和維護法

1-1能列舉分厘卡的種類及其使用範圍。

1-2能說出分厘卡的測量原理。

1-3能指出分厘卡的主要構造名稱。

1-4能說出分厘卡的使用及維護方法。

2.瞭解塊規的使用與維護方法

2-1能說出塊規的等級及用途。

2-2能選擇適當塊規組合一定尺寸。

2-3能說出塊規的使用及維護方法。

3.明瞭表面粗糙度的意義和表示法

3-1能說出表面粗糙度的意義。

3-2能說出表面粗糙度的表示方法。

⒝技能方面

4.能在三分鐘內密接完成一組塊規。

5.能正確使用各式分厘卡做測量工作。

6.能調整分厘卡的誤差。

7.能利用表面粗糙度標準片，做比較測量。

⒞情意方面

8.能細心使用維護量具並養成愛護公物的美德。

㈣學習活動：

一年級時已學習、熟悉了鋼尺、游標卡尺、角度儀、量表等基本

量具之使用方法，本單元將進一步介紹精測塊規、分厘卡及表面粗糙度標準片的使用及維護，請你依照學習。

　　㈤回饋：

　　回答下面各問題，並核對答案，不明白的地方，請翻閱前頁重新學習，或請教老師、同學。

　　是非題：

　　1.(　)切削刀具在加工時進刀愈大，則表面粗糙度越小。

　　2.(　)表面粗糙度的單位是mm。

　　3.(　)最大粗糙度的表示方法是Ra。

　　4.(　)表面粗糙度標準片最高可看出0.45-0.8SR,"之精度。

　　5.(　)1W相當於25SR，屬於細加工。

　　6.(　)銼削過的工件也可用車工粗糙度標準片比較。

　　7.(　)車削的加工粗糙度比銑削高。

　　8.(　)密接塊規約次序應先從小塊疊起。

　　9.(　)密接小月塊規採用堆疊法較佳。

　　10.(　)塊規使用間隔若在一週以上最好塗上凡士林保養。

　　11.(　)密接塊現時最好在打開的塊規盒上行之，以避免落在地上。

　　12.(　)組合塊規先由千分之一，百分之一，十分之一以至整數。

　　13.(　)外分厘卡精度可用塊規來檢驗。

　　14.(　)一般最小型式卡儀式內側分厘卡之測量範圍是從0～25公厘。

　　15.(　)螺紋分厘卡是用來測量螺紋節徑。

㈥評量表

編號	能　力	評量標準	評量方式	學生自評 1 2 3 4 5	説明
c2-1	分厘卡量度及維護	1.能列舉分厘卡的種類及使用範圍	問答		
		2.能説出分厘卡的測量原理	問答		
		3.能指出分厘卡的主要構造名稱	筆試		
		4.能説出分厘卡的使用及維護方法	問答		
		5.能説出塊規等級	問答		
		6.能舉出塊規的用途五種以上	問答		
		7.能選擇適當的塊規組合一定尺寸	筆試		
		8.能扭合密接塊規	實作		
		9.能説出塊規的維護方法	問答		
		10.能説出表面粗糙度的三種表示法	問答筆試		
		11.能指出表面粗糙符號所代表意義	筆試		
		12.能依圖面粗度指示完成工件加工	實作		
教師評量 評量診斷分析			建議事項		評定成績

第二篇

教法篇

5

教學模式

- 教學目標：行為目標、教學目標構成要素、教學目標領域
- 教學原則：準備、類化、自動、努力、個性適應、社會化、熟練、同時學習原則
- 教學模式：一般教學模式、ASSURE教學模式
- 教學特質：教學主體、性質、策略
- 教學評量：原則、實作評量、卷宗評量、教育評鑑
- 教學型態：教學科目、學級編制

第一節　教學目標

課程、教材和教法是實現教育目標的工具，課程是實現教育目標所經歷的途徑，教材則是實現教育目標所用的材料，教法則是實現教育目標所進行的手段。因此課程的設計、教材的選擇、教法的運用，都要依據教育目標，而且以實現教育目標爲目的。

一、行爲目標

行爲目標是用學生行爲獲得的方法來敘寫的教育目標，是以一個可以觀察、可以測量的，以及可以公開操作表演的行爲來敘寫的。利用行爲目標來敘述教學目標，其特色：

1.以學生爲本位敘述。

2.教學目標明確，有具體的觀察或評量標準。

3.每個目標必定具體指明一具體的學習結果。

4.學生可事先瞭解其學習所被期望達成的目標。

5.學生可事先知道其所學習結果是否達成要求的標準。

6.教學過程依序進行，評鑑標準客觀。

二、教學目標構成要素

教學目標構成要素：

● 用來證實達成目標的實際行爲：如寫出、說出。

● 完成行爲的有關條件：如在全班的面前。

● 用以評鑑結果或行爲表現成功的標準：如答對六成。

(一)所操作的實際行為

教學目的第一項構成要素是學習者所要完成的特定而可觀察的動作或行為。如「寫出」或「區別」等嚴格而清晰的「動作動詞」以分類所要完成的行為，一般動作動詞（Walbesser, 1966）：

1.確認（identifying）：個人在一類名目當中選擇，如：指出、觸摸、挑出正確的對象。如呈現一組不同形狀的紙畫，要學生「挑出紅色三角形」，則期望學生挑出紅色的三角形。這類的行為表現也包括認明對象的特徵，諸如粗的、滑的、直的、彎曲的。此外，也包括各種改變，諸如大小的增加或減少。

2.區別（distinguishing）：認明可能混淆的事物，如正方形、長方形，或兩件相對的事物，諸如左、右等。

3.設計或作圖（constructing）：作圖或繪畫，並證明與所定的對象或一組條件相符。例如：要求學生由一條線段開始，以完成一個三角形的圖形。

4.指名（naming）：將正確的名稱，口頭或書寫，用在同一類事物上面。例如：三面的物體叫什麼？回答：圓錐體。

5.排列（ordering）：依照所敘述的類目，以適當的次序安排兩個或兩個以上的事物。例如：依照速度，編排這些移動物體的順序。

6.描述（describing）：產生或指出所有與所定情境的描述有關的物體或事物特徵等必須的類目。例如：描述物體，觀察者並未限制類目，有如描述這一物體的顏色和形狀問題般。當能用此描述說明該項事物，則描述即算充分的完整。

7.陳述規則（stating a rule）：使用言詞陳述，不必使用專門術語，以傳遞一個規則或原則，包括以正確的順序編排各類事物的名稱。例如：確定表面是否水平的檢驗是什麼？

8.應用規則（applying a rule）：應用已學的原則或規則以得到問題的答案。答案可能是確認、命名、或其他反應。問題陳述的方式，

乃是個體必須應用合理的程序以獲得答案。此過程可能相當簡單，比如：屬性甲是真的，屬性乙是真的，因此屬性丙也必定是真的。

9.證實或演示（demonstrating）：完成應用規則或原則所需的運作。例如：說明認定這個表面是否水平的理由？答案要求學生運用直尺以確定邊緣的各點是否接觸到表面，各個方向是否都是如此。

10.解釋（interpreting）：學生應能依照事物的結果而認明事物。通常有一組的規則或原則與此行為有關。

⼆完成行為的有關「條件」

學生在證實其合意行為時，期望學生反應的刺激條件是什麼？換句較為單純的話語，「當學生在證實其終點行為的時候，加給學生的『條件』、『限制』、『限定』是什麼？」

⼆用以評鑑結果或行為表現成功的標準

教學目標所提供的資料，係有關學生必須如何有效的完成工作，以證實對所訂定行為的適當熟練。行為表現標準，是一個特定的成就水準，用以認明個體已經合意熟練一項工作。成就，係指適當的行為表現。

三、教學目標領域

課程領域的定義，依發展歸納的不同而有所差別，視課程為科目總合者，強調知識為中心的課程；視課程為經驗者，強調學習者為中心的課程；視課程為目標者，強調社會導向為中心的課程。技職教育的課程領域應涵蓋認知、情意、技能等三個領域目標。

一般的教育目標分成德、智、體、群、美、技等部分。孫邦正（民74）將教育目標綜合為三方面：

● 增進知識、啟發思想。

● 養成生活習慣和技能。

● 培育正當理想、態度和感情。

布魯姆等（Bloom, 1971）將教育目標分成三類，每一領域的目標又可再分成若干層次：

(一)認知領域

認知領域（cognitive domain），直接關係心智能力的成長，包括認知、理解、應用、分析、綜合、評鑑等能力。

認知領域包括各科的內容和過程，例如：簡單的記憶、應用學過材料於新情境、綜合已學資料形成各種體系等能力。認知領域的目標分成六個層次：

1.知識（knowledge）：為一種基本的制約學習能力，指一般學習獲得能力的回想能力。如認識圖案、聲音、色調等，包括回憶基本資料，如定義、名詞、規則、通則、理念、範疇等的能力。

2.理解（comprehensive）：對任何訊息的瞭解，並能不須經過相關的應用能力，使之成為有用的觀念，如文法先後次序的瞭解。包括將知識轉換成另一形式、或說明、解釋的能力，例如：將數據變成圖、表、或加以總括綜合。

3.應用（application）：為一種能表現於定理、程序、公式等的應用。包括利用通則解釋特殊情境的能力。

4.分析（analysis）：分析能力為一種瞭解的確定、分辨組合因素的能力，如拼圖能力。包括將學習材料或情境分析成為許多要素，並釐清其相互之間的關係。

5.綜合（synthesis）：能將各種相關因素組合的能力。例如：汽車修護，要能確定毛病，循序拆卸與組裝零件，包括組合各種要素或部分以形成一個新的整體。

6.評鑑：為價值的評定能力。應用科學方法，以評定事物的優劣，包括根據目的及標準，判斷學習材料、過程或方法的價值。

布魯納認為認知發展成熟的人，要能精熟於三種代表外在真實世界的表徵模式。表徵模式依序為動作表徵（enactive representation）、影像表徵（iconic representation）和符號表徵（symbolic representation）。

- 動作表徵：經常以動作的反應或操作來代表外在世界。
- 影像表徵：主要是以內在感官留下的心像如圖片、文字或知覺影像來代表外在世界。
- 符號表徵：能透過較抽象的語言符號來代表外在真實世界。

因此，布魯納認為如果能將教材加以轉換使適合學生目前認知發展水準的表徵模式，則學生也能學會教材的重要概念。其名言：「任何學科的主要概念都可以用某些心智上真實的方式，有效的教給任何發展階段的任何兒童」（Bruner, 1960）。

(二)情意領域

情意領域（affective domain）是以情感、態度、人生觀，表現於興趣、欣賞、順應和學習的適應能力。包括許多隱含情緒的行為和目標。例如：價值、態度、習慣、信念、鑑賞等。

情意領域分成五個層次：接受（receiving）、反應（responding）、評價（valuing）、組織（organization）、價值形成（characterization）等。主要如下：

1.對學習的接受：指能幫助或阻礙學習的態度。如能積極的參與課堂的討論。

2.對學習的反應：指表現於訓練活動的態度。如守時、守紀等。

3.對學習的價值觀：經過訓練後，對訓練活動的肯定或否定。

(三)技能領域

技能領域（psychomotor domain）表現於相關生理活動的能力及技術上的水準，包括身體各種相關動作，例如：技能、行動等的目

標。技能領域一般分成七個層次：知覺（perception）、準備（set）、練習（guided response）、機械化（mechanism）、複雜的明顯反應（complex over response）、適應（adaptation）、創作（origination）。

1.觀察能力：察覺或分辨周遭環境的能力。

2.機械性的動作能力：為動作技巧上的反覆運作。如裝配線的作業員，經由特定的動作熟練後，而養成機械性的動作能力。

3.動作轉換能力：指應用某種特定的習慣動作到其他方面的能力。

4.適應能力：為某些動作在時間、空間上的適應能力，亦即接受新技巧的能力。

認知、情意、技能等領域，各分成幾個層次，由簡而繁，由易而難，成為一個階層。較低層次的課題是更高層次之課題的基礎，由此逐級而上，達到各領域的最上層。這種階層性在課程、教材、教法上有極大的意義。例如，在認知領域上，課程或教材不可停留於低層次的記憶或理解，無論是課程結構、課程組織、教材選擇都要以培養學生綜合、評鑑等較高層次的目標為目標。

在教法上，無論是活動的安排、發問的方式、評鑑的實施等，也不可只提供學生記憶事實、背誦資料等活動，更要進一步引導學生們能形成概念（conceptualizing）、發展通則（generalizing），並能應用或產生新知識，並且要養成價值判斷的能力。

第二節　教學原則

教學所根據的管理原則，就教學的起點而言，有準備原則與類化原則；就教學的過程來說，有自動原則、努力原則、個性適應原則、社會化原則；就教學的終點來說，有熟練原則與同時學習原則（孫邦

正，民74）：

一、準備原則

教學上的準備，是指一種學習的傾向。教學要使學生的心理，對於所預期發生的的反應有相當的準備，在進行教學，才能形成有效的教學。

二、類化原則

對於事物的認識、瞭解逐漸加深、擴大的現象即為類化作用。類化原則在教學上的應用：

㈠教材方面

1.教材的選擇應切合學生的經驗基礎，教科書或教材必須注意新教材是否與學生的舊經驗相銜接，以便於他們瞭解和接受。新教材若與學生的舊經驗相去太遠，便會感到困難重重，無法進行學習。即使勉強學生盲目地記憶或背誦，也無法將所學的教材應用於實際生活中，去適應社會環境。

2.教材的組織應依照年級而逐漸擴大其範圍，較低年級的教材宜採用心理組織法，較高年級再逐漸採用論理組織法。

3.教材的排列要由易而難，由簡而繁，由近而遠，由已知到未知，由具體到抽象。

㈡教法方面

1.喚起舊經驗，以為學習新教材的基礎：教師於教學新功課之前，或用溫習的方法，將學生已經學過的有關教材，提出來複述一遍，以引起學生的回憶。

2.舉例說明：教學抽象的概念，教師若能舉述實際的事例，更有助於學生的瞭解。

3.提供經驗：學生對於新的教材，缺乏實際的經驗，教師就要利用教具或參觀、訪問等方式，提供必要的經驗，以為學習新教材的基礎。

三、自動原則

學習責任要學生自己負擔，福祿貝爾（F. Froebel）提出「自發活動」方法，使學生從實際活動中學習經驗，發展人格；杜威提出「做中學」，鼓勵教師指導學生在具體而實際的生活中，積極自主的學習知識與技能、經驗，發展人格，而非消極被動的學習；自動原則在教學上的應用：行中求知、鼓勵嘗試、利用情境、指導有效方法、耐心指導等。

四、努力原則

教學活動，希望學生能自動自發，更期望能勤奮努力的學習。

㈠教材方面

1.教材的難易要適合學生的程度：教材的選擇要與學生的程度相銜接，不能太容易或過難。太容易則學生一目了然，不用努力；過難易使學生一再受挫以至於氣餒，失去再試的勇氣，只有經過一番努力以後即可學習成功的教材，才會使學生因有成就感而努力不已。

2.教材的內容要切合學生的經驗及需要：教材的內容，一方面要配合學生身心成熟的狀況，另一方面要適應其所生活的環境，教材若與學生的經驗基礎相去太遠，或不能使學生學以致用，他們便不會努力去學習。

3.教材的組織要由心理組織法，逐漸引進到論理組織法：教材的排列要能符合經驗類化的原則。

㈡教法方面

1.引起學習的動機：有強烈的動機，學生才會努力學習，所以教師應能善用學生的本性，激發學習的願望，熱心於學習。

2.多予學生活動的機會：教學過程中，學生活動的機會若多，學習的興趣自然濃厚。如指導學生創作、發表、參觀等，都可以提升學習興趣，使學生努力學習。

3.教學方法要有變化：教學過程中，教師若固定使用某一種教學方法，易使學生感到單調乏味，興趣索然，教學方法若能有所變化，則易促使學生努力學習。例如，以講解說明爲主的一節課，若能用問答、討論、觀察等方法來配合，使學生有較多參與的機會，則他們便會興味盎然，努力學習。

4.舉辦活動：學生對於各項活動的參與，興趣比較濃厚。學校不妨多舉辦一些活動，以激發學生的學習興趣。如表演話劇，舉行朗讀、演說等比賽，可以提高學習國文的興趣；舉行運動會、演奏會，可以使學生努力學習各種運動、舞蹈、歌唱及演奏等技巧。

五、個性適應原則

瞭解學生，認識學生，發現個別差異，才能因材施教。

六、社會化原則

教材選擇要適合社會的需要，教材的選擇必須注意其社會價值性；教學的情境更要社會化，以便在社會化情境中，學習過社會生活，養成團體生活的習慣，互助合作的精神，扶助弱小，服務社會的

理想。

七、熟練原則

教學時，教師需要指導學生徹底的學習，眞正的學習，以實現教學目標。因此，教學目標要能切合學生的能力，在教學中要作行爲反應的評量，使功課能純熟；教學結束作終點行爲評量，以進行補救或加深加廣學習；要給予學生學習、複習、練習、應用等機會。

八、同時學習原則

依照克伯屈的倡導，學習並非單獨的，而是複雜的整體活動。因此，學習要有心理的、生理的等基礎，同時兼顧認知、情意、技能等領域的學習。

第三節　教學模式

模式爲一種有目的、有意義、有系統的程序。任何事情，都有目標，並要照著一定的程序，也就是要講求方法。教學當然也要注重教學模式的應用。

教學方法，亦即教師善用適當的材料，有系統的、有組織地去引導、刺激、鼓勵、和指導學生們，以達成預定學習目標的程序。教學因目標、內容、對象、時間等因素的不同，而有不同的方法與技術。

目前教育的使命由於科技進步的影響，漸漸傾向教育整合的體認，強調的不再是單一的知識與技能，必須涵蓋工業社會、科技社會型態的認知，團體意識的涵養，以及個人適應能力的養成。亦即當前

的教學，必須講求各種教學方法的有效運用。

　　各行各業的從業人員，使用各種工具以求在最短的時間內解決他們工作上所面臨的問題。教師們為了在有限的時間內使學生獲得謀求職業、生活的知識與技術，更必須善用教學方法，以便有效達成知識與技能傳遞的使命。

一、一般教學模式

　　有效教學模式不僅能使學生獲得知識、技能及好的學習態度，更能使得學生享受學習的過程，樂在其中。有效教學的評定方式不是看老師教了那些，而是在學習結束後，學生習得什麼？

　　教學常因內容、目標、教材、對象、情境等的不同，而有不同的方法，但仍有一定的模式（歐用生，民71）：

　　1.教學目標（instruction objectives）：教學目標是教學歷程中，所預期要達到的教學效果。亦即，教師預定學生在經過教學歷程後，所要達到的學習效果。

　　2.認識學生：在確定於教學單元中，學生已具有的學習經驗、智

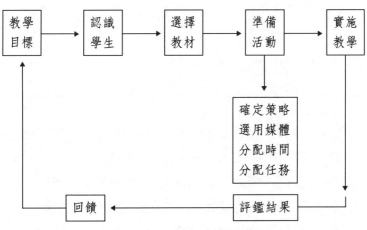

圖5-1　教學一般模式圖

資料來源：歐用生（民83），頁5。

力、性向、動機等；以及確定學生是否具備教學所需的行為能力，並為每位學生預定教學活動。

3.教學程序（instruction procedures）：包括選擇教材、教法、教學原則和技術，設計達成目標之一系列有效計畫，並實施教學。

4.評鑑（evaluation）：教學過程中或單元結束時，評鑑學生以確定教學是否成功地達成目標，進而根據評鑑結果，再修正教學模式中的其他因素。

5.回饋（feedback）：回饋一面指出評鑑結果應如何修正目標、預估和教學程序，一面提供學生學習進步的情形。

教學是一種科學，要有科學的理論基礎，科學的程序和法則。要力求教學的每個步驟都能符合科學的原理；教學也是一種藝術，教學的對象是人，不能完全像科學方法之處理「事物」般，要有「因人制宜」之樹人的功夫。教師要像藝術家之於塑像一樣，將精神、意志和人格，集中貫注於教學上，才能培養五育健全國民。

二、ASSURE教學模式

ASSURE模式為美國印地安大學教授R. Heinich & M. Molenda及普渡大學 J. D. Russell 等所提出。係針對教師在教學上的應用而設計（Heinich, 1982；Reigeluth, 1983）：

(一)A：分析學習者的特質（Analyze Learner Characteristics）

傳統的教學模式，通常都是先說明學習目標，而系統化的教學模式不同，它從學習者的特質著手。學習者一般性的特質，如性別、年齡、學識基礎及家庭與社會文化背景等。這些特質與教學的內容如教科書、教學媒體等，並無直接關連。但瞭解這些因素，能幫助老師決定教材內容的深淺及所舉出的例證是否合宜。學習者特殊的特質則是指學習內容有直接關連的因素。例如，老師要教十位數的加減乘除，

學習者是否有基本的加減乘除的算術能力？

　　教學者如能將學習者的特殊屬性做分析，對於選擇教材及媒體都會大有裨益。一般說來，初學者由於新接觸一個知能領域，通常需要一些直接具體的經驗，如田野參觀、角色扮演或模擬遊戲來進入學習的狀況；對於學識背景較強的學生也許藉諸抽象的語言或文字符號即可；如果學生的學習能力低，對事物具體化的程度弱，則應考慮多用圖片、影片、動態的視聽媒體，來激發其學習興趣；學生程度如差異過大時，則可考慮個人化的學習方式，以符合個別差異。

　　教師要瞭解學習者的特質，有時並不容易，尤其如面對的是短期的研習班、或是商業團體的成員。除了查閱資料外，老師不妨主動發問，或課餘與學習者交談，以求瞭解學習者特質。

(二)S：陳述學習目標（State Objectives）

　　課程的目標，應是學習者在學習結束後應具備新的技能或知識，重點是學習者應從教學活動中獲得什麼。學習的目標應以學習者的收穫為主，且目標應儘量具體並有可行性。例如，數學課的目標是「提升數學程度」過於籠統，改為學生在五分鐘內，算出三角函數的加減。俟目標確立後，接下的選擇教材、施教、反應及評量工作方能進行。有了學習目標則學習者才有努力的方向。老師也確知學生應達何種標準，整個的教學活動也因而進入「目標取向」。老師的職責是幫助學習者達成目標，藉由師生彼此的努力，目標才可望實現。

　　良好的學習目標，應要考慮下述三個因素：

　　1.表現：表現意味學習者能達到的水準，例如學習者能說出錐度的由來。

　　2.條件：是將表現的範疇予以限定，如在不能翻書及查看筆記的情況下，學生能說出錐度計算的原理。

　　3.標準：是界定何種的表現是能被接受的程度。例如，學習者需在二十分鐘算對六成以上題目，才是學習目標的達成。

(三)Ｓ:選擇、修正或設計教材（Select, Modify or Design Materials）

獲得適宜的教材途徑:

1.選擇現有的教材。

2.修正現有的教材。

3.設計新教材。

最簡捷省事的方法，是選用由編譯館或各書局供應的現成教材。如現有的教材不完全適用則需要修正，如某些書籍的圖片很好，但文字太過艱澀，老師不妨將文字部分修正為適合學習者的程度。設計新教材通常花費的成本高，教材如是視聽媒體如影片、錄影帶、幻燈片，尚需考慮有無設備及技術來設計製作，另外時間上耗時費日及有無預算經費也需考慮。

傳統的教材大都是印刷媒體，現今在提升教學效果，及視聽科技的進步情況下，視聽媒體也是良好的學習教材。教師對教學媒體的選擇，除了考慮學習者的程度及學習目標，教學方式亦是一要素。例如，幻燈捲片（filmstrip）較大銀幕的幻燈單片（slide）適合個別化的學習；默片（silent film）適合引導學生發問；錄影帶觀賞，則適合引導開放式的討論；影片的強制性可加強學習者的動機；模擬遊戲（simulation game）適合介紹新觀念。

選擇教材也受限於實際的教學環境，如錄放影機等放映器材的品質，教室是否有遮光及空調設備，各種硬體如投影機（O.H.P.）是否使用方便？教學的時間是否足夠觀賞等？

(四)Ｕ:使用教材（Utilize Materials）

使用教材階段，包含教學者事前觀看，安排教學環境，準備好觀賞者，操作或放映教材。對於選用的教材無論是靜態的圖片、幻燈片，或動態的影片、錄影帶，教學者都應先行看過，方可將一些疑點

解釋澄清，對於複雜的情境或背景資料亦可闡明。

學生如能對教材先行瞭解，對學習的效果可說事半功倍，老師應先就要觀賞的內容提出解說與觀賞重點。

當前，多數器材的硬體設備操作日趨簡化，勤讀使用手冊後，操作並非想像中的艱難。教學者的心理因素，肯接觸新產品的態度，幾乎是成功地使用媒體的關鍵。

教師教學重點（李宗微，民80）：

1.態度要自然：不要故意模仿他人。

2.說話速度要適中：每分鐘約150～200字，避免過慢造成催眠效果，過快則聽不清楚。

3.談話中應避免過多的口頭語。

4.手勢應適度，不要過多。

5.教學者站立的位置，應在中央且正面的位置，如要在講台走動也應向中央行進，而非走到教室角落。

6.避免長時間使用黑板，背對學生。

7.要與學生保持面對面的關係（face to face relationship）及眼部接觸（eye contact），來掌握學習者的注意力。

8.穿著應大方得體，因時地制宜。

㈤R：要求學習者的反應（Require Learner Response）

教育哲學家杜威（Dewey）認為學生的積極參與應是教學過程中最重要部分；行為科學家史金納（Skinner）也以實驗證明時常採行增強作用的教學方式較不使用增強有效。可見，有效的學習情境，應是教學者能讓學習者產生反應，對正確的反應增強。

學習者的反應不外明顯的及隱藏的兩種。明顯的如看到生字就跟著唸，隱藏如看到生字則不發聲的進行默記。短時間的學習，明顯的及隱藏的效果一樣。但如是連續的學習，則學習者如能以明顯的反應確示，會使他們學得較好。

教師對學生的反應最好立即回饋，或是改正其錯誤後再教導正確的內容，切不可相應不理或延遲回饋時間。老師的立即回饋，能激發學生更上一層樓的學習動機。

㈥E：評量（Evaluate）

評量為整個模式的最後步驟，包括：

1.為對教學過程的評量：教學過程的評量即在探討教學目標是否達成。評量在實際教學之前，亦即教學者對學生進行分析時即已展開，而在整個過程中有測試、反應等一連串的活動來評估學生的學習狀況，故評量絕非一、兩次的考試所能涵蓋的。

2.對學習者的成就評量：是指學生是否學得了他們應學的知識與技巧。因此，評量的方法應視學習的內容及目標而定。對於認知領域如砂輪測試，可用筆試或口試方式得知；至於道德規範，則應評量行為的改變，如自私的學生變得合群；作品的展現，如車工、鉗工等可以顯示其技巧的純熟。故教師應知，測試不是衡量學習目標是否達成的唯一方法。

3.為對教學媒體、方法及教學者的評量：教材、媒體及教法的是否合宜，可從學習者的反應及班級氣氛得知。至於教學者的表現，可由學生對老師的評量反應出。總之，評量不是教學工作的結束，而是下一個系統化學習的開始。如教學效果不理想，學習過程單調冗長，教師應期差錯為何，及如何改進，教學者本身亦應具備客觀理性的態度，冷靜評析自己的表現，自我要求改進，以追求進步與成長。

第四節　教學特質

一、教學主體

依教學主體來分，教學法可分為二大類：

(一)教師中心型（teacher-centric pattern）教學法

教師中心型教學法，為傳統教學法，包括講演法、複講法、問答法等。通常採用此法時是一切教學活動以教師意見為轉移，教師具有權威，學生必須服從。其優點是教室秩序容易維持，教材具有系統，可以控制教學進度，容易傳遞人類文化；缺點是學生的興趣、需要、程度、目的、及問題不易受到充分、多量的考慮。

(二)學生中心型（pupil-centric pattern）教學法

學生中心教學法，是進步的教學方式：

1.實驗室法：指在普通教室內添置各種設備及教學資料，並有教師在場隨時指導。學生可自發自動隨時進入教室，以求新知識或解決問題。

2.設計法：亦即設計教學法或稱活動法。

3.自選法：與前述實驗室法相類似，由教師佈置環境，預備各種教材，任學生自由學習。

4.討論法。

5.團體法：將學生加以組織，使共同學習。

6.單元教學法。

7.問題解決法。

學生爲中心教學法的優缺點，正與教師中心型教學法相反。優點是學生的興趣、需要、程度、目的、與問題容易受到多量的甚至充分的考慮；缺點是教室秩序比較不易維持，教材不易充分具有系統，教學進度難以充分控制，人類文化不易迅速傳遞。

二、教學性質

㈠注入式教學法

注入式教學法，是守舊的教學法。注入的形式是講解、說明、灌輸、教訓，學生能否理解與接受不太過問。注入法是由教師講，學生只能被動地接受教師所傳授的知識，而無自動思考的機會。

注入式教學法又稱講演法，好的講演法不是純注入的，注入法也不一定靠講演。注入法的特性是不顧及學生能否吸收，不給予學生討論與思考的機會，希望學生對教師的教導有所接受。它也不就是教師中心型教學法，然而教師型中心教學法若運用不當，或教師中心趨於極端，則易流於注入法。

㈡啓發式教學法

革新的教學法，簡稱啓發法，注重啓發學生的思考，讓學生自己尋求答案。孫邦正先生謂：「啓發法就是以學生的經驗爲基礎，由教師提出問題，使他們運用思想去解答、分析、批評、推論、判斷和歸納，因而可以觸類旁通，舉一反三，使經驗逐漸擴張，思想更爲靈活，所以採用啓發式教學法，除了教師的活動外，還有學生的活動。」所有非注入式的教學法均可概稱爲啓發式教學法。常見做法是利用問答的方式，由教師逐步提出問題，學生自然地獲得答案。

良好的問答法又稱爲啓發式教學法，蘇格拉底（Socrates）稱此

法爲產婆術，蓋以知識觀念之獲得必須自動、必須思考，而非勉強注入。「蘇氏教授青年，先使各述己見，然後加以論駁，使青年陷於矛盾而悟其無知……青年既知己之無知，則其追求知識之念，自必油然而生。」史家稱此法爲反結法。

一九六〇年代前後，正值美國、蘇俄太空競賽劇烈時期，美國教育界爲追求知識之優異，鼓勵學生從事創造性的思考，因而提倡發現法（discovery method），或稱爲探究法（inquiry method），或稱爲問題解決法（problem-solving approach）。

啓發法係提供學生一個問題情境，讓學生利用各種資料與資訊以謀求答案之獲得與問題之解決，注重學生之主動參與及問題之發現，注重觀念之澄清及歸納法之應用，注重配合學生認知上之發展階段。

傳統的或古典的啓發法之重點在於採用問答的方式，現代啓發法之重點在於環境、資料、資訊之提供及學生之自動。前者仍近於教師中心型，後者則近於學生中心型，但兩者均注重給予學生思考的機會及培養學生思考的能力。

三、教學策略

教師應儘可能使用不同的教學策略以支援教學，進行學科整合、並加強應用時的基本技能，以「科技概論」教學活動設計中譯版有關教師教學指引（李隆盛等，民83）：

1.製作作品：發展學生的認知、動作技能、和情意態度。使用新型工具、材料、程序和組成部分。

2.遊戲：發展學生學習科技的興趣。使用問題—答案、遊戲板、和電腦遊戲來激發學生把科技模組應用到眞實生活中。

3.研究：發展學生瞭解工具、材料、程序、和社會—文化問題。使用調查有關科技和社會文化努力的任務。

4.視覺化：發展學生瞭解科技的抽象概念；視覺化也提供了對科

技的一般見解。使用視覺媒體的幫助，例如圖片、電影、投影片、光碟、電影等。

5.演示與示範：發展學生的詞彙包括新科技術語，並幫助學生表達他們對主題的認識。使用班級表演做爲學生資訊共享的形式。

6.角色扮演：發展學生瞭解世界上工商業界和每天生活中，人們使用科技的狀況。使用班級設備來描述世界上不同的人所扮演的角色，以幫助學生打破關於某些特殊職業性別的傳統觀念。可幫助教師提供學生鼓勵和支持。

7.寫作：發展學生思考關於科技的過去、現在和未來。使用指派的科技報告和預測等。

8.討論：發展學生對新科技和科技性課題的覺醒。使用正式和非正式的會話；掌握討論的主題以顯示學生對科技的認識。

9.閱讀：發展學生瞭解科技主題的能力。使用書本、雜誌、報紙、以及和科技有關的文獻來創造一個科技書架和公佈欄。

10.模擬：發展學生瞭解生物科技、傳播、營建、製造和運輸系統。使用活動創造學習環境，儘可能反映高科技工業和快速變遷系統等。在教學過程中，透過觀察、記錄以評量學生學習的工作態度、安全衛生習慣、努力合作、愛惜公物、學生成就等表現。

第五節　教學評量

教育是主導國家進步的原動力，世界各國莫不致力於教育的推展以提升國民素質及培育國家建設人才，而整體規劃教育政策，審愼研擬教育措施，全力促進教育發展，一直是我國政府持續推動的重要施政方針。政府最近爲積極發展與改進國民教育，以達成五育均衡的教育目標，乃提出各項教育改革措施，用以紓緩升學壓力，促進中小學

教育正常發展、使國中教學正常化，培養五育均衡發展之國民，並作爲延長教育年限之準備。

　　評量，其一是「評」，就是針對測驗所代表的具體數字、行爲給予適當的解釋、評價、分析；另外涵義爲「量」，就是測驗學生的學習成果，給予一個具體數值化的代表。將兩種涵意總結，評量代表學生的測量與評價，缺少其中之一，可能形成偏頗，無法成爲完整的評量。

　　教學評量是教學過程中重要的一環，學生有必要瞭解學習情況，教師也要知道教得如何。教學評量就是一種手段，它是用來判斷教學目標是否達成並且據以改進教學。評量的過程包括：擬訂目標，蒐集、組織並解析達成目標的證據，利用解析的結果據以改進教學並報告學生進步實況等過程。然而，目前學校教師過分熱衷於考試，學生、家長、過分計較分數，較少用於改進教學。值得省思與改善。

一、教學評量原則

　　爲有效瞭解學生學習的進步情形，現代認知學習論者咸認爲知識是主動建構出來，學習是個人創造有意義學習的歷程。知識是個人建構的觀點，對傳統的測驗發展造成很大的震撼。首先，是學生如何將所學得的表徵知識去解決新的問題，或表現出眞實的能力。眞實評量相較於傳統的紙筆評量，較重視解題的內容與歷程是否能解釋評量工作的結果。教學評量要發揮效果，遵循原則（黃政傑，民85；李坤崇，民88；余民寧，民88；Bigge, 1982；Johnson & Johnson, 1988；Moore, 1989）：

(一)評量應根據教學目標

　　評量的主要功能在於判斷教學目標是否達成。任何評量過程中，評量的目標均必須具體、明確。教學目標通常都以行爲目標的方式敘

寫；評量的內容自應涵蓋教學的目標。

(二)評量應兼顧認知、技能、及情意領域

教師的觀點往往左右評量的重點。如果教師注重學習單元中知識的獲得，則評量的內容偏重於認知領域；如果教師注重態度與價值觀念的培養，則評量將偏重於學生在這些態度與價值的程度。但是，教學是一種完整的活動。知識、思考過程、技巧、態度、價值及行為的型態等一樣重要，不分軒輊。

雖然某些教學目標有輕重緩急之分，教學評量的內容不宜有所偏廢。有些教師偏重於知識的灌輸，忽略技能及情意的培養，只造就一些五育不全的學生。即使認知領域，部分教師僅評量學生的記憶、理解、應用而已，殊少評量到分析、綜合、評鑑等高層次的認知領域，難怪許多學生不善於批判思考。

(三)評量應適應學生的個別差異

教學評量不能純粹為應付升學考試。考試的結果，當然會有相當高比率的學生不及格。有些學校使用坊間測驗卷，超出課程範圍。學生拚命用功，即使挑燈夜戰，也甚難及格。經常「滿江紅」，就會喪失學習的信心。學生一旦放棄課業，就會衍生另外的問題行為。因此，教學評量應由任課教師根據班上學生的程度，命擬合適的試題或採用合適的方式，評量學生的學習結果。

教學評量宜採標準參照評量（criterion-referenced evaluation）而非採用常模參照評量（norm-referenced evaluation）。評量應以激發學生的學習動機與熱忱為考量。

(四)評量是繼續不斷的過程

教師在教學前、教學中及教學後都可評量學生。教學前，教師應施以診斷性評量（diagnostic evaluation），以辨別學生個人及團體的需

要；教學中，教師應施以形成性評量（formative evaluation）以看出學生每天進步的實況並驗證教學歷程有無缺失；教學後，教師應施以總結性評量（summative evaluation）以瞭解單元目標是否達成。三種評量的方式，教師在教學的過程中，應適機採用。

㈤評量應兼顧過程與結果

評量重視學習過程，也要重視學習的結果。有些教師評閱試卷或測量時，只看結果，不看過程，無法正確判斷學生的思考過程，亦無法衡量解題的品質。譬如兩位學生的答案均正確，但解題過程有程度上之不同，給分自應有所不同，始能正確測出學生的學習成就。教師也才能知道學生的優缺點在哪些地方。

㈥評量應在各種不同的情境中實施

學生態度、興趣、觀念的改變及知能的增進在團體設計、討論、報告中可予以評估。學生在戲劇、韻律及角色扮演所表現的行為也可顯示其學習增長的情形。學生在課堂內、課堂外、校內、校外都會表現出一些行為。教師應在各種不同的場合，評量學生的表現，始能判斷其學習是否產生良好的改變。

㈦評量應運用各種不同的方法

教師可利用許多不同的工具及評量的技術，蒐集有關教學結果的資料。常用的評量方式與技術有：觀察、討論、辯論、面談、個案會商、個案研究、報告、實驗、自傳、教師自編測驗、師生合編測驗、標準化測驗、問卷、社交距離測量、語意區分測驗、圖表、繪畫、查核法、等級量表、活動紀錄、工作樣品展示、學習日誌、日記、軼事紀錄、行為紀錄及其他紀錄、表現等。

教師使用何種方式評量，要看評量的目標如何以為定。不宜僅使用一種方式去評量某一目標。即使教師使用查核法、等級評量法或測

驗，也可以同時採用觀察法。混合使用各種方法比單獨採用一種方法要好得多。例如：測量游泳，如果以紙筆測驗，至多僅能測出知識而已，無法測出其技能，尚應在游泳池中，測出其速度及技巧。

(八)評量是師生共同合作的過程

學校行政人員、教師、學生，甚至家長都應參與評量計畫的工作，因為他們對於教學改進均有密切的關係。教師與學生共同評量有助於目標的澄清。團體評量與自我評量有賴於教師的指導及學生的合作。家長也應多參與討論其子女的學習狀況。學校行政人員及視導人員應多提供協助，並與教師合作，俾設計並採用有效的評量計畫，協助教師改進教學。

(九)教師應提供學生自我評量及同儕評量的機會

透過自我評量，學生可分析自己的知識、技能、態度、行為的優點、缺點與需要。當他們評估個人與團體努力的結果時，也就培養個人的責任觀念。自我評量促進自我學習，同儕評量則可提供見賢思齊的機會。

(十)評量應與教學密切結合

評量應該是教學的一環。成功的教師會觀察並記載學生學習進展的情形。會將評量的結果告知學生及家長，提供立即回饋。也會建立教學評量的監控系統，根據評量的結果，檢討教學的利弊得失，改進教學。

綜上所述，教學評量已趨於多元化，包括評量的目標、內容、方式、情境及標準。評量的方法與技術也更趨於多元。教師究應採取何種有效的方法與技術去評量學生的學習結果，必須深思熟慮，妥善運用。

二、實作評量

實作評量（performance assessment）又稱非紙筆測驗，係指根據學生實際完成一項特定任務或工作表現所作的評量。這些任務或工作，可能是實際操作、口頭報告、實習報告、成品賞析、科學實驗、數學解題、寫作等。因此，其所使用的方式，係透過直接的觀察學生表現或間接的從學生作品去評量。這種評量方式異於傳統的紙筆測驗（paper-and-pencil test），重視實作的能力，係從實際的行為表現來評量；而不是依賴筆試來決定。

實作評量對於改進傳統的評量方式，有其實質的意義和價值；尤其重視學生的實際工作表現；轉移過去所強調的紙筆測驗；就評量角度而言，實為一大突破。因此，有關實作評量的運用，不僅有些教師已在班級教學上加以使用；各校在遴選教師時，可做為甄選工具之一。實作評量崛起於一九九〇年代早期，興起原因（彭森明等，民87）：

1.傳統測驗對教學的不良影響：因考試領導教學，傳統的紙筆測驗，會影響到教師教學偏重於學生記憶的學習，若是透過實作評量的方式，就可以轉移教師教學活動的方式。

2.對選擇式反應測驗（selected-response tests）的不滿：選擇式的測驗只能測出學生所學再認知的部分，無法測出學生較高的思考能力，如問題解決能力、綜合、分析、歸納等能力。

3.受到認知心理學的影響：認知心理學家認為學生應該兼顧內容知識和過程知識，而過程知識的獲得，需要經過實作的表現，才能夠達成。

實作評量仍有技術性的問題亟待解決，例如：所花費的時間較多，評分標準的客觀性，教師本身的評量能力，以及所選定的工作或任務，是否能代表學生整體的表現等問題，都可能受到質疑。所以，

實作評量的應用及推廣，仍有一些限制。

三、卷宗評量

　　卷宗評量（portfolio assessment）尚無統一譯詞，又稱檔案評量、卷例評量、個人作品選集評量等。係指教師指導學生有系統的蒐集作品，並置放資料夾內，教師根據資料夾內的作品予以評量，以瞭解學生之學習過程及結果。

　　卷宗評量在某些專業領域曾廣泛使用，例如：攝影師、藝術家、建築師、新聞從業人員等，都會把自己的作品彙整成冊，以展示其專業能力和成就。卷宗評量不可能取代所有的評量方式，但是對於改進當前評量的缺失，是有其參考的價值。卷宗評量是一種新的評量取向，教師實施卷宗評量，需考慮下列事項（彭森明等，民87；Wolf, 1987）：

- 確定每位學生都有自己的資料夾，便於蒐集自己的作品。
- 決定需要蒐集哪些作品，可由師生共同討論決定。
- 蒐集和保存作品，宜個別指導學生把作品置於資料夾內。
- 選定評量作品的標準，可由師生共同討論決定，但標準必須清晰明確。
- 要求學生持續不斷的評估自己資料夾內的作品，教師可設計一張學生自我評量表。
- 安排卷宗評量會議，不僅是在評量學生的表現，而且也在幫助學生改進自我評量能力。
- 鼓勵家長參予卷宗評量過程，讓家長能主動檢視孩子作品。

(一)優點

1.重視學生個別的需要、能力和興趣；
2.強調學生真實生活的表現；

3.師生共同參與評量的過程；

4.幫助他人瞭解自己的學習成就。

㈡限　制

1.使用上相當費時費力；

2.學生個別差異大，評分表設計不易，評分之信度受到質疑。

四、教育評鑑

評鑑（evaluation）的意義，各家界定不一。教育評鑑標準聯合委員會定義為：「評鑑乃是有系統的評估某一對象的價值或優點。」（黃光雄，民80）；史塔佛賓（Stufflebeam, 1971）認為：「判斷是一種敘述、獲得，並提供，以做為判斷各種決策變通方案之歷程。」以此觀點，教育評鑑為一客觀而有系統的歷程，藉由資料的蒐集與分析，對於教育事項作價值的判斷，以提供教育實施回饋的機會，做為改進教育經營的依據。

評鑑就是評審鑑定，是一種經瞭解、評績效、明得失、找原因、尋改進、再出發的循環歷程；評鑑具有引領自動自發、努力向上的經營動力，是借助內省與外證，使自己邊學習、邊成長，以達成自我改進的功能；史塔佛賓（1971）認為：「評鑑之目的在求改進，而不在證明什麼。」因此，教育評鑑的目的主要是在探究教育問題，尋求改進措施；而其作用，不僅使教育行政決策者、學校當局能以更客觀具體的方式檢討其教育計畫、教育成效，甚而學生、家長及社會人士亦能經由評鑑的結果對教育成果有更深切的認識。

第六節 教學型態

一、依據教學科目

根據教學法所涉及之科目，可將教學法分為：

(一)普通教學法

是與每一學科均有關係的教學法，其所論及之原理、方法、應可普遍應用於各學科，它也是研究分科教學法的基礎。普通教學法也是各級學校教師，甚至父母子女，均可適用的教學法。

(二)分科教學法

凡是以某一學科為對象所寫的教學法可稱為分科教學法。在合科課程或廣域課程的學校，論及一個合科、或一個廣域學科的教學法，仍稱分科教學法。如數學教學法、自然科學教學法、社會科學法、專業科目教學法等。

二、依據學級編制

(一)單式教學法

是指單式學級所應用的教學法，單式學級係指教室中的都屬於同年級，其年齡、程度相同或接近。一般中小學的學級單式編制，教學進行比較容易。

㈡複式教學法

　　是指複式學級所應用的教學法。複式學級通常係教室內學生不屬於同年級而分屬於兩個或兩個以上的年級，但由同一教師施教，施教時各年級或係同科目，或係不同科目。在各年級學生數過少的學校，像在人口稀少地區、爲了教學上的經濟，或迫不得已，常採取此種編制。在此教室內進行教學比較困難。

㈢單級教學法

　　單級即單級學校之簡稱，係指全校只有一個教室，而將所有年級的學生均容納在一個教室裡，由一位教師施教。此種單級學校多設於人口稀少之地區。單級學校的教學法即單級教學法，其施教困難情形更甚於複式學級。通常須以教師爲中心而將各年級學生之學習活動作妥善之調配，同時策劃高年級學生協助低年級學生。爲便於師生及學生間之相互協助，各年級學生座位之安排須有適當之考量。

6

認知領域教學法

- 啓發式教學法：五段教學法、優缺點
- 欣賞教學法：功用、種類、實施步驟、教學原則
- 發現教學法：過程、要點
- 探究教學法：意義
- 單元教學法：特質、過程、模式、莫氏學派
- 問答教學法：種類、功用、發問技巧、學生發問
- 問題教學法：意義、分類、問題解決方法、原則、要點、功用、種類、優缺點

　　教學方法（teaching method）是依照不同的學習領域，如認知、情意、技能等所安排的教學順序以達到預定的學習目標。教學方法包括了講演、啓發、討論、示範、田野、參觀、演練、個別、模擬與遊戲、獨立學習等。

　　方法就是一種有目的、有系統的做事程序。教師教學要注重教學方法。教學方法就是教師用適當的材料，有系統、有組織地去刺激、鼓勵、和指導學生學習，以達到預定目標的程序。

　　教法是爲了要達到教學目標，所採取的一種手段，以便能協助、刺激學生學習狀況，使其明瞭課程的內容並加以吸收。如果沒有教學方法，只有教材，那麼學生學習的過程將是十分的坎坷、不完整且沒有效果。

　　教學是一種科學，要有科學的理論基礎、程序和方法。教學也是一種藝術，要能因人制宜有「樹人」和「塑人」功夫。從事教學者需要接受專業訓練才能得心應手、運用自如。

第一節　啓發式教學法

　　啓發法就是以學生的學習經驗爲基礎，由教師提出各種問題，使學生們運用思想以分析、批評、推理、判斷、歸納、統合、解決問題，期能觸類旁通，舉一反三，以增進學生的學習經驗，激發靈活的思想、知識與技能等。

　　啓發式教學法，就是把學習者的潛能由內往外引出，即蘇格拉底的「產婆法」，植基於哲學上的「先天觀念」說。學生本已具有思考能力及推理能力，因未充分利用，所以能力未顯也未精，教學時應刺激學生思考及推理。有「問題教學法」提供許多等待解決問題讓學生思考，教師或教材不立即給予答案，教師得設計學生感覺有趣或重要

的問題，或引導他發現原本不覺得有問題的問題，然後引導思路，或自行修改或糾正不正當的途徑，然後才得到所要獲致的結果。

孫邦正（民74）：「啓發法就是以學生的經驗爲基礎，由教師提出問題，使他們運用思想，去解答、分析、批評、推論、判斷和歸納，因而可觸類旁通，舉一反三，使經驗逐漸擴張，思想更爲靈活。」

啓發法注重啓發學生的思想，讓學生自己尋求解答。孔子的教育思想，可以說是我國最早的啓發式教育思想，其教學不僅重視學生的思想，而且注意誘導學生自動的思想。《論語·述而篇》：「不憤不啓，不悱不發，舉一隅不以三隅反，則不復也」。憤、悱，可說是學生們在思考知識與技能時所遭遇的困境；啓、發，可說是教師對學生的協助。協助只是引導學生解決問題的途徑，實際上，還是學生自己運用思想去分析、推理、自求解決，不要讓學生養成依賴的心理。

蘇格拉底（Socrates）的「產婆術」，用剝繭抽絲、層層詰問的方式教導學生，和孔子用問答辯難的方式教導學生，不謀而合，可以說是西方最早的啓發式教育思想；德國教育學家赫爾巴特也反對使學生單純地記憶一些零碎的知識，而提倡啓發式教育思想，循著一定的階段，以啓發學生的思想，增進系統的知識與技能，培養推理、思考的能力，此爲教育史上首次正式提出的啓發式教學法。

問題教學法，發現教學法和問思教學法等，都是由它演化而來的啓發式教學法。

一、五段教學法

五段教學法（five formal steps）經過多次修改而成的，赫爾巴特初創時只有四段（徐應輝，民71）：

1.明瞭：由教師提示教材，使學生領會、明瞭所學的事實。

2.聯合：使學生將所提示的事實，與從前所知的事實相聯合，造

成新觀念，係以赫氏的類化學說爲根據的。

3.系統：使學生瞭解新舊事實之間的關係以後，能歸納得一個原則或一個概念。

4.方法：使學生將所得的原則，應用於新的問題、事實上。

赫氏弟子萊比錫大學教授戚勒（T. Ziller, 1817～1883）推論其說，將明瞭分爲分析與綜合二步，而成爲五段教學法。

分析：就是將新事實加以分解，以明瞭各部分要素特性。

綜合：是將已分解的要素加以綜合，使之成爲一個整體。

戚勒的弟子萊因（W. Rein, 1847～1929）將五段的名稱加以修改，成爲現在所稱五段教學學法。五個步驟名稱及實施方法如下（徐應輝，民71）：

㈠預備（preparation）

由教師將擬教學之教材充分準備，於上課時喚起學生之動機。使用問答的方式，使學生回憶過去的經驗，爲學習新教材準備。並說明新課程的目的，使學生知道當前要解決的問題。

㈡提示（presentation）

教師將準備好的教材，依其計畫邏輯的向學生講解，講述給學生聽，或提供學生們觀察。

㈢比較（comparison）

使用問答、討論的方式，將教材前後加以聯絡、貫穿、比較，以尋找彼此間關係。學生將提示的教材加以有效的分析、說明，再與舊有的學習經驗互相比較，分類而排列，求其異同處。

㈣總括（generalization）

教師將其所講教材加以歸納、分析、比較的結果，綜合而成結論

或原則。

(五)應用 (application)

提供作業，使學生將所獲得的知識與技能，應用到各種事實上，以加深學習印象。並且驗證結論或原則是否正確，此階段屬於演繹的性質。

此種方法之最大優點在歸納與演繹並用，最大缺點則在於過分以教師爲中心，而學生甚少主動學習之機會。

二、五段教學法優缺點

五段教學法提倡之初，風行一時，由於一般教師只注意五段的形式，而忽略其精神。其優點與缺點如下（徐應輝，民71）：

(一)優點

1.教學步驟，劃分清楚：不僅便於教師編製教學計畫，而且使學生的學習，也能夠按部就班，循序進行。

2.可以養成學生有系統的思想習慣：五段教學法教學，重視對學生思想的啓發。在比較、總括、應用等階段內，要用問答討論等方法，使學生運用思想對新教材進行推理、判斷、分析和綜合，有益於學生思想能力的訓練。

3.不致遺漏重要教材：五段教學法所用的教材，是由教師事前準備就緒，而不是臨時蒐集，重要的教材自然不易遺漏。

4.時間經濟：五段教學法是用思維之歸納和演繹的思考過程，來教導學生學習複雜的原則，學生易於瞭解。而不必由學生自己去摸索，將時間浪費在許多不必要的活動上。

㈡缺點

1.不能養成學生自動精神：五段教學法重視學生的思考，由教師準備教材等，是以教師的活動為主，學生處於被動的地位。容易養成學生的依賴心理。

2.教材缺乏應用的價值：以教科書為中心，忽略了學習的興趣和需要，較難培養學生解決問題的能力，較無法學以致用。

3.應用不普遍：五段教學法應用思維上歸納和演繹的程序，適用於複雜的原理原則的教學，不適於淺易知識的說明；適用於程度較高的學生，卻不適於程度較低學生。

4.教學步驟固定，缺乏彈性，失之呆板。

5.注重教師該怎樣教，忽視怎樣指導學生學習。

㈢改進

1.教學步驟，可視教材的性質，伸縮變通，不必拘泥於原來的五個步驟。

2.教學的活動應當以學生為主體：教師只是從旁輔導，例如：學習材料的蒐集、分析和組織，至綜合結論，可由學生自己去做。

3.教室的佈置，要便於學生自學，最好佈置成圖書閱覽室的形式，以便學生自己蒐集資料，自我研習閱讀。

第二節　欣賞教學法

欣賞教學法係藉由指導學生欣賞學習情境中的事物，評論事物的是非、善惡、好壞、美醜、等級，進而激發愛憎好惡的情緒，和有所為、有所不為的抉擇以引導行為趨向，即是欣賞教學法。

　　給予學生欣賞機會或培養學生欣賞能力爲目的之教學法，可稱爲欣賞教學法。像音樂課讓學生傾聽古典音樂，美術課讓學生觀摩國畫，技能課欣賞成品，一般的影片賞析等均可應用欣賞教學法。

一、欣賞教學法功用

　　1.發展藝術興趣：以美化人生，充實生活內涵，養成正當的休閒生活習慣。

　　2.陶冶學生情感：欣賞藝文作品等，不僅美化人生，更具有陶冶情感的作用。

　　3.增進鑑賞能力：指導學生對於事物價值的認識、評估，以建立標準，達成鑑賞功效。

　　4.涵養高尙品德：培養學生遠大抱負，崇高的理想，正確的人生觀。

　　5.啓發研究精神：欣賞教學可以指導學生從眞理知識，和發明發現的欣賞，發展爲深思研究和尋求眞理的精神。自科學的精密、巧奪天工的創造，哲學的深奧思維和邏輯論證，議論文的精闢見解，都可以引發興趣，激發創意，和對眞理的欣賞。

二、欣賞教學種類

　　依據各種科目的性質，欣賞教學主要分類：

　　1.藝術的欣賞：即對於文學、圖畫、音樂、成品以及大自然的欣賞，又稱美的欣賞。是藉欣賞文學、圖畫、音樂以及大自然的調和之美、勻稱之美、律動之美、以及穩定之美，陶冶學生的情感，提高學生的興趣，和養成學生正當的休閒生活習慣。

　　2.道德的欣賞：亦即對於人、事、物等所表現的道德品格或社會品格的欣賞，又稱爲善的欣賞。如藉由欣賞名人傳記、歷史典故以陶

冶情操。

　　3.理智的欣賞：爲對於正確知識或系統完整作品的欣賞，又稱眞的欣賞。是藉欣賞科學家的發明和發現，評論家的精闢見解，哲學家的思維辯解，政治家的策略，宗教家慈悲關懷等，以培養學生對人文、科學研究興趣，和追求眞理的精神。

三、欣賞教學實施步驟

　　欣賞教學大部分是按隨機的方式進行，可由教師相機運用；或用暗示方法，使學生心領神會；或用問答方法，引導學生深思體會；或用講解說明方法，以補充想像。實施步驟：

　　1.引起欣賞的興趣：實施欣賞教學，先要引起學生希望欣賞的意向，使學生有準備欣賞的態度。有強烈的意向，才能引起情感反應。

　　2.激發強烈的情感反應：實施欣賞教學，教師除了要使學生認識事物的價值以外，還要設法引起學生的情感反應。引起情感反應的最佳方法是暗示。教師可以用聲音的語調、面部的表情，以及肢體動作的表情，給予適當的暗示，使學生對於所欣賞的人、事、物或作品產生強烈的情感反應。有時我們看了一幅意境深遠的山水畫，彷彿自己身在畫中。欣賞教學若能達到這種物我同化的境界，預期的教學結果便容易實現了。

　　3.指導學生實踐力行：學生對於其所欣賞的對象，若已發生強烈的情感反應，就會表示作進一步活動的願望。這時可以進一步指導他們去閱讀、去創作、去表演等。

　　4.適時鼓舞獎勵：學生實踐力行過程中，不論好壞，教師應適時給予鼓勵、獎勉其表現，以激發潛能。

四、欣賞教學原則

1.欣賞的教材要適合學生程度。

2.欣賞時要供給必須的知識與技能。

3.欣賞時要補充學生的想像。

4.欣賞時避免用分析的方法。

5.欣賞時要顧及學生的個別差異。

第三節　發現教學法

　　發現教學法由布魯納（J.S. Bruner）所倡導，主張實際教學情境中，教師應安排有利於學生發現各種結構、事理的情境，並且讓學生自己去發現有價值的結構、事理、原則。鼓勵學生們自我操作、探究、比較、尋找問題，甚至運用直覺思考、捷徑、策略等，以發現所隱含的重要事實結構。

　　五段教學法屬於早期的啓發式教學法，發現教學法則是現代的啓發式教學法。二者都很重視對學生思想的啓發。發現教學法和五段教學法的主要不同處，在於五段教學法以教師爲主體，以教科書爲中心，視學習結果之獲得；發現教學法則以學生爲主體，以學習活動爲中心，重視學習過程之訓練。由指導學生自動去發現問題，探究解決問題，而培養學生的基本科學概念，科學方法及科學態度。

一、發現教學法過程

　　發現教學法的實施依教材的性質而異，分爲下列五個步驟（徐應

輝，民71）：

1.發現問題：在教學活動中，教師要隨時提示學生留意尋求問題。學生可以從教科書、生活情境、社會現象、自然生態、企業實務等，發現有研究價值的問題。如果學生沒有適當的問題，教師可以按照預定的教材，提示問題，使學生思考，以引起研究的動機。

引發問題的方法很多，教師可以利用學生想看、想做、想知道等心理，直接策勵學生的好奇心，這種激發學生之積極行為表現，就是從事探討活動的原動力。

2.把握問題：發現問題後，最好採小組討論的方式進行集體思考，因集思廣益能擴大視野，可以提高問題意識。討論的時候，應該探討問題的構造和其中的重點，防止學生將注意力分散於不相干的事情上，浪費時間。

3.進行智慧的探究：第三階段應注重個別的自由思考和自由發表，鼓勵學生作勇敢的智慧探究，學生可以考查有關的文獻、資料、典故，以瞭解類似的問題和解決途徑。

4.查證工作：對於第三階段學生所提出的假設，進行查證工作，這時需要運用集體智慧和各方面地合作，才能圓滿地達成任務。自由構想的階段，不妨大膽地發表意見，到了查證的階段，就要細心地求證，不可粗心大意，更不可武斷。例如，學生擴大基因的概念，可以商得學術研究機構、大學院校、圖書館等的協助，借閱有關的書刊或獲得有利的指導。

5.提出報告：查證工作結束後，學生便要將探討的資料加以整理，提出結論與報告。有些小的發現，可引發更大的發現。若是沒有發現，也要客觀的檢討，尋找其原因。

二、發現教學法要點

1.重視過程：發現教學法強調學生所要學習的，不是成果，而是

過程。亦即，教師要加強指導學生學習如何學習，學習如何組織、遷移、假設或運用策略，以有助於發現學習。

2.以學生為學習活動的主體：教師要多費心思於教學規劃，學習環境的安排，以激發學生動手操作，動腦思想，進而發現教材的重要結構。

3.培養學生探究精神和勇氣：為了保持學習的熱忱，教學時間必須前後接近，不宜相隔太久，必要時可以臨時調整上課次序。

4.學習範圍廣泛：對學生而言，凡是未知而有探討價值的材料，都可以讓學生去探求和發現，但這種材料應切合學生程度和經驗，否則，便無法發現問題，進行探討，談不上有所發現了。

5.適合各學科應用：數學、社會和自然等學科都可善加應用，教學過程須視實際需要作適當的調整。

第四節　探究教學法

探究教學法又稱問思教學法，是一種有系統、有組織的教學策略，其目的乃在於利用順序漸進的問題技巧，及設計周密的教學歷程，培養學生明確的認知概念、客觀的處事態度、獨立的思考能力，以及正確的價值觀念。

探究教學法是現代的啟發式教學法，對於學生學習興趣、思考、發表及判斷等能力的培養，具有良好的效果。探究教學法特質：

1.培養明確的認知概念：探究教學法將學生的認知領域分為事實、概念、和統念（generalization）三個層次。當教師設計教學活動時，先要從單元教材中提出統念，然後據以分析出若干概念，再由概念更詳細地分析出許多符合學生經驗的事實。

指導學生學習時，是先輔導學生從所蒐集的資料及已知的事實中

歸納成若干概念，再結合兩個以上相關的概念而成統念。所以學生對於概念的認知，是由具體到抽象，由已知到未知，由較低層次到高層次的周密歸納過程。

2.增進學生獨立思考能力：教學活動，師生共同參與，教學活動的設計與進行，以學生為主體，教師居於輔導的地位，引導學生有系統、有組織的思考、推理、判斷，以增進學生的獨立思考能力。

3.養成客觀的處事態度：學生從事概念分析，提出假設及價值判斷中，均可養成客觀的處事態度。

4.發展正確的價值觀念：將價值的選擇與判斷列為教學步驟，可發展學生敏銳的觀察力，也可培養學生正確的價值觀念。

第五節　單元教學法

單元教學（unit teaching）係指使用單元的教材，指導學生學習，使學習活動成為完整的作業單元，用以矯正偏重零碎知識與技能教學的弊端，並且期盼學生從「做中學習」，以免偏重記憶文字、符號教材，而能學習完整的知識與技能。

單元為以問題為中心之一系列的學習活動，是現代課程的基本單元，步驟：

1.準備（preparation）：由教師依據各種原則選定研究問題。

2.發軔或創始（initiation）：由教師引起學生學習興趣與學習動機。

3.發展（development）：由師生共同計畫各種活動，並執行。在此階段中，學生之活動，包括聽講、閱讀、問答、討論、觀察、實驗、訪問、參觀、調查、作文、製作、演講等；有全體性活動，有小組活動，有個別活動。學生可以各盡所能，各取所需，各適其性，各

得其所。

4.結論（culmination）：由學生利用各種活動，發表其學習結果。方式有口頭報告、研習、展示、表演、出版等。

5.評估檢討（evaluation）：由教師或由師生共同考查學習結果，或實施口頭報告，或舉行書面考試。

一、單元教學特質

1.教學活動是多方面的：單元教學希望學生的學習，不再只是看書和聽講，而是包括多種的活動，讓學生從各種不同的活動中，作直接和間接的學習。並且在團體活動或分組活動中，養成團體生活的習慣，負責任、守紀律、互助、合作、自尊尊人等團體的美德及民主生活的習慣，以期獲得真實的經驗及生活的能力，成為健全公民。

2.問題或情境的範圍是廣博的：單元教學要以學生所感興趣的生活知識與技能問題為樞紐，擴大教材組織的範圍，成為有意義的以單元為單位的生活經驗，學習所獲得的是完整的生活經驗，而不是零碎的知識與技能。

3.單元教學法顧及學生個別差異：單元教學法允許學生，在單元活動中從事不同的工作，不同的指定作業，以適應學生不同的興趣和能力，來完成一個共同的目標。教師可以按照各個學生的能力、性向，分配適當的工作，使人盡其才。

4.單元教學是手腦並用的：在單元教學活動中，學生一面要用手去做，一面要用腦去想。學習活動以學生為主體，教師只是從旁加以指導，或供給所需的工具和材料，或指示修改工作計畫，或改進學生的工作方法。這和傳統的教學，只注重教師講解的方法截然不同。

5.團體教學和個別教學合而為一：最初的試探和提示，以及後續的自我學習、組織、複講三個步驟，都是採用團體教學的方式，使學生有共同研究和經驗分享的機會，具備了社會化教學法的優點；自我

學習和組織步驟，可以適應學習的個別差異。

6.注重熟練：教學前的預測，教學開始時的提示測驗，已經顯示使學生徹底學習的意圖，最後的組織和複講，也是促使學生熟練所學的有效手段。

二、單元教學過程

單元教學採用歸納的程序，用以指導學生解決問題，主要教學過程如下：

1.試探：試探目的在瞭解學生的經驗，先以預測方式，考察學生對所要學習的單元，已經具有的經驗基礎。已經具有的經驗，不必再學習，用以節省時間。倘若尚缺乏某項經驗，教師便應設法提供。教師要用發問、討論或談話等方法，引起學生學習本單元的興趣。

2.提示：提示之目的，在使學生明白本單元的學習要點，以做為詳細研究的準備。教師要用講解、示範等方法，向學生說明學習目標、單元作業內容、學習方法等，以引起學生們的興趣，經過提示後，教師要舉行提示測驗，以考查學生，對於教師所提示的是否真正瞭解，若有不明白的，就要重新加以說明。

3.自我學習：學生根據教師所提示的單元作業，蒐集資料，閱讀書籍，調查訪問等。教師在旁加以指導。自學時間的長短，須視單元的性質和範圍而定，有的可延長數日或數週之久。

4.組織：組織的目的，是使學生將自學所得的材料組成系統；或是根據所得的材料，構成合理的結論，以解決當前的問題。

5.複講：在使學生報告自學的結果，使他們的思想更為清楚，印象更為深刻。每一單元學習完畢，教師指定數人在講台上作口頭的報告，而由其他學生發問或補充。

三、一般單元教學模式

一般單元教學的模式，分為以下三個階段（徐應輝，民71）：

1.準備活動：教學之前，教師要依據課程標準、社會需要、學生能力、教學情境、學校特色等條件，選擇學習單元；依據可能獲得的學習結果，確定單元教學目標。還要指導學生閱讀有關資料，蒐集有關實務資料，使學生獲得必要的知識或經驗，以期教學能夠順利進行，達到較高的學習效率。在教學開始時，教師要引起學生學習的興趣，指示學習本單元的重要性，介紹單元活動的內容，指示學習的目標和預期學習結果，以及說明學習的方法等。

2.發展活動：為單元教學過程中的主要階段，教師要指導學生從事於各種學習活動，如閱讀書報雜誌、上網查詢資料、繪製圖表、觀察實驗、放映幻燈電影、參觀旅行、調查訪問、表演實習、實際製作、討論、研究等，視學生程度、學校設備、學科及單元性質而定，以增進學生的生活知識與技能，養成學生理想態度、價值等。

3.綜合活動：學習單元的綜合活動，通常是屬於本單元作業的總結，包括：組織、整理、欣賞、應用、發表、評鑑、展示，及引起下一個活動之動機。

四、莫氏學派單元教學法

美國教育家莫禮生（H.C. Morrison）提倡單元教學法，重視學生方面之活動，稱莫氏學派單元教學法，分為五步驟：

1.試探（exploration）：由教師利用問答、討論，以探知學生之興趣、需要、與程度，必要時得施行預測驗。

2.提示（presentation）：由教師向學生簡單說明單元之目標、教材綱要、所需作業、自學方法及各項標準。必要時得施行提示測驗或

給予作業提示單，使確知自學要求。

　　3.自學（assimilation）：即同化，由學生依據教師所提示者自行閱讀與作業。

　　4.組織（organization）：由學生將所閱讀資料加以整理，提出書面報告、綱要、或表解。

　　5.複講或詢問（recitation）：由教師集合全班學生進行口頭報告，必要時質詢及口試。未及口頭報告者須呈繳書面報告。

第六節　問答教學法

　　問答是教學上的一種技術，也是教學上的一種方法。如果整個的教學過程係以問答爲主體，並用以實現某種教育上之目標，就是一種教學方法。此種方法通常仍係以教師爲中心，由教師有計畫的提出各種問題，令學生作答，而後由學生及教師共同訂正或補充之。

　　教育大辭書：「問答法，即由教師學生相互問答以達教授上種種目的之一種方法。」又謂「問答教學法乃教學法以問答之形式執行之者。」也可由教師準備各種書面或口頭問題，令學生以文字、口頭解答而後共同的或個別的批評訂正。

　　問答法也可作爲其他教學方法的一部分，亦即可與其他方法合用。複講法可視爲問答法的一種，係指學生根據教師的問題或要求作口頭上的回答或講述，不過較重機械的背誦，而較少運用思考及訓練思考的機會。

一、問答法種類

　　依據教育大辭書，問答法因採用時機及採用目的之不同，分類：

1.教授性的問答法：即以發問誘導學生若明若昧之思想，以達教育者預定之目的。西洋創始者爲蘇格拉底（Socrates），爲問答法中最重要之一種方法。

2.複習性的問答法：由發問以分解學生舊有之思想，使之重複湧現意識，以促進其類化作用。

3.試驗性的問答法：其目的爲考查學生舊有知識之程度，以決定新教學之方向，並爲考查學生對於新教材之理解程度，以觀教師自身教學方法之優劣良窳，並做爲改進教學之根據。

二、問答法功用

問答法最主要目標，在於培育訓練學生的思考，增進學習的類化作用，並考查學生學習的結果，增進教師對學生的瞭解。若有效運用可提高學生學習的興趣，培養學生自學的能力。功用如下：

㈠對教師功用

1.考查學生已有的知識、能力、興趣等，做爲選擇教材依據。

2.考查學生對於所學教材是否眞正瞭解，以便趁早補救。

3.考查學生的功課是否熟習，以決定教學進度的快慢。

4.喚起學生的舊有經驗以便引起他們學習的動機，或做爲學習新教材的準備。

5.可集中學生的注意以減少教室內秩序和管理上的問題。

㈡對學生功用

1.使學生對於所學的教材思考，因而能夠徹底瞭解。

2.使學生應用所學的知識去解決生活上的問題，因而能夠活用所學的知識。

3.使學生知道自己對於教材的某部分不甚明瞭或不甚熟悉，因而

更加努力學習。

4.使學生應用舊知識、技能、經驗的機會，對所學知識與技能增強印象。

5.可幫助學生整理學過的教材使成為系統的知識：上課結束，教師發問用一聯串有組織的問題，藉以幫助整理學習過的教材。

6.可使學生從問答的活動中養成應答、對話的能力。

㈢對教學活動的功用

1.可以引起動機和提示要點。

2.可以啓發師生的思考。

3.可以複習教材。

4.可以練習某種教材。

三、發問技巧

教學時教師因不善發問，會影響發問的功能。發問的技巧如下：

1.態度自然：教師發問時須態度安詳，自然大方，學生回答時方能從容不迫，樂道其詳。反之，教師發問時如果有劍拔弩張，大聲，或有意為難學生時，學生將更為緊張，而回答不出或失常態。

2.先發問後指名：先將問題說出，然後指名回答。避免在提問題前，先指定學生，學生必戰戰兢兢，心理緊張。

3.留下思考時間：問題提出以後不必立即指名，須視問題之難易給予學生適量的思考的時間。

4.普遍指名：教師指名學生回答不可只限於少數特優、特劣或有其他特殊情況學生，應公平。

5.任意指名：指名不可有一定順序，以免不在順序內的學生不注意聽取問題及其他同學之回答。

6.不複述問題：教師上課時須先向學生聲明，發問時務請學生靜

聽，不複述第二次。以節省時間，並訓練學生上課專心的心態。

7.向不注意者發問：為刺激每一學生均能專心聽取問題，教師可常向精神不甚集中者發問。

8.不暗示答案：若干教師為顧及學生不能回答時之難堪，常於問題提出後向學生暗示答案。亦有在問句中即含有暗示性之答案者，凡此皆非所宜。

9.注意傾聽：學生回答時，不論內容為何，均應細心傾聽，以視重視。對回答不正確學生，不可表示輕視態度，更不可譏笑，應適時導引正確回答。

10.不中途協助：在學生尚未完全說出其答案時，教師不可操之過急，而暗示補充，或作其他協助。常有若干學生回答緩慢，而非不知回答，應加注意。

11.不複述答語：為養成學生注意傾聽同學之回答，須於事前提醒學生，當每一學生回答問題後，其他同學須予批評、補充，但教師不再重複原來之答語。

12.允許其他學生作答：萬一所指名之學生不能回答，教師另行指名，或由其他學生自由作答以給予一般同學發表之機會，且可和緩教室內之緊張氣氛。

13.補充答案：學生所答不夠完全時，教師可令其他同學予以補充。教師自己方可直接予以補充。

四、學生發問

問答法包括學生向教師發問，教師平時宜鼓勵學生發問，允許學生質疑討論，且宜指導學生發問的禮貌。萬一學生所提問題教師不能立即回答時，可試令其他學生作答，或聲明下次查明答案，不能欺騙、說謊，甚至顛倒是非。

相關說明須使學生感到滿意，更須以誠懇態度為之。教師上課以

前須作充分準備，平時須多充實自己，強不知以爲知而給予學生錯誤之知識，其情尤不可恕。

第七節　問題教學法

二十世紀以來，問題解決的教學倍受重視，這是學生應有的基本生活技能。問題解決的技能主要在於幫助學生「學以致用」。在學校裡，知識的學習，旨在應用於生活當中，如何提供有助於強化學生問題解決能力的學習環境，當是教育工作者的責任。

問題解決，可分成二大類，是學校教育理應重視的教學目標：

1.科學化的問題解決（scientific problem-solving）：將概念性的知識導入情境，而不需思考數字上的問題，爲較質化的問題解決途徑。

2.數學化的問題解決（mathematical problem-solving）：是教導學生認知技能的遷移，並運用數字爲計算工具，爲較量化的問題解決途徑。

一、問題教學法意義

問題教學法就是採用有系統的步驟，指導學生解決問題，藉以增進學生的知識與技能，啓發學生的思想，培養問題解決策略，此爲改進以書本教材爲學習中心的教學法。並非將教科內容改成問題形式的問答法，而是以生活情境中的問題爲中心，教師指導學生應用科學方法以解決各種學習、生活等問題的教學法。

問題教學是教師運用問題及發問的技巧來增加教學的效率。一般而言，單純的講述只是單向的溝通，對有些教學狀況並不眞正有效，

若只把問題教給學生來決定學生應該學到什麼是不夠的。問題教學應該是以有價值的問題，用系統的步驟引導學生解決問題，藉以增進學生的創造能力和解決問題的能力。

問題教學法可以讓教師據以觀察學生的動態，分析學生的問題，做為評量學生或進一步瞭解學生的憑藉。但是沒有經驗的教師卻容易忽略這種教學技巧而依賴單向的溝通方式，這是所有新進教師應該時時自我檢討、改進的地方。

在適當時機使用問題教學，不但可以引起學生用「想」和「做」來學習，而且可以使學生從被動的「聽」和「看」變成能思考和應用，提高學習層次。

教育本身在於培養個人解決學習問題、生活問題、社會問題、科技問題等的能力。採用問題教學法可以從自由、開放的氣氛中啟發思想線索。運用實際生活環境中存在的問題，培育學生如何面對問題，進而能有效解決問題的技能。

人類思考的心理歷程是問題教學法的基本規準，不論面臨什麼樣的問題，只要循著這一套邏輯去推理都不難理出頭緒。教學上能夠善用這種教學法，一來可以藉以解決教學上的問題，二則將這一套思考方法介紹給學生。不但可以提供學生現成的魚，同時也教他如何捕魚，正是一舉兩得的途徑。

二、問題教學法分類

㈠問題性質

問題教學法所採用的問題，可分為團體的問題和個別的問題：

1.團體問題教學法：使全班學生或將全班學生分組，共同研究一個問題。大家一起蒐集解決問題的資料，一起討論這些資料的意義和價值，求得結論。這種教學方法可以使每個學生都有貢獻意見的機

會，達到多項溝通的學習效果，更可以培養學生對團體負責的學習態度，和互助合作的精神。例如：社會科學，指導學生研究選舉罷免法，分析選舉政見，怎樣實行地方自治，便可以採用這種方法來教學。

2.個別問題教學法：使各個學生各自研究共同的問題，或者各自研究不同的問題，並且在教師指導下求得結論。例如：自然科學，指導學生研究環境生態、環境保護、資源回收等關係。採用問題教學法，使學生常常有研究討論的機會，對於思想的啟發，解決問題能力的培養，有很大的益處。

(二)問題特徵

良好問題應具有下列特徵：

1.能激發學生思想：係指思考性的問題。

2.範圍明確：如「總統選舉方式？」「總統候選人資格？」

3.語句簡明：問句不要太長，內容不要過於複雜，措辭要清楚明瞭，便不致誤解。

4.切合學生程度。

5.具有重要性及價值。

6.層次井然有序：總結或複習性的發問宜有系統、有層次。後續問題須與前面問題相連，而且可以一步深入一步。

三、問題解決方法

杜威博士分析人類思考的歷程圖：

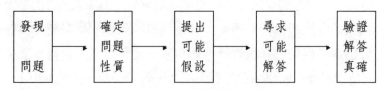

圖6-1　人類思考歷程圖

資料來源：陳昭雄（民74），工業職業技術教育，頁114。

　　採用有系統有計畫的步驟，解決問題，就不會浪費時間和精力。解決問題有兩種系統的方法：一為演繹法（deductive method），二為歸納法（inductive method）。

　　問題教學法指導學生解決問題，便是根據上述五個步驟。其中又分演繹法和歸納法，教學時，教師可以指導學生使用一種方法，亦可以兩種同時採用，端視問題的性質而定。

(一)演繹法

　　演繹法是根據普通的原則，推論特殊的事件。例如：研究環境生態、環境保護、資源回收的關係後，再推論如何推行環保工作，其步驟：

　　1.問題的發生：教師可依據教學目標，學生的能力與需求，在實際生活中，佈置疑難情境，以激發學生的學習興趣，引起學生的疑難、困惑和探索研究的動機，進而發現所面臨的問題。

　　2.確定問題的性質：問題發生後，教師要指導學生認識問題，尋求問題的癥結所在，確定問題的性質和範圍，並對問題進行分析，將一個大問題分析為若干小問題，以便於研究和解決。

　　3.提出各種假設：問題的性質和範圍經確定，教師便可指導學生根據經驗、推理和觀察，或者根據參考資料，提出可能的解決方法。提出假設時，要養成學生仔細認真的態度，提出每種假設的理由。

　　4.選擇最佳可能假設：教師指導學生分析和批判各種可能的解決

方法，以考查假設的正確性和有效性，然後選出一種合適的假設。

5.證驗：這種假設是否真正可靠，還要加以試驗和證實，等待證實後，始能成立結論。證驗的方法是將此一假設應用於實際問題，看看是否能夠解決，如果不能解決，表示此一假設錯誤或不合適就要從第三步驟重新做起。有的問題是可以用權威的意見或書籍來證實的，有的假設可以獲得證驗，便可以成立結論，有的假設，不能獲得證實，便不能成立結論，祇能算是一種意見。

(二)歸納法

問題解決法類似問題教學法（problem method），但範圍較廣、活動較多。問題教學法多限於思考、討論，尤重思考之過程。歸納法，是將許多特殊的事件，歸納而成一原則。例如，研究近視學生與看電視關係，發現看電視時間不宜太久，眼睛與電視機的距離不宜太近。歸納步驟：

1.提出相關問題：例如：學生近視嚴重。

2.澄清問題（clarification）：由師生共同確定所欲研究之問題，並澄清其性質，使大家對所欲研究之問題有明確之概念。

3.蒐集資料（data-collection）：確定問題的性質之後，教師便指導學生分頭蒐集資料，以供解決問題之用。資料蒐集方法，包括閱讀、訪問、調查、座談、實驗等。

4.整理資料：教師指導學生將蒐集來的重要資料，詳加研判、考查、分析、比較和選擇，以決定資料的取捨。

5.分享及討論（pooling and discussion）：係指分別報告所得資料加以分析、綜合、討論。

6.獲得結論（conclusion）：根據討論結果獲得結論。結論就是原理原則，也就是解決問題答案。

四、解決問題原則

問題教學法既是知識教學一種最適宜的教學法，所以凡屬教育學科的思考作業，除了比較繁難的原理、原則、定律、公式，有時還得藉助於五段教學法之外，其他有關講述與討論，處處都用得到問題教學法。除非它是一種簡單的知識，可直截了當的採用講述教學法；或是事物真相的瞭解，不得不用直觀教學法之外。一般原則如下：

(一)解決問題原則

1.輔導學生發現及選擇適當而有價值的問題：
　　⑴適當之內涵：能力、興趣、需要。
　　⑵價值之內涵：實現教材之目標，適應社會之需要。
2.使學生感覺真實問題而急欲解決之要點：
　　⑴使學生能解決在目的活動中所遇到困難，使活動順利進行。
　　⑵使學生深感解決問題之需要，而力圖解決之。
3.幫助學生確定問題之性質與範圍，集中注意力於所解決之問題。
4.指導學生蒐集與問題有關之材料，並根據問題整理組織，以便提出各種解決問題之方法。
5.訓練學生審慎的、有系統的去檢討，評判各種假設，鼓勵學生保持審慎下判斷的態度，及對假設要作有系統有秩序的批評。
6.鼓勵學生去用各種方法，對於抉擇的某一假設，加以證明。
7.使學生藉訓練、應用、記憶等方法，將證明的有效方法，銘記心際，以備將來之應用。
8.避免學生頭緒紊亂和問題以外之討論。

㈡問題教學法注意事項

1.問題教學法的主要目的，在於培養學生善於運思及解決問題的能力，不重視知識和課文的記憶及背誦。教學時，教師必須愼重選擇問題，以啓發學生的思想。

2.指導學生解決問題時，不論使用演繹法或歸納法，不必拘泥形式，嚴守方法的步驟，要靈活應用。必要時視問題的性質，可將兩個步驟交互運用。

五、問題教學法要點

㈠問題教學法要點

運用問題教學必須注意的要點：

1.清晰而易於瞭解：問題要以簡單、直述的語言說明。儘可能要求簡短，但要具體完整。

2.由一般性的文字組成：問題必須能評量學生是否眞正瞭解，所以口頭說明或文字敘述應力求平實，避免詭異的表達方式，徒使學生不知所措。

3.啓發學生的思維：問題對學生而言是一種知識應用、生活知能能力的挑戰，而非要求學生對事實複誦。問題的答案不能以「是」或「不是」的簡單表達爲滿足，而應該是學生在深思熟慮後，作一種創造性的發揮。

4.是課程的學習重點：問題必須建立在課程的基本內容上，由教師在課程進行的適當時機發問，藉以強調學習的重點。

5.問題教學法在指導學生運用思考，養成解決問題的能力，非知識與技能的灌輸。

6.無論演繹或歸納法，實施步驟應具有彈性，可互相併合靈活運

用。

7.問題教學法已有價值的問題，做為教學單元，用系統的步驟，指導學生學習解決問題，以發展學生的創造能力，訓練科學方法，並非以課本教材為範圍，教師提出一系列的問題，學生回答而已。

㈡問題教學法思考模式

杜威反省思考模式：

1.問題意識的發生：思考的起點是來自問題或困難的發現。

2.確定問題的性質及關鍵：接著運用觀察思考以瞭解此問題之性質及困難之關鍵。

3.提出可能的假設：根據反省思考的暗示或線索，以提出可能成立的假設。繼續觀察或注意，搜取資料，並想出查驗的辦法。

4.檢討假設：運用推理思考的方法，徹底檢討假設。根據假設、資料及辦法，進行考驗，即證實假設，發現真相或證據。在此階段會發現前面的假設，有的不能成立，必須淘汰；有的假設頗為正確合理，值得驗證。

5.進行驗證：根據合理的假設，尋找證據或實驗，以發現原因，並將問題解決。發現因果關係或原理，並創造一種有效的方法。此過程中，往往有新的創造或發現。

六、問題教學法功用

㈠問題教學法的功用

1.發展學生思考能力：學生運用其思考能力去解決問題，也是激勵其自動向上的趨力，這是教學上的重要目標之一。

2.引起學生自動研究：學生為解決問題，自己假設，自行實驗、研究，自己解決問題，問題教學可以引起學生自動研究的精神。

3.訓練學生正確思想：由於學生平日生活，運用思考能力的機會甚多，清晰、能辨認、能判斷，逐漸養成正確的思想。

4.增進學生實用知能：問題教學法一方面在使學生獲得知識，另一方面在協助學生解決問題，學生既能為解決問題而吸收新知，也能為運用知識而養成能力，所以知能雙方均可增進。

(二)問題教學法的價值

1.合於學習歷程心理活動之順序。

2.易於引起學習興趣與動機。

3.使學生有明確的學習目標。

4.易於養成學生創作、組織及獨立思想等之最高的自我活動。

5.能養成學生對於知識能瞭解、記憶及應用等優美能力。

6.適於鍛練學生正確的思考能力或解決問題的能力。

7.延長個人複述時間，增加記憶。

8.養成學生尊重客觀事實，主觀臆斷，有價值之科學態度。

9.適合活教育之原則。

10.適合新教學法之大單元之趨勢。

11.養成學生作有意義之詢問。

12.問題法應用之範圍廣。

七、問題的種類

1.依範圍分：可分為文化、政治、經濟、教育、道德及科學等方面的問題。

2.依性質分：農、工、商、家事、醫護、教育、管理、理工、自然、社會等類群。

3.依科學分：可分為國文、英語、歷史、地理、數學、物理方面等問題。

4.依人數分：可分個人、團體、分組。

(一)事實性的問題

事實性的問題或稱為記憶性的問題，此類問題只須回憶事實，便可解答。如牛頓定理。

(二)思考性的問題

思考性的問題須運用反省思考方能解答，通常亦須根據若干事實或記憶。思考性的問題分類如下：

1.選擇性問題：如台灣有幾個縣市？

2.評價性問題：如中國近六十年來最偉大的文學家是誰？五四運動的價值何在？

3.比較性問題：如比較漢高祖與唐太宗的武功？試比較工業發展與環境孰為重要？

4.決斷性問題：如最崇拜孔子或孟子？

5.因果性問題：如二次大戰時日本失敗之原因何在？鴉片戰爭的影響為何？

6.解釋性問題：如為什麼稱禮義廉恥為國之四維？

7.撮要性問題：如〈梅花嶺記〉的全文大意是什麼？

8.分析性問題：如台灣的地理特徵是什麼？

9.關係性問題：如國民革命與台灣光復的關係？

10.舉例性問題：如舉例說明物體熱脹冷縮的現象？

11.分類性問題：如貓屬於何類何屬？

八、問題教學法優缺點

㈠優點

　　1.激發學生們求知慾與好奇感。

　　2.增進學生邏輯推理能力。

　　3.增進對中心知識的深入瞭解。

　　4.增強學生應用周邊知識方面的能力。

　　5.適合普通教室情境及具體實際活動之綜合應用。

㈡缺點（限制）

　　1.受限於個別差異的學生，在實施上之困擾。

　　2.教師須具備循序誘導能力，否則不易實施。

　　3.無輔助教材時，學生推理觀念及回答能力受到極大的考驗。

7

情意領域教學法

- 角色扮演教學法：優點、缺失
- 合作學習教學法：教學原理、過程、教學法
- 發表教學法：意義、功能、種類、步驟、原則、關係
- 編序教學法：意義、特質、要點、教材呈現
- 價值澄清教學法：價值、價值形成、功能、角色、方法
- 視聽教學法：性質、教材、設備、方法

　　情意教學之目的，在於培養學生正當的學習、生活、工作等態度，以及崇高的理想，奠定良好行為之基礎；培養學生友善樂群及待人接物必需之正當態度，培育善良品格及健全國民之高尚情操；充實知能，改善行為，變化氣質，以養成堂堂正正之國民。

　　多數的情意教學，以團體教學的方式進行，此即教師同時對班級教學。由於學生人數多及個別差異，形成表現的優劣。近來個別化教學興起（individualized instruction），強調要能針對學生的個別特性，在學習的速度與內容上進行調整，使學生可依照其個別差異，以不同的速度、教材內容，學習不同的行為目標，提供學生多元化的學習選擇。

第一節　角色扮演教學法

　　角色扮演教學是設計模擬生活中、企業界、社會和政府組織等各種真實的工作與生活情境，由二個或二個以上的學生扮演情境中的各種角色，以實際學習各行業職位的功能以及其人際關係，並尋找出具體的有關行業問題的解決方法。

　　如何使學生瞭解各技術行業的性質、組織的功能，以及行業組織中各成員的職責，是一件很重要的事。雖然其他的教學方法可以使學生獲得某種程度的認識，但是人際關係的有關問題卻是不能得到深入的探討。

　　角色扮演的活動使學生扮演各技術行業有同樣職責、工作的人，增進學生有機會觀察各角色間的關係，並且學習這種和企業界、組織間並無二致的相關活動所提供的觀點和問題。以汽車銷售廠商討論如何分配利潤為例，角色扮演的活動包括下述角色：雇主、銷售部主任、修理廠主管、勞方代表、法律顧問等。這些個角色扮演者必須表

達與探討他們對於利潤分配方式、問題、優缺點的想法、看法，每一位扮演者應和其他未參加扮演的學生共同討論。

在廣泛複雜的教育架構中，角色扮演可以發揮深入瞭解的功能。學生們能從教學活動中學習行業間的特殊關係和相關知識，並可瞭解自己對某些行業的適合性，此為使學生得到第一手經驗的教育方法。

一、角色扮演教學法優點

角色扮演教學法，其優點歸納如下：

1.可適合不同程度的學生同時學習。

2.可以適用於廣泛的各類課程。

3.指引學生個人認知、情意領域及身體動作方面的發展。

4.可以提高學生參與的層次。

5.可以使學生從戲劇的參與延伸到真實生活的體會。

6.可以激發表演者和觀眾間的興趣。

7.允許學生有相當程度的創造性及探索性的活動。

8.提供模擬的社會組織，使學生得以探索他的才能。

9.可以培養團隊精神，並發展主動性。

10.可以多方面使用社區資源。

11.可以在任何年級中實施。

二、角色扮演教學法缺失

除了上述的優點之外，角色扮演教學在實施上也有其先決性的限制存在，運用於實際教學時應該留意下列各種狀況：

1.教師和學生的準備和計畫工作必須十分充足，才能使扮演活動得到應有的效果。

2.扮演活動必須具有高度的真實感，才可達成教學的效果，否則

會成為一種遊戲而已。

　　3.在扮演活動之中觀眾可能會批評或表現不同的態度。

　　4.有些扮演活動的相關知識超過教師所知。

　　5.內向的學生不容易在演出時配合得恰到好處。

　　6.思緒不迅速的扮演者可能會因遲緩而影響效果。

第二節　合作學習教學法

　　合作學習是一種有系統、有結構的學習方法，進行方式係依照學生能力、性別等因素，將學生分配到一異質小組中，教師經由各種途徑鼓勵小組成員間彼此協助、相互支持、共同合作，以提高個人的學習成效，並同時達成團體目標。在合作學習中，每個學生不只對自己的學習負責，更要對其他學生的學習擔任共同的責任。合作學習理由（李錫津，民79；黃政傑、林佩璇，民85）：

　　1.合作學習可以促進學生的合作能力，包括合作的知識、技能和情意等方面，而合作正是社會所迫切需要的。

　　2.合作學習可以促進全體學生學業上的學習成效，進而培養健康的心理，導正當前教育的缺失。

一、合作學習的教學原理

　　合作學習教學原理（黃政傑、林佩璇，民85；王秀玲，民86）：

(一)異質分組

　　依照學生的學習能力、性別、種族及社經背景等，將學生分配到不同的小組中，彼此互相指導相互學習。異質的方式主要提供學生有

更多的機會認識不同的學習對象，聽取不同看法，分享彼此的經驗，讓學生從更多樣的觀點結合學習經驗，達成學習目標。

(二)積極互賴

積極互賴是指學生能知覺到自己與小組同學浮沈與共、休戚相關的，自己的成功有賴於整個小組獲得成功，小組若失敗了，自己也就失敗了，因此小組內每一個成員都應該共同努力，以完成任務。

建立小組成員的積極互賴方法：

1.設計小組隊名。

2.建立積極互賴的學習目標。

3.建立積極互賴的報酬系統。

4.建立積極互賴的角色。

5.建立積極互賴的資源。

6.建立積極互賴的任務。

(三)面對面的助長式互動

面對面的助長式互動（face-to-face promotive interaction）透過此一要素的安排，組內學生可以相互助長彼此學習的成功，而教師應指導學生從事下列活動，以發揮面對面助長式互動的效果：

1.有效地互相幫助，共同學習。

2.交換使用資源與資訊。

3.有效地處理各種資訊與能源。

4.挑戰彼此的推理與結論，以提升進行決定的品質和對問題的洞察能力。

5.相互鼓勵達成目標。

6.表現出能信賴別人，也能受人信賴的行為。

7.具有學習的內在動機，為小組共同利益而奮鬥。

8.有效地處理焦慮與緊張。

9.提供別人回饋，也接受別人的回饋。

10.相互影響彼此的推理與行為。

㈣評鑑個人學習績效

　　合作學習當中，小組的成功界定在組內每一個人的成功，而不是以小組某一個成員的成功來代表小組，不顧其他成員的表現。因此，教師必須評鑑各小組每一學員的學習情形，判斷小組學習成功狀況，並將結果回饋每一成員，讓每個人都能感受到自己和其他人學習成功的喜悅。

㈤人際技巧

　　人際技巧和小團體技巧是合作學習的兩個要素。合作學習小組的每一成員必須進行兩方面的學習，其一為學業有關的任務工作（task work），其二為參與小組學習必備的人際技巧和小團體技巧，此種能力稱為小組工作（team work）。

㈥團體歷程

　　團體歷程（group processing）在分析小組目標達成程度，小組學習中成員一起工作，其行動表現是否有助於目標的達成，並決定何者宜繼續存在，何者宜調整活動，以促使小組成員合作努力達成小組目標。

二、合作學習的教學過程

　　合作學習的教學過程（黃政傑、林佩璇，民85）：

㈠教學前的準備

　　1.決定小組人數（4~6人）。

2.進行學生分組（異質分組）。

3.分配組內角色（主持人、記錄員、報告員、觀察員、檢查員、摘要員、教練員、資料員）。

4.安排教室空間（組間勿相互干擾）。

5.準備教材。

(二)教學的實施

1.說明學習任務（學習目標及作業安排）。

2.說明成功規準。

3.建立積極互賴（為自己也為小組其他成員學習成敗負責）。

4.設計個別績效評鑑。

5.指出期許的合作行為。

6.進行合作學習教學。

(三)學習評鑑與表揚

1.追蹤學生的行為表現。

2.提供學習任務和社會技巧的協助。

3.評鑑學習結果。

4.進行學習表揚。

(四)團體歷程與教學反省

1.反省團體歷。

2.反省及改進教學過程。

三、合作學習教學法

㈠合作學習教法

合作學習教法（黃政傑、林佩璇，民85）：

1. 學生小組成就區分法（Student's Team Achievement Division, STAD）。

    A. 準備教材：教學活動進行之前教師先擬作業單、答案單、小考測驗卷、觀察表及小組總分單。

    B. 決定基本分數：指代表學生學習能力的分數，可由前幾次的學生小考平均分數而得。

    C. 進行學生分組：採用異質分組方式，將不同能力、性別、社經背景學生分配到不同小組中。

2. 小組遊戲競賽法（Team-Game-Tourament, TGT）。

3. 拼圖法（Jigsaw）。

4. 拼圖法第二代（Jigsaw II）。

5. 團體探究法（Group-Investigation）。

6. 小組協力教學法（Team Assisted Instruction）。

7. 協同合作法（Co-op Co-op）。

8. 合作統整閱讀寫作法（Cooperative Integrated Reading and Composition）。

9. 共同學習法（Learning Together, L.T.）。

㈡教學流程

1. 全班授課：學習之初，利用媒體介紹教材重點、提示學習任務，而教學過程中應強調意義的學習而非內容的記憶。

2. 分組學習：分組同學主要工作是精熟所學教材，並幫助他人也

能精熟學習內容。

3.測驗和團體歷程：測驗在評鑑學生的學習表現。團體歷程則在提供機會讓學生反省自己在團體內的表現，以求改進。

4.學習表揚：表揚依據進步分數來決定，分別進行個人表揚及小組表揚，所以每個人都有責任精熟學習內容，並協助他人也能成功地學習。

未來的學習方式，學生須主動、合作學習。學生有興趣學習，必須跳脫既有的學習經驗、改變學習程式，使學習不再排斥學習。中國人「寧為雞首，不為牛後」，凡事爭第一，不能團隊合作，故而被譏諷為一盤散沙的缺失，有待改善。

未來學習四大支柱：學做人、學做事、學習如何學習、人際關係（學會與人相處），皆講求團隊關係，而合作學習正是提倡團隊學習，主動學習之教學方法，故而不管在認知、情意、技能三大目標領域的教學中，合作學習都是未來重要的教學法。

第三節　發表教學法

以培養學生發表能力為目的之教學法均可稱為發表教學法。發表之方式不限於語言文字、音樂、美術、實習、工藝、體育等科，均有培養學生發表能力之機會。因為韻律、圖形、色彩、工藝成品、舞蹈中之動作、表情，均能適當的表達人類之意志情感。

一、發表教學法意義

發表教學法的精神在於鼓勵學生把自己的思想、態度、情感、意志等，利用語言、文字、動作、圖形、工藝、音樂、戲劇、成品等方

式，充分表達出來。這種自我表達的指導，便是發表教學；高廣孚
（民77）定義：發表教學法就是利用人類自我表現的慾望本能，因勢
利導，以增進我們的創造和能力；黃光雄（民77）定義：教學是指導
學生經由不同的途徑和方式，以表達自己的知情意，達成各種不同的
目的，這種表達自己，便是發表，而指導學生發表，便是發表教學。

　　發表教學法的意義：

㈠培養發表興趣

　　發表教學不限於書本知識的傳授，更不限於教室裡的學習，學生
的活動範圍是多方面的。例如，經由課間問答，問題討論，集會時發
表演說等機會學習說話、表達等藝術。

㈡培養手腦並用習慣

　　發表教學是根據從做中學的原則，指導學生用思考去搜尋和組織
發表的材料，然後再用動作將意思和情感表達出來，而不是模仿和抄
襲，能培養手腦並用、知行合一的精神。

㈢培養表情達意能力

　　傳統的教學，過分注重知識的灌輸，技能的訓練，較少給予學生
發表的機會，以致許多學生不善於表達自我。利用發表教學法，鼓勵
學生表達自己的意見和思想，並隨時糾正學生發表的缺點，以提升表
達能力。

二、發表教學法功能

　　發表教學的功能，不僅可以培養學生表達情意的能力，藉以增進
彼此的瞭解；而且可以訓練學生手腦並用、知行合一的精神。發表教
學的功能如下：

(一)溝通意見

人類無法離群而索居，群體生活，彼此接觸互動交往，需要交換和溝通思想。清楚、簡要的表達自己，使對方能夠真正的懂得，不發生誤會，方能經濟有效的達成目的。

(二)陶冶情趣

欣賞教學法達到最高的要求，便是發表，將自己的情意，透過不同的方式表達出來，可以陶冶個人的情趣，使生活充實、優美。

(三)增進瞭解

今日世界，文明進步，人類的思想行動，愈益複雜，而交通發達，人際接觸頻繁，必須相互增進瞭解，建立情誼，才能彼此互相合作，享受圓滿協調的社會生活。如果由不當的表達引起糾紛、猜疑，個人的生活與群體的生活將受到損害。

(四)滿足需要

人有血有肉、有感情、有思想、有意志，這些都需要適當的表達，使自己所知所感，獲得發抒，滿足人類心理的需要。

(五)知行合一

發表教學可使學生能想亦能做，能說亦能行，以達到手腦並用、知行合一的教學目的。

(六)熟練所學

學生學習以後，加以發表，可以使所學內容獲得應用的機會，而達到驗證和熟練的要求。

(七)清晰思想

發表不但熟練所學，而且可以整理思想，使之清楚明晰，具有條理。意即透過發表，可以使得存在腦中沒有系統、混亂的思想和觀念井然有序，有條不紊。

(八)促進創造

人類的發表，可能先是來自於模仿和學習，但經過一段時間的模仿和學習的發表後，就可以脫去模仿的窠臼，進入自由發揮和創新的階段，所以，發表可以促進創造。

(九)更新文化

創造和發明，建立於發表，則人類的文化，亦來自於發表。人類的文物、制度、發明、文化皆是先人發表的成果累積而成，後代子孫承襲後，繼續創造；使文化繼續增加，內容益新，世界因此進步。

(十)提升生活

發表不但對日常的交往、知識的生活、休閒的生活有幫助，而且對生活品質大有裨益。學校中培養發表的興趣和學習發表的技能等，於是奠定學習專業技能、生活知能的基礎。

發表教學的目標，在培養學生表情達意的能力，無論在表達的內容方面或技巧方面，都要求創新、卓越。從發表教學活動中，可看出學生們的態度是否大方，思想是否層次分明，觀念是否正確，情操是否高尚等。如果發現某一方面有缺點，便可立予糾正，所以發表教學與思考、練習、欣賞教學可收相輔相成的功效。

三、發表教學法種類

發表教學是指學生經由語言、文字、符號、製作或表演等不同途徑，以達知能情意的教學，所以，發表教學的種類可以有下列各種：

(一)語言的發表

語言是人類最基本和應用最廣的一種發表，配合聲調和表情，不但直接真切，可以加強發表的力量和效率，而且可以隨時獲得反應和結果。不過，語言的發表亦有其缺點，不善說話或缺乏技巧，容易引起誤會或因而償事，這就是語言發表需要教學和指導練習（方柄林，民78）。

語言是人類應用最普遍的溝通工具，配合聲調和表情，不但直接真切，可以加強發表的力量和效果，而且即時可以獲得反應和結果。科技的進步使語言的發表不受時間、空間和人數的限制，擴大發表教學的效果。為了提高學生的語言表達能力，教學時應有的突破（徐應輝，民71）：

1.語言的學習不完全是靠模仿，教育程度愈高的人，愈需要學習組織語言發表的內容，和練習發表的技巧。

2.語言教學不以國語文為限，任何科目的教學，都應該讓學生有發表意見，溝通觀念的機會。教師要利用這種機會，糾正學生語言發表時的缺點。

3.謹言慎行、病從口入、禍從口出，言多必失等古訓是教人不隨便講話，而不是教人不講話。什麼時候該講話或不該講話，什麼地方該講話或不該講話，甚至於何時何地可以多講話或少講話，都是語言發表的技巧問題，教師須相機指導。

語言和文字的發表是一體的兩面，使用口頭發表是語言，用紙筆發表便是文字。在內容的充實方面，都需要鼓勵學生們多讀、多聽、

多看、多發表、多接觸，以增廣見聞，吸取學習經驗。其次為勇於發表，勤於寫作，使口齒清晰流利，使文筆生動活潑。

(二)文字的發表

文字的發表幾乎和語言的發表同樣重要，除方便、迅速及普遍外，還可以流傳欣賞。文字是保存歷史和傳遞文化的主要工具，學校中除了語言教學外，都以文字教學為主，甚至文字教學超語言教學（方炳林，民78）。

(三)圖畫的發表

圖畫是一種表達情意的藝術；在本質上說，圖畫是語言，亦是文字，它和語言文字不同的地方，在於圖畫更能表達實際，而且發表時運用色彩，自由繪製，興趣較高，不必像語言文字之需要記憶。指導得當，可以發揮學生的創造能力（方炳林，民78）。

心理學的研究，圖畫本質上就是語言。在發表時要注意要點（徐應輝，民71）：

1.為引起學生對畫圖的興趣，宜多用彩色畫。

2.低年級宜採用自由畫，到了高年級則增加寫生畫，以充分發展學生的想像力和創造力。

3.少用臨摹的方法，以防妨害學生創造潛能的發展。

4.充分利用各種活動，鼓勵學生參與圖畫的發表。

(四)藝能的發表

人類天賦有語言的能力與雙手運用的能力。圖畫和工藝都是運用雙手的發表，可以說，人類的一切創作與發明，來自雙手；所以，藝能的發表是發表教學重要的一種（方炳林，民78）。

為激發學生對工藝的興趣，以及發展創造潛能，除了學校要有足夠的場所和設備，使學生有發表、創作的機會外，教師也要鼓勵學

生，自己計畫，自己製作。並且從旁指導，提出建議和批評，以激發學生們的思想。

(五)音樂戲劇的發表

音樂、舞蹈、戲劇等，都是發表情感的好方法，無論是表演者或欣賞者，都可以在這種學習舉動中獲得增進知能、陶冶情趣的機會，更可以藉此體驗社會和人生，收到副學習和附學習的效果。

戲劇音樂感人最深，具有陶冶性情、移風易俗的使命。為了發揮戲劇和音樂教學的功效，要先使教學正常化，在音樂教學時，固然要指導學生自由的表演，在其他教學時，也要把握機會，鼓勵學生作角色扮演，以加深學生對各科教材的印象和瞭解。

應用社團活動，組織有關戲劇和音樂的社團，針對有戲劇、音樂興趣者，或有特殊才能者，使他們能盡量的發揮所長，以達到人盡其才的目標（徐應輝，民71）。

(六)其他發表

1.心智技能方面發表的教學：心智技能包括讀寫等基本的技能，到高深複雜的科學創造和抽象思考能力等等都是。

2.認知策略方面發表的教學：認知的策略攸關個人的學習、記憶和思維。諸如推斷、歸納推理等能力，都可能被用來做為問題解決的固定型式，在不同的思維和學習情境中被重複使用。

3.語文資訊方面發表的教學：語文資訊能影響我們學習的方向或學習遷移，這些資訊是學習的必要條件，惟有藉發表教學，才能使資訊為人所用。

4.動作技能方面發表的教學：人類的傑出成就和文明創造的過程中，無一不需要運用到動作技能。學校教育中的發表教學，重要性可見一斑。

5.情意態度方面發表的教學：態度是複雜的環境情境中的選擇傾

向，教學是一種價值引導的過程，而發表教學可說是一種態度的培養或建立的過程（黃光雄，民77）。

四、發表教學法步驟

㈠發表教學法步驟

發表教學由於種類的不同，其教學過程和步驟亦自不一，各分科教材教法當有詳細的研究，就普通教學法而論，則可歸納以下步驟（黃光雄，民77）：

1.引起動機：在發表之前，先要使學生有強烈發表的需要和願望，才能樂於發表，否則勉強學生發表，恐怕會有反效果。

2.準備發表：發表之前的準備工作相當重要，學生發表才有意思。包括廣泛的蒐集有關資料，在教師的指導下充分練習，並修正、改進發表方法及技巧，以提高發表水準。

3.佈置場所：佈置發表場所，美化環境，足以改變氣氛，提高發表效果。

4.正式發表：正式發表時教師應在場指導，隨機應變，而發表者應充滿信心，放鬆情緒，以避免患得患失的心情，並保持勝不驕、敗不餒的風度。

5.評鑑結果：發表以後，教師還要指導學生，共同批評和鑑賞發表的結果，使學生知道如何去評鑑，一方面求得改進，一方面可以收欣賞教學之效。

㈡發表教學過程

1.引發發表的興趣：要使學生從事發表活動，首先要有發表的興趣，或者使他們感覺有發表的需要，自動地想要發表，以進行發表。否則，教師用壓抑的方式，迫使學生勉強地發表，不僅內容枯燥乏

味,而且缺乏情感。不論哪一方面的發表,都要先激發學生們發表的
興趣。

　　2.指導學生蒐集發表的材料:發表要有充實的內容才有價值。發
表所用的材料,或來自平時的學習與經驗,或來自臨時蒐集。發表教
學活動中,教師要指導學生運用各種方法,充實內容。例如:指導學
生運用自由想像,把自己的構想記下來,或用圖形畫出來;指導學生
參觀社會建設、機關團體、工廠等,以補充自己的經驗;指導學生閱
讀有關的資料,訪問有關的人士,增廣見聞。

　　學生能懂得怎樣蒐集資料,而且能夠勤於蒐集資料,有計畫地儲
存資料,就有豐富的發表內容。

　　3.指導發表的方法:發表不僅要有豐富的內容,而且要會利用資
料,將內容作適當的安排,才能獲得共鳴,達到發表的目的。所以教
師要指導學生發表的方法和技巧,例如:指導作文,便須指導學生如
何審題、立意、布局、修飾,以及如何起承轉合等。學生若能運用巧
妙的手法,將心中的情意,生動而有力地展現出來,發表教學就有了
成效。

　　4.批評欣賞:對於學生發表的成績,教師要提供評鑑的標準,指
導學生批評欣賞。學生具備了鑑賞的能力,才能夠發現自己的優點和
缺點,不斷地檢討改進。所以每當發表的作品完成時,教師應將學生
的成果、成品等展示出來,提供大家欣賞和批評。優良的作品,要給
予鼓勵和增強,有缺點的作品,也要要求學生檢討改進(徐應輝,民
71)。

五、發表教學法原則

　　良好的教學是能夠讓學生自由自在主動學習的教學,教師是促進
學習的人。發表教學法是最能讓教師體會到教學相長,與學生共同學
習,一起成長的教學方式。其實施的原則如下(徐應輝,民71;黃光

雄，民77）：

(一)師生瞭解互信的原則

發表教學是學生在教師的指導下，表達自己的思想心智和情意態度，惟有師生眞誠互信才能使學生充分表達眞實的自我。

(二)自由創造的原則

發表的內容雖以充分新穎爲原則，實際上是海闊天空浩瀚無垠，發表的技巧更是彈性靈活，蘊藏無限的自由和創造的可能性。

(三)眞實生動的原則

眞實生動可以說是發表成功的重要前提，成功的自我表達不是虛僞做作的；活潑生動、趣味盎然，才是最成功的教學。

(四)敏感而自我實現的原則

發表本身就是一種目的，就是豐盈愉悅的一種體驗或自我滿足，不必要計較勝負或外在的報酬。

(五)機會均等的原則

發表既然是一種學習型態，教師應顧到機會的均等，使每一個學生都有發表的機會，不可偏愛少數學生。

促進發表教學的效果，教師應注意下列原則：

1.題材要適合學生的能力：要學生發表的題材，必須符合學生的能力和經驗，學生們的發表才會有充實的內容。發表的題材若與學生的經驗脫節，他們便會有無從著手的感覺。如果勉強學生發表，則其內容將空洞無物。

2.善用情境：發表需要眞實的情境，爲了使學生能夠見景生情。熱心地從事發表活動，教師應多利用眞實的情境或佈置類似的情境，

喚起學生發表的心向。例如：國慶日時，指導學生編製慶祝特刊，發表愛國演說等，可收因勢利導之效。

3.增加知識與技能：增加學生的知識與技能有助於發表。例如：語言文字的發表教學，需要增加學生的字彙、詞彙，以及文法等知識，才不致有意思表達不出來，或者表達出來的內容與自己的意思不符，其他如圖畫、工藝、戲劇、音樂等，也都要隨時提供學生必須的知識與技能，促進學生的發表能力。至於增加知識與技能的方法，應鼓勵學生多看、多聽、多讀、多參觀、多接觸社會與大自然。

4.創造重於模仿：學生的發表需要指導，盡量鼓勵學生自由發表，最忌模仿抄襲，以免使學生的思想和創意受到拘束，不能作創造性的發表。

5.興趣重於成果：不宜以成人的眼光來評量學生們的發表成績，否則便易使學生感到沮喪和失望，永遠得不到成功的滿足，因而對發表失去信心，不再願意發表。發表教學的重點宜放在興趣培養方面，不時地讚許他們，增加對發表的勇氣和信心，有了濃厚的興趣，堅定的信心，毫無畏懼的勇氣，則其發表的成就水準將逐漸提高。

六、發表教學法與其他教學法關係

㈠與練習教學法的關係

不論語文、繪畫、音樂、戲劇的發表，在發表之前，必有一段很長的練習階段，練習成功之後，才能具有良好的技能，有了很好的作品，才可發表。

㈡與創造教學法的關係

學生經過一段長時間的發表練習，漸至熟能生巧，而突破技法上的障礙，使作品別出心裁，這就是創作或創造。所以有人稱發表教學

爲創造的教學或創造的發表。

(三)與欣賞教學法的關係

利用欣賞教學法的原則和方法，指導學生在發表之後，進行共同的欣賞和評鑑，不但可完成情意的陶冶，並可藉集體的評鑑，批評作品或成績的優劣，更能提高發表的能力。

七、結論

根據上述原則而實施的發表教學，使學生自我瞭解，使個人覺察到眞實的自我，這樣的教育使學生眞正的表達純粹的自我，學生能夠自我審查、設計、把握生命中眞正重要的事物，學生的興趣得到發展，潛能得到實現，感受到無窮的可能、希望、自由和愛，這才是眞正的教育目標。

第四節　編序教學法

一、編序教學意義

編序教學（programmed instruction）爲利用編序教材，使學生自動自發學習，又稱計畫學習法。編序教材通常是分科編輯，將每個科目分爲若干單元，每個單元再分爲若干序列（sequence），每一序列再分爲若干細目（small step）。細目與細目之間有密切的聯繫。學生學習時，依照細目的順序，依照自我的進度與能力，循序漸進。

學習細目間難免有極小的難度差距。不瞭解前一細目，不易學習

後一細目；不瞭解前一序列，不易瞭解後一序列；不瞭解前一單元，不易瞭解後一單元。此種經劃分為若干細目而使之緊密相連並保持一定順序的教材即是編序教材。因此，編序教學方法又稱為循序教學法。

二、編序教學特質

編序教材特點乃在於就每一細目作必要之說明後，立即施行測驗以考查學生是否確實瞭解細目中之說明。測驗之方式有問答題、填充題、是非題、選擇題等。

邏輯系統明顯或教材難易有一定順序的學科如數學、科學、文法、樂理等，易於及宜於從事編序教材之編寫。編序教學法特質（徐應輝，民71）：

(一)細部的教材組織，層層階段測試

編序教學首先要將教材分成許多細目或小步驟，好像上高樓的樓梯小階級般。小階級在教材的呈現上叫做細目，提供學生拾級而上的樓梯，便是由若干密切關聯的細目所構成的序列。較容易成功，能即時得到報償，增強了反應。

不僅元件可以編成細目教學，管線迴路設計與配接，亦可編成較多項元件內容的主要幹目 （home frames），但應掌握「由簡入難、階段測試」的原則。

(二)自動的學習反應，激發學習興趣

編序自學學生必須確實閱讀教材，然後自行作答，而不是從教師的講解中學習，也不是從與別人的討論中學習，所以是真正的自動的學習。同時，編序教材提供正確的優勢，容易引起繼續學習的興趣，導致積極、自動的反應。

㈢對錯立即核對，增強正確行為

編序教學為了方便學生自學，在每個細目後面或次頁，提供了正確的答案，學生可以立即核對學習的結果。積極方面，能即時促進正確行為的建立；消極方面可避免錯誤行為形成，知道錯誤的所以然處，避免再犯，並增強正確行為。

㈣學生決定進度，適應個別差異

編序教學學生可以按自己的興趣、需要和能力，自由變更學習速度，以適應個別差異。編序教學提供分支方式的編序教材，使程度差的學生獲得複習和補救的機會；程度好的學生，繼續直線學習，就好像家庭教師從旁個別指導一樣，為個別化教學，能適應個別差異。

例如，氣液壓控制入門時的元件構造、原理、運作方式、符號，雖難度不高，但因是全然陌生，學生的心理抗拒較大，採用編序教學法，分切教材細目各自獨立，學生較易在這類小範圍、低難度的細目上回答正確，就算回答錯誤，也很容易糾正，對學生而言，是以點滴累積、聚沙成塔。

學生可以依自己的領悟速度安排學習進程，適應個別差異；教師則有更多的時間，可以改變教法為學習速率較慢的學生進行診斷與補救教學。

㈤分切教材細目，編纂群組問題

編序教學雖是運用學習理論—聯結論的原理，可以循序獲致高度的學習成就，但這卻尚無足夠的吸引力驅使教師樂於採用，主要原因在於：課前須將教材分切為一連串的小細目（frames or small step），編纂相對應的問答題，這項工作太繁重了，教師常畏於沈重且額外的教學負擔而卻步。

三、編序教學要點

1.培養學生正確的學習態度：指導學生瞭解編序教學的目的、功能，培養正確的學習態度。

2.時間要有效利用：編序教學是個別化自學方法的一種。除了開始實施時需要切實指導外，學生懂得學習方法後，就可以利用自學的時間，進行編序教材的學習，而將上課時間用於質疑、深究、欣賞等活動。

3.教材的編製要審慎：實施編序教學最困難的是教材的編序，要將教材分析成細目，按照邏輯程序緊密編排，更要設計可能發生的錯誤。應由有相當學養的專家和教師，以合作而審慎的態度為之。

4.盡力克服物質的困難：昂貴的教學機，以及超過教科書價格數倍的編序教材印刷費問題，令人裹足不前。只要有設計精良的編序教材，教師可以克難的方式呈現教材，以解決經費方面的困難。

5.學習上可以無師自通：學生有編序教材後，就可自我學習。因此，編序教材亦稱自動學習教材（autoinstructional materials）。

6.適應個別差異：任何時間、地點，學生均可加以學習，而且學習速度可以依據學習興趣需要與能力。

7.可隨時察知自己錯誤：立即加以溫習與補救，以免錯誤觀念在腦海中停留過久難於糾正。

8.教材經過仔細安排：學生逐步學習，具引誘力與魅力，足以提高學習興趣，增強學習動機。

9.教材細目間之難度小：任何人均可循序而進，學習完成。

四、編序教材呈現

1.書本式：將各單元之編序教材合印為一冊，易於保管。但由於

全部教材、測題與標準答案集中於一冊以內，閱讀時所產生之魅力不夠強。

2.卡片式：通常一個細目一張卡片，測驗緊接於細目之說明，標準答案印於原卡片之反面或另一卡片之正面。此種卡片式之編序教材易於散失。但由於全部教材未予集中，而測驗題標準答案間並非十分緊接，對學習者產生之魅力較強。

3.應用教學機式：將印好之編序教材放置教學機中，學生利用教學機閱讀，必須迅速而細心。因電腦的普及，教學機已被淘汰。

第五節　價值澄清教學法

價值通常係指一種具有階層組織的概念系統，這種系統附著於文化模式與社會規範中，成為評判個人行動的是非、優劣、美醜、好壞的標準，它同時內化於個人的內心中，隱約影響個人對行動方式的取捨。

價值既然是一有組織的概念系統，可以依其層次結構來加以詳述。如依據其對人類行為、情感的影響深淺來劃分，在價值體系的最底層量最少但影響力最強的「普及性價值」。例如：宗教的共同教訓、待人如己、儒家的仁恕、法律上的正義、心理學的自我實現等，幾乎是人類都具有的而且沒有種族、文化上的差異。

再上一層則是「價值」，這種價值常附著於民族文化或社會的次級文化中，在一個愈開放的或專業愈分化的社會中，選替性價值就愈多；就我國的道德教育而言，傳統的方式是以灌輸普及性價值為目標，但就價值澄清法來看，其所用的活動是在教導學生如何分析、整理價值和個別性價值，進而自行建立普及性價值。方法的主要差別是偏重由外塑造，後者則偏重由內啓發。

一、價值

(一)價值定義

　　價值是屬於個人心理運作的結果，是一有組織的概念系統，所以價值是可以被分析、被改變的。再就功能的層面來談，價值具有指導個人行動、維持人格統整的作用，因此個人價值觀的釐清將有助於個人在學習、工作、生活等方面的發展。

　　從哲學、社會學和心理學探究價值，認為價值是一種變動的信念，是個人或社會對於某一特殊行為模式或存在的最終狀況所喜愛的程度；就操作定義觀點而言，價值代表著人對於某特定事物的重視或欲求的程度，因此由個人對各種事物的不同喜好程度，可以推論他對這些事物的不同價值觀；另一方面價值會顯示於個人所偏好的行為模式，因此由對於個人價值觀的瞭解，可以預測此人未來的行為。

　　價值澄清法是以事先設計的活動來教導學生審慎思考的技巧，並藉著學習的過程引導學生對自己的信念、情感、行為，作自我分析、自我反省。經由價值澄清法，學生可以釐清自己的價值觀、確立自己的形象，並學到價值形成的過程，進而能在這充滿價值衝突、價值混淆的社會中把持自我，充分發展自我。

(二)價值種類

　　1.工具性價值：如責任感、寬恕、誠實、自我節制等，都屬於一種行為模式；工具性價值的影響是直接的，我們每天所作的決定常受自己所獨有的工具性價值所左右。

　　2.目的性價值：如自由、國家安全、平等、世界和平、內心和諧等，屬於一種存在的最終狀態；目的性價值則代表我們所期望、所追求的長期目標。

　　在價值澄清法中，學生可以獲得許多工具性價值。諸如，勇於表達自己的信念、運輯的思考、接納他人意見、善於自我反省等；目的性價值在學生學得價值形成後，自然會以此法獲得最適於自己的人生目標，而不需要教師來代替他作決定。

二、價值形成

　　價值形成的過程，是價值澄清法理論的核心，它讓教師設計、選擇活動的主要依據，是教師希望學生能親自經歷，並從終獲澄清、啓發。價值形成過程可分為三階段，七種規範。任何態度、信念要眞正形成個人的價值觀時，必須符合下列規範（康自立，民78）：

㈠選擇（choosing）

　　1.自由選擇：個人的價值觀念，必須經過自由選擇的過程，才能生根；填鴨式、強迫式的灌輸，僅止於表面行爲而已。

　　2.從各種不同的選項中作選擇：個人若無選擇的途徑，選擇行爲不會發生，眞正的價值就無從發展。因此，必須自兩種或以上的事物中任選其一，才有意義性。

　　3.就每一選項的後果作過明智的考慮後進行選擇：個人在感情衝動下，或是未經思考前，貿然的選擇，不能導致眞正的價值。惟有個人對各種不同途徑的後果，加以深思熟慮，有效衡量、比較後，才能有明智的選擇，落實成眞正的價值體系，成爲學習、工作、生活上的指南。

　　選擇階段的擴充與精密化，步驟：

- 澄清一個根本的衝突或問題的範圍。
- 以相互排斥的行動或選項來說明這一衝突或問題。
- 界定各個選項中的關鍵語詞。
- 依教學經驗，對於各個選項的語詞加以引申或舉例說明。

- 說明各個選項彼此間的差異，及其與問題的關係。
- 選擇其中一項。
- 說明作這一選擇所依據的假設或理由。
- 說明作這選擇後所會造成的結果。
- 對於作選擇時所依據的假設或理由加以批判。

㈡珍視（prizing）又稱讚許與珍惜

4.重視、珍惜所做的選擇：經明智選擇後認為有價值的事物，都會加以珍惜、尊敬、愛護，為此感到驕傲、快樂。成為價值體系的部分，做為生活上的準繩。

5.願意公開肯定自己的選擇：能以它為榮，以它為樂，樂意對外公開。

㈢行動（acting）

6.依據自我的選擇採取行動：價值能左右行動，個人認為有價值的事物，將會努力去實踐、完成，百折不撓，鍥而不捨，不僅坐而言，更能起而行。

7.重複實行，進而成為一種生活型態：價值具有持久性、恆常性，個人的某種觀念、態度、興趣，達到價值階段，成為價值體系，必然一而再，再而三的表現，出現於不同的時空中。

三、價值澄清法功能

價值澄清法強調教導學生一系列的價值形成的過程，而非教導學生一套現成的價值觀，並引用審慎思考的技巧於教學活動中。價值澄清法是用來協助學生反省他們自己的生活、目標、情感、慾望和過去經驗，以便發現自己的價值觀的歷程。

價值澄清法除了澄清個人的價值觀、解決價值衝突與價值混淆

外，尚有下列功能：

1.溝通：它能增進學生表達自己的想法、信念、價值觀、觀感等能力。

2.設身處地：它能增進學生設身處地瞭解他人的能力。

3.問題解決：它能增進學生以創造性、建設性方法來解決日常問題能力。

4.獨立與審慎思考：它能增強學生在社會中採懷疑態度與批判的反應，勇於表達贊同與反對。

5.有效作成決定：它能增進學生分析、衡量各種結果再作決定的能力，以免事前的衝突及事後的懊悔。

6.個人內在信念的一致：它能增進學生認清並掌握各種不同信念與價值能力，並增進思想的變通性、開放性。

就上述的功能來看，價值澄清法與學校訓導工作頗為一致，如設身處地的瞭解、個人內在信念的一致、良好的人際關係等，更是與輔導有所重疊。因此，如由學校輔導人員率先使用價值澄清法於教育情境中，相得益彰。

四、價值澄清法角色

㈠價值澄清法角色

1.活動設計者：使用者需事先認識團體成員所關心的題材，設計適當的活動，必要時還得準備有關的閱讀材料及將討論的問題。

2.過程催化者：使用者應創造一個溫暖、安全的心理環境，使澄清的過程能順利進行。例如：以接納、尊重、開放的態度鼓勵學生表達自己的想法、情感，提供多種選項供學生選擇；提出挑戰性問題激發學生更深一層的思考等。

3.價值分享者：價值澄清法反對價值的灌輸，但並不反對使用者

以團體成員的身分提出其價值觀與別人分享的事實上,使用者的想法常可做為學作選擇時的重要參考資源。

討論中使用澄清反應,如使用者能在學生面前檢討、修正自己的價值觀,學生也會減少自我防衛,而敢在團體中提出自己真正的想法來加以驗證。

(二)價值澄清內容

人們常在金錢、友誼、愛與性、宗教與道德、休閒娛樂、政治、工作、家庭、法律與權威、個人嗜好、法理情等領域遇到價值困惑。因此,在設計活動時,可就上列的領域選擇適當的題材。在選擇題材時,除了要配合學科的教學,或依照學生的年齡和成熟來選擇主題外,教師也可以和學生交換意見,並透過平日的觀察以決定學生最關心的主題,然後再由教師決定討論的方向。

選擇題材的原則:

1.選擇與個人有關的題材:與個人有切身關係的題材,學生才願意積極參與,對於學生內在自我之發掘才有助益。

2.考慮文化、社經背景因素:初次使用價值澄清的教師常需顧慮文化、社經等背景因素。

3.要顧及學生的認知發展階段:因認知能力上的限制,價值澄清法不適用於國小中年級以下學生。即使到了青少年前期,教師也應盡量選擇家庭、朋友、休閒活動等題材,而在活動設計上以偏重「珍視」階段為主。等到學生的認知發展到足以進行比較抽象的理論時,方可選用宗教、政治、愛與性等題材,而活動設計上也多採用以選擇、行動為主的設計。

五、價值澄清方法

價值澄清法中基本的方法如下:

(一)澄清式問答

澄清式問答是以問答的方式進行，適用於一對一的情境。澄清式問答通常是一簡短、非正式的對話，可用在教室、走廊、操場或任何師生常接觸的地方。只要學生表露了他的態度、興趣、抱負或作了某些活動之後，教師即可與學生作此種問答。

澄清式問答的目的，是要在學生的心中引發一些疑問，溫和地督促他檢查自己的生活、自己的行動和自己的觀念。澄清式問答特性：

1.澄清式問答不是心理治療，不適用於有嚴重情緒困擾的學生。

2.澄清式問答不是單一而短暫的嘗試，而是在一段時間內有計畫的連貫，它的效果是累加的。

3.澄清式問答不是會談，它不是用來蒐集資料，而是要激發學生對自己的觀念、生活再作思考。

4.澄清式問答不是要作連續性的討論：它要讓學生獨自去思考，而不強迫學生調整自己的思路去適應教師。

5.澄清式問答是把責任放在學生身上：讓他去注意自己的行為和觀念，並去思考和決定什麼才是他真正想要的。

6.澄清式問答要避免公式化：使用時要記住它的目的，而創造性的使用它。

7.澄清式問答適用於沒有正確答案的情境：例如涉及情感、態度、信念和個人目標的情境等。

(二)價值作業

價值作業則是以書面提供閱讀材料及問題，可用於團體的場合。價值作業是一種有計畫的教學活動或練習，設計來鼓勵學生表達。

(三)諮商

1.危機性諮商：處理心理困擾的，常會與心理治療相互爲用。

2.發展性諮商：是屬於人文主義所倡導的人類智能運動的一部分，是以幫助學生更瞭解自我、更成熟、獨立及發展更良好的人際關係爲目標。

價值澄清法如依其功能來看，它是偏向於發展性諮商的，也因其具有發展性的性質，使用於下列場合：

1.個別諮商：大部分的價值澄清活動是適用於班級或小團體的，但仍有些可用於個人諮商中，例如：寫自傳、記日記、語句完成、價值問卷等，這都可在個別諮商中進行，並加以討論，或者是當作家庭作業，再於諮商時進行討論。

2.團體諮商：價值澄清法的活動設計非常近似結構式團體諮商，團體諮商常較偏重情感的自我覺察，而價值澄清偏重價值觀的澄清與作決定的技巧。因此，在實施團體諮商時，如需採價值澄清法的活動設計，更可增加其效果。

3.指導活動時間：價值澄清法的功能與輔導工作近似，可於班級實施活動設計。因於我國的班級學生人數過多，使用時應多用書寫方式及小組討論，方能使每個學生有表達自我的機會，另一方面也可減少團體壓力的不良影響。

4.配合一般學科進行：並非所有的學科都可加上價值澄清活動，但社會科、公民科等都適於使用。

價值澄清法目標在於教導學生形成價值觀的技巧，並教導學生經常地再檢查自己的價值觀及自己作出決定。亦即大量使用認知的自我分析策略，伴隨著一些引發情結覺察的活動，教導學生衡量各個價值選項的重要性，並表達自己的價值觀。

第六節　視聽教學法

就教學設備言，各種視聽設備均爲各級學校所應有。用以書寫、畫圖之粉筆板，用以展示之絨布板、磁鐵板、打洞板、揭示板，均爲各級學校可使用之設備；照相機、攝影機、錄影機、電唱機、錄音機、幻燈機、放映機、收音機、電視機、光碟機、電腦等更爲各級學校使用視聽教材不可缺少之工具。

講演法、問答法、討論法偏於語言的，視聽教學法簡稱爲視聽法，是偏於運用現代科技的。

一、性質

視聽教學法需要運用具體材料的，並重視實際活動、嚮往新奇與趣味的，它認爲人類的心理就是追求新奇與趣味。視聽教學法是重視學習效果的，要讓學生眞正明白，視聽教學法常是必須的，是充分利用學生視覺與聽覺來加強教學效果的方法。

二、視聽教材

視聽教材（audio-visual materials）是實施視聽教學法所需要的印刷物及非印刷物，爲具體的物品，而不是抽象的觀念。

(一)視覺視聽教材

實物、圖表、圖畫、照片、標本、模型、儀器、廣告品、地球儀、幻燈片、幻燈捲片、電影默片、編序教材等。

(二)聽覺視聽教材

唱片、錄音帶、光碟、廣播節目等。與視聽兩覺均有關連的教材
有有聲電影、電視節目、影帶等。

三、視聽設備

教材含有教育內容的，包括各種觀念、知識、經驗與價值；設備
多係幫助觀念、知識、經驗與價值呈現的具體物品，分類：

(一)機械類

機械類設備有專門呈現聲音的，或畫面的，有同時呈現聲音與畫
面的，多係電化製品。包括電視機、收音機、電影放映機、幻燈放映
機、錄音機、電唱機、放映機、電影攝影機、錄放影機、教學機、通
照像機、電腦等。

(二)非機械類

非機械類設備通常只協助呈現文字、符號、畫面或實物。如粉筆
板、揭示板、絨布板、磁鐵板、打洞板等。

四、視聽方法

視聽教學法不僅要求硬體設備與軟體教材，更要求強化視聽方
法。有些方法是有賴於特殊設備與教材的，有些方法是不需要任何特
殊設備與教材的。

1.放映：學生較感興趣的方法，由於光線與畫面的配合，使學生
留下深刻的印象，包括幻燈放映、電腦放映、電影放映、透明放映、
實物放映、顯微放映等。過去此法完全訴諸視覺，現時常配以錄音。

2.播送：或稱播放，包括廣播節目、唱片、錄音、錄影、及電視節目等之播送或播放。過去此法完全訴諸聽覺，現在有時同時訴諸視聽兩覺。

3.展示：係指教師將各種提供觀看之物體或材料展示於學生前，可利用揭示板、絨布板等，也可由教師直接展示物品或材料。

4.展覽：係指由教師或師生合作蒐集若干資料，彙集陳列於教室或其他地點，以供學生詳細觀看研究。

5.演示：通常指由教師以動作、圖片、幻燈、電影等表達某種動作，表現某種活動，以協助學生的瞭解。或供學生模擬，如烹調、數值控制機械模擬，童軍課中之結繩演示，體育課游泳姿勢演示等。

6.表演：又稱演劇，範圍甚廣，包括讓學生表演各種簡單動作，練習對話，從事各種不需特別準備之角色扮演，以及讓學生從事需要劇本、道具、及長時間準備之演劇。

7.訪問：係指學生在教師率領或同意之下訪問有關機構或人員，以明瞭各種意見或實際情況。主要目的在增加學生聽取的機會。

8.參觀：係指學生在教師率領或同意之下參觀有關地區、場所，或機構，以明瞭參觀處所的各種實際情況。

9.旅行：係指學生在教師率領下從事旅行，目的不在調劑身心，而且在增廣見聞，或專爲明瞭某種實際情況，宜作周詳準備。

8

技能領域教學法

- 講述教學法：原則、特色、類型、要
  領
- 示範教學法：限制、優點
- 作業教學法：定義、特點、流程
- 能力本位教學法：教學三要素、興
  起、實施、特點
- 協同教學法：型態、特點、方法、實
  施、優缺點、策略
- 設計教學法：分類、步驟、特點、要
  點
- 練習教學法：功用、步驟、原則

第一節　講述教學法

講述法（didactic instruction）或稱講演法（lecture），為傳統的教學方法，從古至今的教學活動，教者就習於採用講演或告訴為主的教學方法。講述教學可以書面或口頭方式進行。在古代印刷術未發展前，教學幾乎全靠聽講及少數的閱讀，以致養成接受和被動學習的習慣。

印刷品的充裕，這兩種形式的教學在某些方面互有關連。學生所要口述的內容有些可以書面、動畫等方式呈現。例如，以教科書或各種教材供學生自我閱讀，另外一部分內容則可由教師在課室內以口頭方式來說明，更可於課餘自我利用電腦進行網路或遠距教學活動。

講述教學可以說是教師最常採取的方式，為各級學校普遍應用之方法，因人類溝通觀念最簡便之方法為講述。講述教學也是最古老的教學方法，除了單純口頭講述之外，亦配合視聽教助，如圖表、黑板等，以求更好的教學效果，或配合示範教學的講述等。

一、講述教學法原則

好的講述教學必須能因應學生的需要，因應課程、班級、及教學目標的不同隨時進行修正。講述教學的品質依賴教師不斷的使用有效技巧而提升。講述教學法應用原則：

1.講述教學依據教學目標而實施。
2.教師是主要的講述與溝通者。
3.學生是知識轉移的接受者。
4.講述必須有教學內容。

5.口頭是最主要的講述方法。

6.教學內容必須合理而有組織。

7.教學的進行依賴講題的內涵、教師的才能、學生對該講題所具備的背景和興趣。

二、講述教學法特色

(一)功用

講述教學深受教師所歡迎，主要是其進行過程簡單、方便。多數教師只要依教科書講解說明即可。講述教學法的功用，歸納為下列五項（林寶山，民77）：

1.引起學生的興趣：在開始教學時，教師可以簡短的講述切合課題的故事、典故、新聞、事件，以使學生產生學習的心向，而使學習效率提高。例如：講述金屬熱處理時，教師可以先將中鋼的特殊經營方式，用生動的言詞敘述，就會引起學生的注意力和學習動機。

2.指導學習的方向，解釋難題：教育的內容和實際的生活、工作、職業相關，所以往往是廣泛而富於變化的。教師的講述就必須配合學習的流程，使學生作有秩序的學習。

3.介紹單元內容，對教材說明：在教師還未講解之前，教材往往對學生是陌生而枯燥的。一旦經過教師以生動的語態，諄諄誘導，學生就會有興趣而易於接受了。由於科技的進步，新的知識一時無法容納於教材之中，透過教師的講述，可以補充最新的科技知識，使學生所學能切合時代的需要。

4.配合技能動作教學示範：操作示範除了動作之外，教師還須以最簡單的語句來敘述進行的動作，並且使學生都能夠瞭解每一個操作前後的連貫性。

5.配合其他教學方法，提供補充教材：講述教學法需要教師講述

的有效配合，例如視聽教學、討論教學、角色扮演等。

6.適用大班級，節省教學時間。

㈡缺　失

雖然講述法有上述之用途，也爲多數教師所採行，但卻也有其缺點。在中小學校，講述法極易養成學生被動的學習態度和死記知識的習慣，因此，講述法不容易促成學生積極主動的學習。講述法可能的缺失：

1.講述無法提供給學生進行探索、操作機會。

2.學生沒有參與感，不易引起學習興趣。

3.講述常使學習不夠深入，只是接受知識而已。

4.講述不易激發學生的好奇心和興趣。

5.冗長的講述，不易吸引學生的注意力。

6.講述的內容不易爲學生所保留。

學生的學習如果偏重於讀、看、聽，而缺少說話及實作的機會，所能保留住的學習經驗不多。由於講述法容易形成學生靜默式的聽、看習慣。因此，學習的成效往往不甚理想，然而教學（teaching）並不等於教師的講演（lecturing）或告訴（telling）而已。

真正的學習，得自於學習者本身心智的活動。學生的學習可以從教師的活動中獲得協助、指引及激發。但是沒有任何一位教師能夠代替學生的學習。當教師所表現的活動造成學生被動時，學生將不再是學習者，或許是「記誦者」而已。傳統的講述法常造成此種缺失。

三、講述教學類型

講述教學可以區分成兩類型（林寶山，民77）：

(一)正式的講述

正式的講述（formal lecture）有些以演講的型態出現，大部分則採口頭講解及書面資料、教科書的闡述。在正式的講述和演講時，教師常使用板書並利用各種教學輔助器材，包括幻燈機、投影機等，學生則採取傾聽的方式來接受各種資訊。

(二)非正式的講述

非正式的講述（informal lecture）或稱為教師談話，常以教師簡潔的談話方式進行，所用的時間較短，大約在五至二十分鐘即可。談話的氣氛較不拘形式，教師的姿態、表情較為生動、自然。

四、講述要領

成功的講述必須把握講述清晰、有系統、有重點、生動活潑等基本要件。講述教學應把握的要領（林寶山，民77）：

1.講述的時間不宜太長：國民中小學階段的講述以十分鐘左右最合適，不宜超過二十分鐘；高中、高職，約為二十分鐘；對大學生及一般成年人而言，講述時間也以三十分鐘左右較能維持聽眾的注意力和興趣。如果超過一小時，主講者就必須善用其技巧來避免聽眾分心、疲倦或作白日夢。

2.準備充分：教師在每次講述前必須作充分的準備，包括編寫教案、熟練教材、作業及學生之背景能力，才能收到講述的成效。

3.講述清晰：教師的講述在發音、用字遣詞及內容表達方面均應力求清楚、簡明、易懂，速度適中，應使每位學生皆能清楚地聽到。好的講述，先要把要講的主題扼要說明，講述之後還要作摘要歸結，使學生能確實瞭解講述之內容要旨。

4.引起興趣及集中注意力：引起學生的興趣除了要有生動的表現

外，還可利用各種視聽媒體、圖表、模型、實物等來引起學生的興趣。此外，也可利用一些挑戰性問題或複雜、敏感的問題來引起學習興趣。如果能在剛開始講述之時，給學生一點困惑，學生也會很注意的聽講。

5.講述的內容適合學生程度：不宜超出學生目前能力及學習經驗，也不應過分降低水準或簡化，講述題材應以學生略加思考即可學會為原則。

6.講述前應先告訴學生他們所預期要學到的成果：開場白應簡明有力，內容應講述大綱之順序，學生較能抓住重點。

7.應注意演講的動作、神態和身體語言：講述者要有良好儀態，包括大方的態度、整潔的儀容和充沛的精神。

8.避免照本宣科或一再重複講述內容；要有扼要之總結，使學生能有一完整的概念，瞭解講述的中心要旨。

9.講述後宜有發問和討論機會，以解答學生之困惑，增進學生之瞭解。

以上各項是教師在採取講述教學時要注意的一些要領。教師在講述教學前若能有充分準備，在講述時切實把握各項要領，講述教學之效果才能發揮。

第二節　示範教學法

示範是一種視覺重於聽覺的教學方法。教師以實際執行一套程序或一連串的動作，使學生瞭解教學上的現象或原理。它通常包含有行動、程序、技巧和知識，並且以各種設備和教助作適當的配合。特殊的程序，包括技能操作及科學原理，由逐步的示範提出，要比其他教學方法適當。事實上，假如沒有熟練的示範技巧，要教導技術或知識

觀念會是一件不容易的事。

一、示範教學法限制

運用示範教學方法，教師可以在教學過程中具體解釋一項操作或實驗的各項步驟，學生也可以運用兩種以上的感官從事學習活動。一般而言，示範在科學原理、工具設備的運作、技能動作演示、以及用手操作等技術方面的教學可以有效地使用。不過在使用示範教學方法時必須注意以下限制，才能確保教學的成效：

1.要有充分的計畫、執行、評估作業。

2.教師必須具備多樣的技術。

3.比其他的教學方法需要更多的設備。

4.容易使學生眼花撩亂，而達不到既定的目標。

5.如果沒有示範正確的動作，可能給學生帶來危險。

6.可能需要學校所沒有的設備。

二、示範教學法優點

能夠克服上述示範教學法的各項限制，則不難使這種最常被引用在技能教育的教學方法充分發揮下列優點：

1.提供學生最直接、第一手的觀察學習。

2.提供多元化的學習經驗，包括告知、聆聽、列舉、討論、詢問、澄清、舉例及操作等。

3.由於具有多項溝通的功能，能夠適合於能力差異較大的學生群體。

4.學生可參與教學活動，對教學的過程能增加印象。

第三節 作業教學法

作業教學法（project method）的精神，主要在於學生根據既定之教學目的，自行計畫、自行實施以求達成目標。作業教學方法最大的好處是學生從頭到尾掌握自己的學習活動，能夠培養獨立自主的習性，同時學生在計畫、執行的過程，所獲得的都是完整而實際的經驗。

一、作業教學法定義

作業教學法是一種普遍的教學方法。作業教學的活動是使學生在有目的、有計畫下，進行手腦並用的學習活動。在這裡的學習活動，學生利用具體的物質材料、工具、及設備，在自己計畫實施之下，以完成某一項作品而達到學習的目的。

作業教學有的形式會增加學習的功能，有的則會減低學習的功能。假如作業教學是以完成作業為學習的終點，而不考慮學生會得到什麼，那麼教學的有效性就會減退。反過來說，適當地使用作業教學可做為教學過程中補強、綜合、簡化的工具。使作業完成為達成目標的方法，而不是目標本身，才可以發揮作業教學的效果。通常作業的性質和該使用的型態與課程、教學方式、教師的想像、才能以及使用這方法的學生有關。作業有個人、小組、班級和全校性的作業，每一種作業都有其功能及學習效果。

二、作業教學法特點

(一)優點

1.除了少數特殊情況之外，可以應用於各個學制、類科、年級、各種課程及不同的設備、儀器。

2.使用特別的教學觀念，如學生全面的參與，教學內容實務化及綜合化等。

3.提供給學生深入而特殊的個別化教學的機會。

4.可運用在個別、小組及群組學生的基礎上。

5.由於作業的設計和發展允許學生做自己認為有用的東西，因此可提高學生學習的動機。

6.可以在學習過程中，廣泛的使用多重感官的程序。

7.提供學生學習成就感的機會。

8.提供學生創造性和解決問題活動的良好機會。

9.提供評估學生行為以及教學有效性的機會。

10.提供教學回饋的工具。

(二)缺失

雖然作業教學法擁有上述多項優點，可是在實施的過程中也容易出現下列各種缺失，所以在運用作業教學法時，應該格外小心方能防患於未然：

1.可能會獨斷教學的內容和方向。

2.使用的方法可能會超越學生的能力或課程本身的範圍。

3.可能花費太多的時間和精力，因此影響其他方面的學習。

4.對部分學生來說，可能不會具有挑戰性。

5.對部分學生而言，可能不是適當的學習方向。

6.教師指定的作業，可能難以引起學生學習的動機。

　　7.假如教師指定同樣的作業，而不能允許學生作相當程度的發揮，可能剝奪他們創造和得到個人成就感的機會。

三、作業教學法流程

　　作業教學法雖然講究學生獨立計畫與執行，教師的參與不可忽略。在作業教學法實施的過程裡，教師正如同花園裡的園丁，必須隨時製造最良好的環境，以備花木能自由生長。作業教學法的進行流程如下圖。

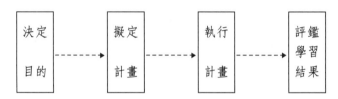

圖8-1　作業教學法歷程圖

資料來源：陳昭雄（民74），工業職業技術教育，頁115。

第四節　能力本位教學法

　　能力本位教育係將學生所需獲得的能力及所需達到的標準清楚地敘述，然後將學習者安排於可表現這種特定能力的學習環境中，經過學習後，教師根據預定的能力標準和學生的實際行為表現比較、分析、評量，然後再根據分析與評量的結果做為學生學習「處方」的根據，並發展另一個學習活動。

　　能力本位教學強調預先安排活動的實現，此外更強調學生實踐效

標規範的建立，同時強調學生預先安排活動精通的水準；能力本位教育係建立在對某一特定的領域或行業的基本能力和規格或定義之上，必須預先設計學生學習的預期目標，這個目標必須清楚地表達要求學生在學習後所達到的「能力」水準。而這個目標或能力水準通常是從職業上成功的從業者分析而得。

能力本位的教學課程，事先經過企業界及學術界的不同階級的人才所共同研究，設計出一套明確的教學目標，使學生能依此目標學習課程，而達到某些具體能力及某些水準的教學模式。

所謂「天生我才必有用」，每個人都有不同潛能及智慧，而教育是使學生在學習的歷程中，充分開發個人的潛能，故教師必須依照個人的性向及興趣來引導學生，使他們能達到預定的目標與能力，故能力本位教學並不侷限於一般的職業訓練，其運用在特殊教育方面十分有用。

一、能力本位教學三要素

能力本位教學就是一種將教學目標明確化，並用之以為教學及評鑑標準的教學方式，仔細分析，其要素如下：

(一)明明白白的教學目標

在教學開始之前，教師明白地瞭解到底要教些什麼東西，而學生也明明白白地瞭解被期待學到些什麼。

(二)確確實實的學習

在教學的過程中，完全是以學生的學習活動為主，同時，學生的個別差異也受到應有的重視，並隨時施以評鑑，以保證確實獲得應有的技能。

(三)實實在在的評鑑

在教學過程之中，有適當的時機裡隨時應用效標式的評鑑方式來評鑑學習以瞭解學生的學習成果，有許多情意領域（affective domain）學習目標無法行為目標化。因此有許多的教育學者、專家預言能力本位教學將會慢慢地從職業教育界中消失。

二、能力本位教學興起

(一)國外緣由

能力本位教學重視的是學生的學習效果，以學習目標來導引整個學習過程。能力本位教學源於美國師範教育，其發展原因（陳昭雄，民74；楊朝祥，民73）：

1.一般社會改革呼籲，期能透過教育，緩和種族對立、倫理問題，及社會、經濟需求。

2.美國聯邦政府受蘇俄史潑尼克（Sputnik）人造衛星搶先登陸月球的刺激，於一九五八年通過「國防教育法案」，對教育投下大量研究經費。

3.國民對教育適切（relevancy）與績效（accountability）要求，責成教育要能迎合實際生活的需要，並要求教育要有具體的成果，促使教育界的改革。

4.科技的發展，使多元媒介教學（multi-media instruction）成為可能。美國國會於一九六五年通過增進高等教育設備法案與改進中小學教學設備法案，提供大量經費，改進課程教材、教學設備，並訓練教師使用新增加設備，使個別化教學成為可能。

5.學生要求提供學習的變通途徑（alternative route），以便增進教學能力。

6.歷年的研究結果已累積成一套知識，歸結出許多教學行為，亟待發展與培育。

7.管理科學的融入教育體系，系統策略（system approach）成為教學營運的方法之一。

在上述的社會需求背景之下所發展出來的能力本位教學具備以下兩大特點：

- 重視教學績效：教學活動需重視績效，以提升競爭優勢及教育品質。

- 重視學生個別差異：如果學生已專精某項能力，即可進行下一組能力的學習，不用和其他學生同進同退，接受統一規定的學習，浪費時間於重複學習該項能力。

(二)國內緣由

能力本位教育於一九六七年起源於美國，這是一種對傳統教育方式的改革，而其所以有國內推展最主要是由於（楊朝祥，民73）：

1.績效要求運動：每年投資教育上的經費變成一筆龐大的數目，因此，國民及政府均想要瞭解到底投資在教育上的經費是否被有效地利用，而績效要求運動因此擴展開來。

2.改革教學重量不重質的呼聲：教育的主要目的是讓學生能學得某些能力，如果學生沒有達到預定的能力水準則可以說教學根本就沒有完成。近年來大家對這個觀念已經慢慢地瞭解，因而提出了改革教學重量不重質的呼聲。

3.教學方式的改變：近年來教學的方式慢慢地轉變成以學生的活動為中心，以學習為主，如對個別化教學的重視，教學媒體的使用，行為科學的發展都與能力本位教育的崛起有密切的關係。

4.對學生個人發展的注重：為了配合個人的發展，則必須使每一個學生從學校畢業之後，想升學的可以升學，想就業的也可以順利就業，這也就是說學生離開學校時，必須已具備某種程度的能力水準，

使他們能順利地進入另一個生涯階段。

5.系統科學發展的結果：二十世紀初期泰勒（Taylor）創始科學管理以來，進步快速，二次大戰之後，系統管理的理論與方法被廣泛地運用於工商企業界，使工商企業界的效率大大地提高。有鑑於此，當傳統教育方式被指責為無效率、低效率時、教育界人士因此希望借重系統科學的方法來增加系統的效率。

三、能力本位教學實施

能力本位教學是一種系統的教學方式，首先分析教學內容，以確定教學目標，之後，再以這些教學目標做為教學評鑑的標準。如應用於職業教育之中，能力本位教學至少應包含以下幾個步驟（楊朝祥，民73）：

㈠蒐集、分析就業市場資料

成立一個能力本位職業課程的第一個步驟就是蒐集並分析就業市場的資料，以便瞭解所欲訓練的人才將來有就業市場中是否需要，也就是說學生將來的出路是否良好。如果資料顯示有成立的必要時才開始策劃，否則不僅浪費了大量的經費、時間、和人力，而將來訓練出來的學生無法就業。

㈡進行行業分析

有確定就業市場需要某一種行業技術人力以後，第二個步驟就是進行行業分析。行業分析有各種不同的名稱：Occupation analysis、Job Analysis、Work Analysis、Task Analysis都可互用的。行業分析目的是分析某個行職業，以便瞭解該行職業工作內容及應具備的知識與技能、態度等。

㈢確定教學內容

經過行業分析後，行職業工作內容及應具備的知識與技能、態度等可以確定，但並非教學內容的全部，仍需經過審慎的選擇。

㈣編寫行為目標

教學內容確定後，必須被行為目標化，將教學內容寫成一系列的行為目標，以做為教學及評鑑的標準。行為目標編寫為能力本位教學中的特色，完整的行為目標包含：

1.行動：學習結束後，學生要有何種行為的變化。

2.情境：學生在何種情境下操作第一項所列的行動。

3.評鑑標準：評鑑第一項所列行動的最低接受標準。

㈤蒐集或發展教材

行為目標僅是提供教學與評鑑的標準，不能做為教學的工具，因此要蒐集或發展教材提供教學使用。包含單元教材、視聽教材、傳統教材等。

㈥計畫教學

能力本位教學講求個別化教學，事實上，因為能力本位化教學是一種個別化的教學活動，以學生為中心的教學方式，教師需要完整的教學計畫，以規劃如何教學及學生的學習。

㈦實施教學

不論傳統的教學方式或能力本位教學，教師負擔教學與解決問題，並提供補救教學。

㈧評鑑教學

能力本位教學與傳統教學最大差異在於學生的學習結果與學習時間。能力本位教學的評鑑裡，決定學生能否完成整個學習過程，並發掘課程的優缺點，做為修改行為目標、教學計畫、教材、教學方法的依據。

㈨修正、更新課程

經過學生評鑑、課程評鑑後，以修正缺點。同時配合科技變化快速，行職業知識與技能新穎，課程與教學內容，須時時修正、更新。

四、能力本位教學特點

從能力本位教學的模式不難發現其具有具體教學目標、具體考核目標、個別化學習及系統教學設計等特色，如果更進一步探索能力本位教學的精義所在，則可以歸納為下列四大要項：

1.重視學生的學習成果，而不是學習所用的時間。

2.對每位學生而言，評量標準皆為相同，因而學生通過考試，就如通過工廠的品質檢驗一樣，素質齊一。

3.能力內容和目標均隨著環境的變化而改變。因此，學習內容可跟上時代潮流。

4.提供多種的學習途徑，學生可以選擇適合自我的學習方式。

能力本位教學係培養學生達到預定能力的一種教學系統，此系統其目的為達成一組預先設計標準；其設計及管理係根據系統方略而發展；其教學過程則充分重視學生個別差異之存在與適應，評量則視效標與目標的達成，而非與群體做比較。

能力本位教育是以培養一種職業上成功的能力為導向之教導及訓練，學生的學習結果也有確切的標準評估，故能培養真正有能力、能

工作的人才。

能力本位的標準是根據成功之從業人員所歸納訂定,因此其能力標準是確實可行;在大家都經過能力標準鑑定之情況下,則工作的品質將獲得保障;能力本位教學充分重視學生個別差異之存在適應,因此個人的學習時間上可快可慢,具有彈性,只要其評量之效標與目標一一達成即可,如此不僅尊重個別差異,也同時可顧及個人時間安排,更可推廣至終身學習。

第五節　協同教學法

協同教學法(team teaching)是一種團隊合作的教學方法,目的在發揮學校裡每位教師與成員的專長,提供給予學生最好的學習輔導。應該注意的是所謂的成員並不是專指老師而已,尚包括了校內行政職員等。透過細密的計畫,發揮每個人的特長,在一個科目,甚至於兩個科目以上的教學領域取得協調。

協同教學法是一九六○年代的教學方法,是將有關班級的教師組織起來,分別發揮其所長,以共同教導有關班級的學生。基本理論在於謀求教師間個別差異之適應。

協同教學之興起在於打破一般小學包班制,即由一位教師任教一個班級所有學科或多種學科之弊端。因於教師之興趣與能力差異大,強使一位教師任教一個班級中之所有學科或多種學科,不僅教者感覺苦惱,學習者也不易獲得確切而完美之教學。因此,協同教學法乃應運而生,以謀求改善之道。基本原則是各教師必須任教其所擅長之學科,或從其事其所擅長之工作。

傳統的教育為因應工業生產中採個別技術人員的工作模式,泰半採用高度個別化的教學方式,這種教學方式主要著眼於學生在修習某

一課程後，能學得某種既定的技能。協同教學即是相關教育從業人員，包括：資深教師、普通教師、實習教師、視聽及其他行政人員等組織教學團，共同擬定計畫，採分工合作方式進行教學活動。

協同教學是以教學團方式，由教學團的全體人員共同擬定教學計畫，然後採取分工合作的方式進行教學活動，再共同評鑑教學效果，以謀繼續協同的參考與改進。主要目的在於發揮教師所長，充分利用教學設備，藉以提高教學效果。

一、協同教學型態

協同教學團的成員，包括資深教師、普通教師、實習教師、視聽教育人員、圖書館人員等，由資深而優秀的教師主導教學團的工作，領導團員進行各項活動；視聽教育人員和圖書館人員則配合教學活動的需要，提供技術與資料的協助；助理人員協助教師指導學習，批改作業，評鑑教學成績等。

為破除傳統之班級封閉型態，使教學更能有效進行起見，可輪流採取三種教學型態：

(一)大班講演

講演者須精通某一學科，且須富表達能力。凡大班講演時，可將數班學生集合於一個較大場所，由一位教師負責講演。

(二)小組討論

大班講演後須繼續小組討論，研討所聽內容。學生分組應視有多少位指導教師而定。凡擔任小組討論指導者，自須對學生所討論之教材有相當瞭解。

(三)個別研究

小組討論完畢以後仍須以個別研究或個別學習，以探究小組討論時所未能解決之問題及增進對於原有教材之瞭解，或為下一次聽講及討論作準備。學生從事個別研究或個別學習時亦須有關教師予以指導及協助。

(四)教學團

為謀求協同教學制度得以順利實施，各有關教師須確實組織教學團（teaching team）， 以從事各種計畫。教學團包括實習教師、圖書人員、視聽教育人員、業界人士、社區人士、家長等。

廣義而言，凡由兩名以上教師分別發揮其所長，同時教導同一班級學生，均可稱為協同教學法。現在是一個講求專精而又講求合作的時代，當此時代，需要每人分別發揮其所長，以共同完成其使命。

二、協同教學特點

(一)適應師生差異

自古以來的教育即重視學生的因材施教，其實不只學生有個別差異，即使是老師間亦有學養、人格、興趣、專長及教學風格等各項差異。因此為求充分適應此一特質，協同教學採用互助合作教學方式，以大班教學、分組討論及獨立學習等方式進行教學，以求充分適應「教」、「學」的精神。

(二)符合學習原理

協同教學採用大班教學、分組討論和獨立學習三種方式依序來進行，先進行大班教學，使學生學習概念，再進行分組討論和獨立學

習，以便學生作廣泛而深入的探討，符合先統整後分化的學習原則。

(三)變化學習方式

協同教學雖有以上三種教學型態，然而在學生的學習方式上卻因學習目的不同而須靈活運用，有時用眼去看、用耳去聽、用腦去思考，亦不時須動手計算或與同儕討論，如此可讓學生在高變化的學習方式中完成學習。

(四)改進教學型態

傳統的教學型態，從教師的教學方式、班級的編組、班級活動場所及上下課時間均非常固定，有時無法完全符合教學上的需要。而協同教學法，為了配合其較特殊、活潑的教學方式，上述的教學歷程皆作彈性運用，一切以能配合教學活動為最高安排原則。

(五)充分利用教學設備

傳統教學型態受限於時間、空間以及老師個人能力，往往造成校內教學設備、資源無法充分利用，而協同教學法由不同專長、能力的師資組成教學團，每位老師可針對本身熟稔的部分運用教學資源，使學校相關的教學設備得到充分利用。

(六)發揮團隊精神

參加協同教學法教學團的老師，從教學計畫的擬定、教學活動設計、教學評鑑實施，全程皆是以團隊合作的方式進行教學活動，能有效、全面的促進教育目的的實現。

(七)學生獲得較多的指導

教學團的設計，使學生在學習過程中接受不止一位老師的指導，在學習效果上較接受單位老師的指導來得好，並可有效增進師生之間

關係。

(八)兼顧學生個性與群性的發展

傳統的班級教學因拘泥於教學型式，往往較偏重學生個人的獨立學習，忽略了學生群性陶冶，而協同式教學法因有較活潑、彈性的教學方式安排，較有益於學生進行社會化方式的學習。

三、協同教學方法

(一)教的方面

1.教階制度：教學採教階體制組成，由一位富有經驗及領導才能的資深教師領導一般教師、實習教師、以及助理人員等共同進行教學計畫及進行。

2.連絡（合作）教學：由二位以上的教師組成教學團，針對同一科目大家合擬教學計畫，各盡所長，共同教學。

3.互助小組：亦即交換教學由二位或三位以上的教師，各就專長科目，彼此交換教學，而不拘泥於形式上的分科或分組。可適用於同一科目或不同科目。

(二)學的方面

1.大班教學：擴大班級編制，學生人數可達一百至三百人以上，適合於提示單元工作，引起學習動機及表演示範等教學工作。一般而言，大班教學的時間約占全部授課時間的40%，可有效經濟時間、人力和設備。

2.小組討論：採小班級編制，組成的份子可隨時變動，人數以不超過十五人為限，時間則以不超過全部授課時間的20%為原則，旨在給予學生思考、討論、探討、及發表意見的概念。

3.獨立學習：為適應學生的個別差異，應留約40%的時間給予學生從事個別學習的機會。學生在這段時間內可自我從事不同深度、廣度的學習，從事自我觀察、實驗、製作或書寫報告等工作，旨在培養學生自我學習及獨立創造的精神。

四、協同教學實施

在教學領域中，協同教學是不錯的教學實驗，基本理論有二個：第一個理論是學生有個別差異，因此在教學方式上有需要改變；第二個理論是學生的學習是需要作大班級、普通班級的、小組的和個別的活動，並不宜限於固定不變的學習方式。

各個行職業成功與否，端看該行業的成員是否能協同合作，貢獻個人的專長和智慧。例如，一般工業的生產程序包括有生開發設計、生產計畫、產品分析、生產工程、製造模型、製造和裝配等步驟，有關的設計人員、管理人員、工程人員和作業人員等都要群策群力，緊密配合才可以製造出物美價廉的產品。協同教學實施步驟（楊朝祥，民73）：

㈠訂定教學目標

由於教師及學生皆有個別差異，所以教學目標應由所有協同教師協同合作訂立，其所定之教學目標應具體可行，並據此於教學活動中及結束時評鑑及改善用。

㈡成立教學團

由專長不同的教師合作成立教學團，以作大班級、小組及個別學習活動教學所需。其成立方式一般有：楔形餅式（cheese wadges）、拼盤式（pietin）及金字塔式（pyramid）三種形式。

㈢瞭解學生個別差異

協同教學的學習活動是多變化的，是依教學目標和學生需要而予以設計的，設計時必須瞭解學生的個別差異，以確實符合學生需要。

㈣研討學習教材

協同教學的教材不能只侷限於教科書，凡是與學習活動有關的教學資源都應提供用作材料，例如課內外讀物、圖片、錄影帶、電腦輔助軟體等，所有參與教學的教師與專業人員，皆應對所有教材作深入研討，以決定各項不同教材所應使用的不同教學場合。

㈤決定教學空間

協同教學的空間決定，必須能滿足教學目標與不同學生分組需求為原則，蓋因教學組織可能不斷變動。一般而言，協同教學的教學空間必須極具彈性，一般須滿足以下幾點原則：

1.空間可擴大——空間能隨意擴張。

2.空間可改變——空間能在經濟的原則下可作改變。

3.空間多方用途——空間可同時做各種用途。

4.空間可變形——空間能立即隨意改變其形狀。

㈥準備教學設備

為達特殊的教學效果，協同教學必須於教學過程中，在最適當時間下使用各項視聽教材和教學設備。諸如錄放影機、錄音機、影片、投影片、模型及圖表等皆應準備妥當。

㈦教學評鑑

協同教學的評鑑工作應由教學團共同進行，一般的評鑑內容有：

1.學生學習效果是否達到教學目標？

2.教學過程中教學成員是否能共同計畫，彼此討論、並彼此交換教學心得？

3.學生分組及教學空間的運用是否有彈性並能符合教學需要？

4.各項輔助教材是否有充分運用？

五、協同教學法優缺點

協同教學是兩位或兩位以上的教師，共同合作計畫，並根據個人的專長，將學生分成一組或更多的小組，安排最適當的教學環境，從事教學活動。協同教學法特點：

1.共同計畫、共同教學並共同評量學生的學習成果。

2.根據特定的目的將學生分組。可作大組教學、小組討論或個別研究。

3.實施有彈性的課程時間。

4.運用助理教師。

5.結合教師的個別專長。

6.根據教學的內容和目標，決定教學的空間和環境。

(一)優點

協同教學的觀念可發揮教師個人專長，促進教學品質的改善，培養學生協同合作的認識。具體言之，協同教學的優點如下：

1.協同教學的教師均由許多學有專長及技術熟練的人員擔任，不但使學生的學習有成效，而且教師間可以彼此觀摩改進。

2.新進教師或實習教師可在資深教師領導下，得到寶貴經驗。

3.協同教學允許非專業人員及部分時間的專業人員參加。這些人員來自社會的各階層，人脈豐富，且富有教育的熱誠。

4.教學團能充分且有效地運用視聽及機械教具。

5.在教學中，每一位教師在任何一個時間內都負有責任，所以可

分工合作，改進教學。

6.教學的分組按照學生的學業成績與人格測驗結果而安排。小組進行討論時，學生完全依賴自己，教師則處於輔導的地位。因此，無論班級形式大小，學生行為問題很少發生。

7.由於提供彈性教學計畫，可以使學生依照自己的能力作各種不同程度的學習。教師則對學習特別快或慢的學生給予特別的輔導。

8.學生可以提高學習的興趣。除了教材外，學生在領導、自信心、與人際關係上的經驗也可以獲得。

9.由於教師只站在輔導的立揚，學生會在尋求教師協助之前，努力自求解決。學生解決問題的經驗可以獲得。

10.教學團的設計與運用，可增加學生的學習成效，並有助於教師間的觀摩和學習。

11.教學資源的來源更充實並能獲得充分利用。

12.教學的分組是依據學生人格、能力以及教學目標而設計。大班教學有助於學生技能知識的獲得，小班教學則有助於學生彼此間的討論以及創造思考能力的激發。

13.彈性的教學計畫，可適應學生不同能力的需求。

14.學生除了在學習上獲得較完整的來源外，另在領導、自信心與人際關係上的經驗也獲得較大助益。

(二)限制

1.教學團成員的組成不易。

2.傳統的學校建築，空間的限制將較難滿足協同教學彈性特色的需求。

3.學校定型的行政組織、固定的教學方式、時間配置將影響協同教學的進行。

4.傳統的課程設計，一般皆無考量協同教學的實施，使得協同教學的實施面臨瓶頸。

六、協同教學策略

　　將協同教學的優點發揮得淋漓盡致，可從以下各方向齊頭並進
（陳昭雄，民74）：

　　1.有效的組織教學團：包括專業教師及助理人員。專業教師按照
各人的興趣、能力和專長排定教學工作。助理人員如圖書館人員、實
習實驗室人員、視聽教育人員、書記等，則運用校外資源人士和校內
助理人員，從事配合的工作。

　　2.按照學生的能力編班分組：在學生人數的彈性調整下，大班級
教學、一般班級教學、小組討論及個別研究皆順利進行。

　　3.學生學習的責任增加：去除被動和依賴教師的心理，而培養出
自我學習的能力和獨立創造的精神。

　　4.教學的空間富有彈性：適用大班級教學、一般班級教學、小組
討論及個別研究。

　　5.教學設備充分利用：例如在大班教學時，視聽教育人員熟練地
操作器材，可以提高演示的效果。

　　6.教學計畫詳細而具體，配合教學目標，考慮教學團專長的配合
以及學生的個別差異。

　　7.教師們共同教學，個別指導並行，同時注重社會化、個別化及
群性與個性的陶養。

　　8.教師們合作評鑑，對教學方式、分組方式及教學內容作進一步
的改善。

　　協同教學法的進行，不同於教師個別計畫的其他教學法，必須由
教職員組成的教學團事先詳細計畫，把整個教學活動的歷程及各個成
員的任務協商清楚，然後按照計畫內容逐步實施。最後再由教學團共
同評量教學成果，針對學生的學習成效、教師才能是否發揮、教具是
否充分運用等多方面加以考核，以便尋求改進途徑。

　　教學本身就是一種集合社會上各行業知識的綜合體，要求教師都能精通每一部門，幾乎是不可能的事情。因此，實施協同教學法，借重每一位教師的專才，彌補其他較弱的部分，促進教學水準，提供學生更完整的社會資訊。除此之外，課程、學科間都有密切關連，如果能夠採用協同教學法，則可以收到科際協調、類科整合的效果。

第六節　設計教學法

　　設計教學是指由學生自己決定學習工作，自己擬訂工作計畫，運用具體的材料，並且從實際活動中完成其作業。所以設計教學法包含具體的活動和思考的活動二者，以發揮學生要手腦並用功能。

　　設計教學法的步驟：

　　1.決定目的（purposing）：師生共同決定研究的教材和問題。

　　2.計畫（plannig）：師生共同策劃研究的方法及從事的活動。

　　3.執行（executing）：學生在教師指導協助下，從事各種學習活動，特重學生毅力培養，使能完成計畫。

　　4.批評（judging）：由師生共同檢討學習過程及學習的結果。

一、設計教學分類

㈠依照學習人數分類

　　1.團體的設計：每組學生、全班學生或全校學生分工合作，從事一種設計活動，以達成共同目標。例如：每組學生共同繪製一幅地圖，分組完成一項成品，全班學生共同表演一項遊藝節目，全校學生共同籌備校慶活動。

2.個別的設計：班級中學生各自進行一種設計活動。個別的設計又可分為二種：一為學生各自做著同樣的設計，例如為了慶祝校慶，大家製作慶祝標語；一為各個學生做著不同的設計，例如校慶為設計的題材，世界各國地圖為範圍，各自繪製各國國旗。

(二)依照學科分類

1.單科設計：係以一個學科為範圍，採用設計教學，而不牽涉其他學科者。如美勞課的海報製作。

2.合科設計：為聯合幾種學科，採用設計教學。例如：畢業成品展示，可能聯合電工、機械、製圖等科的設計教學。

3.大單元設計：為打破學科的界限，在一種活動內同時進行各種設計。例如：籌備校慶活動，各種活動的計畫與進行，如出版特刊、舉行園遊會等。

(三)依照工作性質分類

1.建造的設計：主要目的是在做一件具體的工作。例如，車製造炮車，繪製飛機、汽車等。

2.欣賞的設計：在使學生從活動中獲得娛樂和滿足。例如，園遊會的社團表演、化妝遊行等。

3.問題的設計：在解決一個問題，例如，研究日光對於植物的影響，速度對於切銷亮度的影響等。

4.練習的設計：目的在於練習某種技能和習慣，以達到熟練的學習目標。

二、設計教學步驟

㈠決定目的

設計教學是一個有目的活動。學生對於所要做的活動，一定要有明確的目的、強烈的願望；教師應於事前將學生所需要做的事，妥為計畫，並佈置適當的環境，或利用談話，予以暗示，激發學生某種需求。教師對學生的建議與設計，要指導選擇具有價值而且可行者。

㈡擬定計畫

目的決定後，要指導學生擬訂實行的計畫。針對設計活動所用的材料、進行的方法和步驟、工作的分配、時間預算、成本預算等，都要由學生自己去計畫，使他們養成計畫的習慣和能力，教師適機指導，使他們將擬訂好的計畫詳加批評研究。

㈢實行工作

實行工作的時候，學生往往由於興奮，容易忘卻工作的原來目的，所以教師要時時提醒他們，記住設計的目的，能專心致志地向著實現設計目的路上進行。此外，教師要用暗示的方法，指導能力差的學生如何實行，督促分心的學生認真工作，鼓勵學生克服困難，提供學生以必要的協助，但不代替學生工作。

㈣評鑑結果

當一個設計完成時，教師要指導學生對於實行的經過和結果加以評鑑，評鑑的工作，可由學生自己做，教師只須提示評鑑的標準，並指導他們應用此標準。因此，學生可以養成自我批評的能力和習慣。教師在指導學生批評時，要盡量鼓勵學生，和引起學生設計的興趣，

對於學生的不當批評，也要加以糾正。

三、設計教學法特點

設計教學法，可以滿足學生的需要，完成預定的教學目標。設計教學法的特點：

1.設計是有目的之活動：在設計的活動中，學生對於所要做的工作，有明確的目的，強烈的願望，所以學習時富有熱忱，而不必教師強迫他們學習。

2.設計是有計畫的活動：設計要由學生用思想去擬訂計畫。實行時，就依這個計畫逐步推進，因而可以養成他們的計畫能力。

3.可以增長經驗的活動：設計法在教學上不單具有一種實現的計畫就算了，並且要深一層地經過設計。假如，學生要想適應一種環境，開始時要本著自己生活中所有的經驗，環境既經適應後，其經驗和態度，便比以前確實、豐富，適應環境的能力，逐日增加。

4.設計是在實際的情境中進行：採用設計教學，學生的學習，常在實際或類似的情境中進行，而非困守在教室內或書本學習。可以使教育與生活打成一片，學生所學得的知能，更能切合實際。

5.設計是項完整的作業：在設計活動中，學生所進行的是一個完整的工作。做完了一個設計活動後，可獲得完整的經驗。

6.設計是自動的作業：設計作業，全由學生主導，可養成學生們自動自主、互助合作、負責的精神。

四、設計教學要點

實施設計教學法，應注意下列各點：

1.設計活動是手腦並用的：一種運用具體材料的建造活動，也並非一定是設計活動。學生自己擬訂計畫，自己實行的作業，才可以稱

爲設計的作業，倘若學生依照教師的計畫去做，並非設計活動。

2.前後的設計要有連貫性：設計教學的目的，多由學生提出，以致學習的題材缺乏系統，而設計教學本身偏重經驗的完整，忽略知識的系統性，所以教師在指導學生決定學習的目的時，應注意前後設計的連貫性。

3.要重視練習的作業：有些生活上所必須的知識與技能，要經常不斷地練習，學生才能靈活應用，但設計教學缺乏練習的機會，所以在設計活動中，發現有練習的必要時，教師應善於利用機會，鼓勵學生練習。

4.應用設計教學法要顧及客觀條件的限制：如要有多種的教材，充分的設備，教師要有廣博的學識，始能成功。

第七節　練習教學法

凡是以練習爲目的之教學法可稱爲練習教學法。而練習之目的則爲記憶某種知識，培養某種習慣或獲得某種技能。音樂、體育、美術、工藝、數學、語文、技職等學科經常要應用練習教學法。

教學時若要使學生養成某種習慣，熟練某種技能，或記憶某種重要教材，教師就必須運用適當的方法，指導學生將某種動作、教材反覆進行練習，以養成迅速的反應。此種反應有屬於動作方面，有屬於心理方面的。

對於記憶性、概念性及具有動作性質的課程內容，較適合以「練習教學法」教導學生，使其經由不斷的反覆操練，達到養成正確良好及純熟的反應。

指導學生經由反覆演練，以達成學習目標的方法，即爲練習教學法。教學時，要能使學生養成某種習慣，熟練某種技能，增進某種知

識，教師就要孕育適當的方法，指導某種動作、教材反覆演練，以期養成迅速的反應。

教師運用適當方法，指導學生將某種動作或教材反覆演練，以期養成動作面或心理方面的反應，這種指導學生經由反覆演練而達成學習目標的方法，便是練習教學法。

一、練習教學法功用

(一)培養習慣

個人的行為，往往受習慣所支配。所以培養良好的生活習慣，是各級教育的重要任務，而練習教學法便以達成這項任務為目的。職業道德教育即運用它指導學生養成有禮貌、守秩序、愛整潔、注重安全與衛生等道德習慣，以及守法守紀、守時習慣等。其他各科教學也都有培養習慣的機會，教師應切實把握。

(二)訓練技能

人類的各種技能，都是經由練習而來的。技職教育學各科教學，不乏訓練技能的機會。例如，工業類科指導學生練習繪製圖表、製作模型、和調查訪問等技能；園藝類科指導學生練習製作標本、栽培植物、飼養動物、以及觀察實驗等技能；音樂科指導學生練習歌唱和演奏樂器的技能；美工科應指導學生練習繪畫、雕塑、編織以及家事等技能；體育科指導學生練習體操、運動、以及競賽等技能；數學科應指導學生練習運算技能。只要教師指導得法，學生往往是多才多藝且更能適應社會生活。

(三)加強記憶

學習的結果，是新經驗的獲得，而新經驗的保持有賴記憶。能夠

將舊經驗保存，然後才能夠利用舊經驗來適應新環境。

二、練習教學步驟

技職、體育、音樂、美勞等藝能科，及專業實習科目的教學，適合以練習為主，教學步驟如下：

(一)引起動機

練習原是單調乏味的工作，很容易使人厭倦，在開始練習前，教師要設法引起學生的興趣，使學生們有強烈的學習意願；練習期間，教師要不斷地設法增強學生的學習興趣，以鼓舞他們的學習熱忱，使他們能夠集中注意於練習工作；練習結束時，教師也要設法鼓勵學生，使他們熱切地期待下一次的學習。

(二)教師示範

學生有強烈的學習願望後，教師便可進行示範，提供正確的學習榜樣，做為學生所欲達到的標準。例如，指導學習墊上運動，教師先要在墊上滾翻給學生看（示範），再由學生照著滾翻一遍（模仿），然後指出學生不正確的地方（分析和批評），教師再滾翻示範，學生再照著滾翻（再模仿）。教師要依照這種過程教學，才能使學生學會墊上運動的正確姿勢。示範的方法有多種，列舉如下：

1.實物示範：由教師拿範本給學生看。例如，指導學生練習寫字時用字帖示範；實習教學時用成品示範；指導學生練習寫生時用實物示範，以加深學生的印象。

2.動作示範：由教師做榜樣給學生看或聽。例如，音樂教學時，教師唱給學生聽，演奏樂器給學生看，以供學生仿效。

3.使用幻燈機、留聲機、錄音機或錄影機反覆示範：有些複雜的動作，如繪畫、繪圖等，教師除了要用各種方法示範以外，還要用口

語加以說明，使學生知道練習方法，練習時應注意之點，以及所要達到的熟練程度等。

㈢學生模仿

教師用種種方法示範，可以幫助學生獲得正確的認知。學生必須確實照著示範的要領，逐步的嘗試體驗，才能算是眞正的學習。學生在作模仿練習時，教師應注意事項：

1.鼓勵學生發問，任何不清楚或有懷疑的地方，都可問個明白，然後才能作正確的模仿，減少錯誤的發生。

2.專業實習的模仿，應注意安全的維護，以防學生不幸受傷。

3.學生模仿練習時，教師應注意觀察學生的反應。學生的正確與錯誤反應，都要記錄，以爲批評和矯正的依據。

4.模仿的成績，通常於全體學生模仿之後，由教師加以分析和評估。評估時，首先讚許學生的優點，使他們知道有多少進步，再提出改進意見。分析批評後，爲了矯正學生的缺點，可由教師或反應正確的學生再示範，反應錯誤的學生再模仿，以期每個學生都能養成正確的反應。

㈣反覆練習

爲了避免學後迅速遺忘，要作若干次的反覆練習造成強固而迅速的反應，才能在生活中有效應用。爲了達成反覆練習的功效，教師在指導時應注意下列事項：

1.應用增強技巧，使學生能夠集中注意，作有效的練習。

2.練習的時間不宜過長，根據心理學的研究顯示，一般的練習，時間宜短，次數宜多。練習時間的長短，還要看練習材料的性質、學生的年齡和興趣，以及練習的方法等情形而定。

3.指導學生選擇適當的練習方法。

(五)評量學習結果

　　練習教學告一段落後，教師依據教學目標，評量學生的學習結果，以便檢討改進。評量的方法如下：

　　1.知識記憶方面，用測驗或問答等方法。

　　2.習慣養成方面，用觀察或自我評量等方法。

　　3.技能熟練方面，用客觀的工具如量表或等級表等測量學生的作品或表演動作，有時還可以用錄音和錄影等方法從容考查，以增加評量的客觀性和正確性。

三、練習教學原則

　　1.練習的材料要加以有效選擇：以適合教學目標、學生的能力、興趣。

　　2.練習要先求正確，再求迅速。

　　3.練習的方法要多加變化，以維持學習的興趣。

　　4.練習手續要經濟：手續力求簡化，以避免浪費時間。

　　5.練習要顧及個別差異：針對學生學習的困難所在，耐心指導多加練習，以達成預期的標準。

　　6.練習後要繼以應用：以加深印象，有助於記憶。

　　7.教師要善加指導：避免錯誤或產生危險。

9

其他教學法

- 思考教學法：學而不思則罔
- 創造思考教學法：步驟、特徵、原則、策略、發問技巧、評量、教學法
- 情境教學法：情境學習重點、組成、教學論
- 精熟教學法：理論、貢獻
- 討論教學法：種類、內涵、特色、類型、小組報告

第一節　思考教學法

《論語‧爲政篇》：「學而不思則罔」，顯見思考對學習效果的獲得，有很大的助益；學而能思是習慣，思而能敏捷、能有條理、能有層次，更需靠教師作持久而有耐心的指導。思考教學法便是運用思考，透過理解，求取有意義、有價值的經驗，增進適應環境的能力。教師教學，應善用思考教學法，以培養學生思考的習慣（歐陽教，民83）。

學習時，倘若學生的思想不集中，則雖思無益。因爲注意力分散，難免有顧此失彼，百密一疏的弊病，極易導致錯誤的結果。教師教學，若能善用思考教學法，培養學生愼思明辨的客觀精神，便可爲學生奠定從事高深學術研究的能力基礎（吳幸宜，民83）。

知識包括各種概念、事實、公式、原理和原則等。這些都是比較、推理、分析、判斷等高層次學習的基礎，也是適應生活環境的必需工具。盲目背誦食而不化的知識，雖多但無益。學生必須由思考和理解，學習新的教材，才能獲得有用的知識（中國視聽教育學會，民84）。

解決問題須有分析、推理、判斷和評價等能力。善用思考教學法，必能把握教材中的疑難情境，指導學生如何分析因素，認識問題；如何推理，尋求可能的解決途徑；如何判斷，選取更可能的解決方法；如何評價，證實研究結果的正確性。

進行思考教學時，應遵守原則（張玉成，民84）：

㈠思考材料要適合學習程度

學生的思考能力，通常由其年齡、經驗和教育程度而決定，所以

思考教學所用的材料，應當符合學生的年齡、經驗和教育程度，然後他們才能運用思考，學習新的教材，獲得新的知識。倘若所用的教材和學生的思考能力相去太遠，學生便百思不得其解，不但浪費時間，也會減低學生的學習興趣。

㈡善用疑難的情境

訓練思想的方法並非專靠理智的學科如數學等，是要把學生安放在需要應用思想的特殊具體環境中，使能在生活中逐漸歷練。教學時，要配合教材內容，佈置疑難情境，以激發學生的思想。處處發生疑問，力求答案，是發展思考能力的重要原則，各科教學都能發展學生的思考能力，要善加運用。

㈢讓學生自己思考

發展思考能力的最好方法，便是相信學生的能力，鼓勵自我思想。也許因學生的思考能力薄弱，對問題的解釋不很恰當，教師應將這種情形，視為學生思想能力發展過程中自然的現象，只要能養成思想的習慣、能力，便得到了發展的機會。

㈣指導蒐集和整理資料的方法

思考本含有尋思、搜索的作用，資料便是思考的素材，解釋疑難的憑藉。教學時，應切實指導學生蒐集資料和整理資料的方法，或用回憶方式，從舊經驗中去搜尋；或用觀察方式，從他人的著述和談吐，或從實際經驗中去探索，或閱讀書刊，並將資料加以整理，以充實思想。

教師以學生的舊經驗出發，鼓勵學生運用自己的思考，並從旁引導，使其獲致結果知識，於是經驗不斷地擴張，思想也愈來愈靈活，此種教學方法便是思考教學法。這種教學可有效使學生培養思考的習慣和態度、養成解決問題的能力並獲得有用的知識。

第二節　創造思考教學法

　　創造為運用以往的學習、生活、工作等經驗來解析，並且結合新的構想，以解決問題，在創造的思考過程中，這種解析與結合的步驟無數次地反覆著。美國奧斯朋博士（Alex F. Osborn）畢生研究創造性想像力，著作《應用想像力》（*Applied Imagination*）深獲重視，並加以研究應用。

　　創造思考教學，是為培養學生創造思考能力的教學。教師運用創造思考的策略，激發學生創造的動機，以培養思考力。創造思考教學主要目的有二：

　　1.為鼓勵教師改進教學方法，充實教學內容。

　　2.為培養學生創造思考能力。

一、創造思考步驟

　　根據奧斯朋的研究，創造思考過程如下：

　　1.問題說明（orientation）：指出問題所在。

　　2.準備（preparation）：蒐集各種有關的資料。

　　3.分析（analysis）：剖析各種有關資料。

　　4.構想（ideation）：產生各種可採用的構想，以備選擇。

　　5.醞釀（incubation）：暫停休息，靜候靈感的啟示。

　　6.綜合（synthesis）：將已分析的資料再行綜合。

　　7.評價（evaluation）：判斷獲得的構想，評估其價值與功用。

二、創造思考教學法特澂

創造教學乃是助長學生創造力所實施的教學,特徵如下(陳龍安,民84):

1.創造性教學目標,在啓迪學習具有創造性、生產性的思考。
2.以學習爲活動主體。
3.教學活動中教師居於指導者的地位,不獨占教學活動。
4.特別注意到提供自由、安全、和諧的學習情境。
5.教學方法注重鼓勵、刺激、容忍。

三、創造思考教學原則

創造思考教學時應考慮下列要項:

1.鼓勵學生不平凡的回答與想法。
2.重視學生的個別差異。
3.允許學生有時間思考。
4.促進師生、同學間,相互尊重和接納的氣氛。
5.察覺創造與思考的多層面。
6.鼓勵正課以外的學習活動。
7.傾聽及與學生打成一片。
8.讓學生有機會成爲決定的一分子。
9.鼓勵每個學生主動、積極的參與。
10.提供民主、自由的教學氣氛。
11.悅納學生不同意見,暫緩批判。
12.提供開放性、多元性的問題。
13.允許學生從事獨立學習的工作。
14.不排斥、責備學生的錯誤或失敗。

15.改進作業評量方法。

16.與家長密切配合，運用社會資源。

17.教師自我充實，提升教學品質。

18.奠定知識基礎，活用教學原則，推陳出新。

四、創造思考教學策略

㈠一般創造思考策略

1.解凍或暖身：提供學生安全與自由的環境及學習氣氛。基本原則有：建立良好師生關係、給學生充分自由表達意見的機會、儘量取消點名等形式的活動、獎勵不平凡而有價值的問題或意見、對學生的作品及意見不要立刻下判斷、養成師生、同儕間和諧的關係。

2.提供創造的線索：教師扮演助產士的角色，提供線索適度輔導學生。

3.鼓勵與讚美：對各種問題及意見多給鼓勵與讚美，以激發學生創造思考動機。冷嘲熱諷只會傷害學習自尊心，降低創造力。

㈡愛的（ATDE）教學模式

威廉氏（Williams, 1970）的創造與情意教學模式，以及其他教學模式提出「愛的」（ATDE）教學模式。ATDE（愛的）係由問（Asking）、想（Thinking）、做（Doing）及評（Evaluation）等四個要素所組成。愛的ATDE模式，其代表意義（陳龍安，民84）：

1.發問（Asking）：教師設計或安排問題的情境，提出創造思考的問題，以供學生思考。特別重視聚斂性（convergent thinking）問題及擴散性（divergent thinking）問題，也就是提供學生創造思考與問題解決的機會。

2.思想（Thinking）：提出問題後，應鼓勵學生自由聯想，擴散

思考，並給予學生思考的時間，以尋求創意。

3.做、執行（Doing）：利用各種活動方式，讓學生做中學，邊想邊做，從實際活動中尋求解決問題的方法，而能付諸行動。此階段中，不同的活動方式，如寫（writing）、說（speaking）、演（playing）、唱（singing）實際操作或活動。

4.評鑑（Evaluation）：指師生共同擬訂評估標準，共同評鑑，選取最適當的答案，相互欣賞與尊重，使創造思考由萌芽而進入實用的階段。此階段強調的是師生相互回饋與尊重，也是創造思考「延緩判斷」原則的表現。

在ATDE模式中，強調學生的知識及經驗基礎，創造思考絕非「無中生有」，而係「推陳出新」，在學生原有的基礎上，提供擴散思考的機會，讓學生充分發揮潛能。而ATDE諧音為「愛的」，事實上，愛是創造的原動力，創造思考教學非常重視提供自由、民主、安全及和諧的環境和氣氛，ATDE模式具有下列三項基本假設：

- 推陳出新：在原有知識背景上實施問、想、做、評的活動。
- 有容乃大：強調愛的教育，暫緩批判，容忍不同或相反意見的雅量，以及提供和諧的教學氣氛。
- 彈性變化：問、想、做、評的程序，依實際情況彈性調整，可問想問做評，也可以問做想問想做評，靈活運用。

(三)帕尼斯創造性問題解決教學模式

創造性問題解決（creative problem solving）的教學模式，係美國學者帕尼斯發展的，係以系統的方法來解決問題，強調問題解決者在選擇或執行解決方案之前，應儘可能想出各種及多樣的可能方法。模式基本假設：

1.在學生學習方面：認為每個學生都具有不同程度的創造力，也以透過實例和練習增強創造的行為。而知識在創造力的培育中仍非常重要，一個人如果沒有預先儲備的知識則不能創造。

2.在教師教學方面：認爲教師能夠而且該教導創造行爲，爲了安排一種易於學習創造行爲的氣氛，教師必須建立一個能自由表達的環境、鼓勵幽默，也醞釀一些想法，以及要求思考的質和量。

五、創造思考發問技巧

(一)編製創造性問題原則

1.問題沒有單一標準的答案：可根據思考的性質將問題分成軟性的問題（開放式的問題）和硬性的問題（閉鎖式的問題）兩類。

2.問題的答案不侷限於現有的教材內容：以往思考方向往往受限於教材而無法有所突破，學生不知如何去尋找資料解決問題，教師應有效導引學生啓發學生的創造力。

3.問題的敘述應以學生的知識經驗爲基礎：教師提出問題時應以學生的知識經驗爲基礎。

(二)創造思考發問要點

創造性問題最大的特點是擴散性，沒有固定答案，要點如下：

1.問題的內容及敘述的文字要適合學習者程度。

2.問題的類型應有變化。

3.問題後應有適切的停頓時間讓學生思考。

4.鼓勵、接納及容忍學生不同的答案。

5.問題的提出應由易而難、從具體到抽象、由較低認知層次往較高認知層次的方向發展。

6.鼓勵學生提出關鍵性問題或自我引導的問題。

7.從學生不完整的答案中進一步探討。

8.在適當的時機及相關的教材提出，而非全部。

六、創造思考教學評量

(一)創造思考教學評量限制

創造力的概念複雜而不明確，因此很難發展出一套涵括所有創造力特質的評量工具，因此創造力的評量有以下限制等待解決：

1.創造力理論紛歧且定義不明確，多數的測驗很難令人信服。

2.創造力評量往往受到許多主觀因素的影響。

3.創造力絕非單純的擴散思考。

4.創造力評量效度考驗往往缺乏有力的指標。

5.創造力評量分數的解釋簡單化，易造成誤解。

(二)創造力評量指標

1.認知方面：流暢力、變通力、獨創力、精進力。

2.情意方面：冒險心、挑戰心、好奇心、想像心。

七、創造思考教學法

創造思考教學方法甚多，主要如下（陳龍安，民84）：

(一)腦力激盪法

腦力激盪法是利用集體思考的方式，促使成員對某項教學主題，產生意見的相互激盪，藉以引發連鎖反應，以蒐集大量數目的構想，經過組合與改進，以解決問題；腦力激盪人數不拘，但以五至八人為適宜，其中一人為主席，一人為記錄。先由主席說明目的及討論重點，然後由參加者分別發表意見，任何人不得對他人的意見攻擊或批評。記錄並隨時記下各人的發言。開會時間不超過三十分鐘，至少提

一百個意見為宜。

腦力激盪法是奧斯朋提出用以協助思考與解決問題的方式，特色在「由量取質」、「延宕批判」，故討論過程不對任何想法做批評。

1.問題解決過程三階段：

A.定義問題階段：是指將問題敘述清楚、具體，使得討論者對問題有明確的認識。

B.腦力激盪階段：在這個階段中，對任何答案批評並鼓勵大家儘量想出新奇的、獨特的觀念，愈多愈好。

C.批評與評鑑觀念：也就是針對所收集的意見加以綜合或改進，以產生最佳的問題解決模式。

2.腦力激盪法實施步驟：

A.確定問題：定義一個明確的開放性問題。

B.選出記錄，將每名發言者之意見寫在黑板或紙上。

C.遵行腦力激盪之規則。

3.腦力激盪法原則：激盪階段必須遵循不批評、想法愈新奇、愈多愈好等原則：

A.對他人意見，不論好壞均不得批評。

B.意見愈新奇、愈多愈好，量重於質。

C.採取搭便車或撞球策略。

D.每人得自由提出答案。

E.進行批評與評鑑：

⒜全體訂出審查意見標準。

⒝逐一審核答案，刪除不合標準的意見。

⒞留下可行的意見，做為解決問題的方法。

㈡六Ｗ檢討法

六Ｗ檢討法是按照問題性質的不同，用各種不同的發問技術來檢討。如果經過檢討後無懈可擊，便可認定此一作法已很合理。如果六

W中的某一W答覆不能令人滿意,則表示尚有改進的餘地。例如:為何要垃圾分類?如何垃圾減量?如何回收?

六W檢討法是對一種現行的辦法或現有的產品,從六個角度來檢討問題的合理性。消極方面,它可以指出缺點之所在。積極方面,則可以擴大產品的效用。這六個問題是:

1.為什麼(Why)?

2.做什麼(What)?

3.何人(Who)?

4.何地(Where)?

5.何時(When)?

6.如何(How)?

三屬性列舉法

克勞福特(Crawford)認為每一事物皆從另一事物中產生,一般的創造品都是從舊物中改造。實施的時候,先讓學生列舉所探究問題或物品的各種屬性,然後提出各種改進的辦法,使該物品產生新的用途。為了便利學生思考,可採用下列的方法,提醒學生列出更多的、更不平凡的屬性:

1.特性列舉法:依物品的構造及其性質,按名詞:物質、材料;形容詞:形狀、顏色;動詞:技能、相關動作等特性列出,然後檢討每一特性可改良之處。

2.缺點列舉法:把產品的缺點指出來,儘量挑毛病,再針對缺點設計改良。

3.希望列舉法:就某項物品積極地幻想,希望它還能有什麼優點,暫且不論其可行或不可行都將它列出,今日不可行的幻想,明日便有可行的可能性。

㈣替換表列法

替換表列法作法是設立重點，由每個重點發展出許多問題。再提出來逐項地查對檢討。下面為具體的發問方式的實例：

1.可否作其他的用途？或稍作改變作其他用途？

2.有沒有別人類似的構想可以仿造利用？

3.可否在用途、動作、影響、形狀、顏色等各方面做改變？

4.可否加些東西，加些時間、加大、加長、加進別的價值、放鬆一點等？

5.可否省略一些東西，改小一些、壓縮一下、切薄一點、揉細一點、切割一些不必要的等？

6.可否用別人、別的材料代替、別的工作程序代替等？

㈤形態分析法

係以結構的分析為基礎，再使用組合技術，產生更多的新觀念。實施時學生須就一個問題兩類以上不同屬性，分別列出其所有的元素。例如：如何設計一棟好房屋：

以房屋的形式為第一屬性：平房、樓房、公寓、別墅等。

以房屋的材料為第二屬性：木造、磚造、鋼筋造、鋼構造等。

以房屋的外觀為第三屬性：圓形、方形、圓弧形、其他形狀等。

形態分析法要點：

1.問題的敘述應儘量廣泛、多元。

2.列舉出有關問題的各種獨立要素。

3.列舉每一獨立要素的可變元素。

4.使這些元素、觀念，相互結合，形成許多新觀念。

㈥生態比擬法（舉一反三、舉隅法）

係以隱喻的方法產生創造性的觀念，使新奇的事務變成熟悉，要

以新觀念來解決舊束縛。主要方法：

　　1.擬人類似法：將物品給予人性化。

　　2.直接類似法：將兩種以上不同的東西，加以模仿或類推。

　　3.象徵類似法：建築及佈置之設計為創造性之一種，設計之初使其成為一種風格。

㈦單字詞連鎖聯想法

　　由單字詞聯想到其他相關的語句，如「電」聯想電子、電腦、電話、電機、電視、電工、電瓶、電廠等。

　　1.單字連鎖聯想訓練：根據一個刺激字（如上），而聯想另一個單字（如下），再聯想到下一個反應：下課，繼續為：課文、文章、章節、節省、省立、立志、志願、願景等。

　　2.單字分歧聯想訓練：每次根據一個單字（如上），提出任何由上構成的字詞，如上下、上課、上樓、上流、上司等。

　　3.詞連鎖聯想訓練：根據一個刺激詞：上下，而聯想到另一個二字詞：前後。依此類推，上下、前後，左右、南北等的連鎖關係。

　　4.詞分歧聯想訓練：根據一個字詞：上下，作分歧聯想，如因上下聯想到前後，再聯想到樓梯，再由上下樓梯聯想到疲倦。

㈧強力組合法

　　將所備用的觀念列成一表，然後逐一加以考慮，發掘其間的關聯性，以誘導新觀念的產生，然後予以強力組合。最後再就各項新觀念加以研判，從中選出若干觀念，作進一步的統合、運用，如沙發床。

㈨其他

　　1.分合法：利用類推及譬喻來協助學生分析問題，並形成相異的觀點。

　　2.目錄檢查法：為查閱與問題有關的目錄或索引，以提供解決問

題的線索或靈感。

3.自由聯想：提供一個刺激，以不同的方式自由反應。

4.檢核表技術：從一個與問題或題旨有關的列表上來旁敲側擊，尋找線索以獲得觀念的方法。

5.局部改變法：任何一件事情，在量或質上多係由數個部分或屬性所組成，在已有的事務屬性中，動腦筋將其局部改變。

6.棋盤法：要對某一事物提出超常觀念並有所改進，必須對該事物已有的屬性徹底瞭解，然後再針對當前的問題情境，即所要達到的目的作分析研究，可使人思考周密的方法。

7.比擬法：由靈感所引發的類似事物的創造。

第三節　情境教學法

情境學習強調知識是學習者與情境互動的產物，且本質上深受活動、社會脈絡及文化的影響（Brown, Collins, & Duguid, 1989）。情境認知學者試著從坊間從事謀生工作者身上找出其善於解決問題能力之來源，發現如：修車工人、木匠、麵包師傅等，並不如專家們受過專業的訓練，思考的模式也並非像學生或生手們倚賴理論模組或學理法則行事，但卻能如專家般地解決工作上的疑難雜症。

究其原因，發現這些人是非常投入在真實的工作活動中，並依據平日生活中與情境互動的經驗而產生問題解決之技能，這種現象即反應了知識的習得是在情境中建構而成之說。

一、情境學習重點

情境學習（situated learning）強調的重點如下：

㈠教學活動的屬實性（authenticity）

強調知識的學習應建構在真實的活動裡。因為，惟有學習者在真實的活動中運用其所學的知識，才能瞭解知識的意義，產生對知識的認同，進而珍惜此知識的價值，且視其為解決問題的工具。

㈡以認知學徒制（cognitive apprenticeship）為策略

強調學習活動應與文化結合（enculturating），且應提供一個像是給學徒見習的環境。因為讓學生藉著在學習脈絡（context）中的摸索，才能發展出多種屬於自己問題解決策略，以便日後易於應用。

二、情境學習組成

㈠情境的內涵

關於情境學習組成因素，Collins, Brown和Newman（1989）提出修正模式，包含四大內涵：

1.內容：包括學科知識、捷思策略、控制策略、及學習策略。

2.方法：包括示範、指導、鷹架支撐、闡明、反省、及探索。

3.順序：包括複雜度逐漸增加、變化性逐漸增加、由部分技能到全面性技能等。

4.社會性：包括情境學習、專家演練環境、內在動機、開放性合作或競爭等。

McLellan（1996）認為情境學習應包括了八種因素配合：故事、反省、認知學徒制、合作學習、指導、闡明學習技能、科技。

㈡錨式情境教學

情境學習的提出，引起學界對傳統教學的反省。錨式情境教學

（anchored instruction），主要精神在於生活中有許多可資應用的素材範例。此種教學將問題重點定位在一個情境中，引導學生藉著情境中的資料發覺問題、形成問題、解決問題，藉此讓學習者將學科解題技巧應用到實際的生活問題當中。

三、情境教學論

傳統的學習理論常把知識假設成一個客觀的東西，可以由一個人轉移給另一個人。因此教學目標常局限於尋找一套好的教學法，可以順利地把教師所擁有的知識傳送給學生。近年來，這種過度簡化的觀點逐漸被揚棄，取而代之的是情境教學，亦即強調環境或社會在認知過程不可抽離的角色。

根據Brown等（1989）及其他研究者（Brown & Duguid, 1993；McLellan, 1996；Young, 1993；鄭晉昌，民82）對情境教學的主要觀點如下：

(一)分散式的智慧（Distributed intelligence）

情境教學者認為知識的意義，分布在全部的脈絡環境中，無法從情境中單獨隔離出來。即一個概念存在於許多不同的情境之中，而概念中意義的一部分就是從它的脈絡環境中產生。如果將情境從知識中抽離出來，那麼我們就無法完全瞭解知識的意義，也因此概念就會變得無法定義。所以進行學習時，是經由與整個脈絡環境互動，並從不同的資源背景中比較、釐清，因而真正的去瞭解概念的意義。

(二)真實性的工作（Authentic tasks）

情境教學者強烈批評目前學校中過分簡化的、人造的學習環境，它以為學校中的教學活動與我們的真實世界中的生活情境截然不同；學校中的教學，常常將知識的脈絡環境抽離，知識被轉換成一種壓縮

的、抽象的及武斷的訊息,更荒謬的是,用來解決問題所需的訊息,都可以在問題的描述中找到線索。從這種簡化的、問題包括解答的敘述中所學會的「知識」,是非常脆弱的,它無法轉移到其他眞實生活中多樣的、複雜的、未詳細定義的環境中。一個有意義的知識,必須要從眞實的工作中來學得,情境教學定義「眞實的工作」就是我們日常的生活文化。換言之,學習的工作必須是自然的、未加修飾的、甚至未定義的生活環境,而不是學校中刻意安排出來的學習環境。

㈢認知學徒（Cognitive apprenticeship）

Brown 等人（1989）主張:概念的瞭解,是透過不斷的在不同的環境中使用概念而獲得。知識無法透過教師的權威、傳播者,必須由學習者在整個文化情境中不斷的互動、溝通與妥協,而最後獲取其意義。昔日技藝學徒模仿其師傅的動作,並在眞實的環境中長期訓練這些技巧。

情境教學者宣稱:學習應像技藝學徒一樣,要置身於學科文化背景中,透過觀察、模仿專家的行爲,在自然情境中,發現困難、找尋線索並測試他們的假設,隨著時間的流逝,在定義問題及使用知識上越加熟練。並且批評當前的教育只是對學生「灌輸（instilling）」抽象的知識,這些沒有脈絡環境的知識不但不易爲人所瞭解,而且學生沒有親身與環境互動,所習得的知識也因此難以轉換、遷移到眞實的生活情境。

Collins（1989）認爲電腦正是實施認知學徒制最有利的教學工具,因爲電腦教學經常是在一對一的情況下實施的。同時透過適當的設計,可以在電腦的環境中模擬一些實際的學習環境,利用學習活動激發學習者思考的能力（鄭晉昌,民82）。

㈣錨式教學（Anchored instruction）

知識座落在上下文的情境之中,人類的認知體系也如同知識般,

學得的概念必須與整個認知的架構建立關連,認知架構就是所學得概念的情境;對專家而言,當他們接觸到自己專業領域上的新知識時,會感受到自己認知結構的重組或改變,而初學者由於沒有適當的認知架構可供連結,因而不會有重組或改變的感覺。情境教學者為了要使知識能在適當的環境中著錨(anchor),主張要提供一個完整的教學環境,環境最好是一個鉅觀的情境(marco-context),能提供足夠的機會,讓學生從不同的角度,去探索、體會概念的意義(GTGV,1990),學生在這環境中找尋資源、瀏覽資訊、測試假設,並由這些活動中掌握了知識的內涵。

㈤純自然的學習評量(Seamless assessment)

知識並非獨立於它所處的脈絡環境之外,所以任何不是在真實情境中施行的學習評量,都不具教育價值(McLellan,1993b)。傳統上,在學校中我們都使用去除背景說明及清楚的定義問題的敘述,來評估學生的學習成就,但由於真實的世界有別於學校的文化情境,這種人工作的學習評量不具任何意義。情境教學者採用「純自然的學習評量」或稱「真實性的評量(authentic assessment)」的方式來評量學習成就,這類學習評量不採空洞、抽象的測試,也不再學習完成後,另外以一個總結性的評量來測量學習的成就,而是以學生在學習過程中所表現出來的活動及完成的成品來做評估的對象,這種評估是真實的、自然的,而且與知識的情境是完全結合的。

㈥社會互動(Social interaction)

知識是由其專業文化所規範,在這文化中,每個成員不斷的與其他人互動、妥協,當學生浸潤在這文化環境中,他就是從這些互動的活動中學習。知識的意義是人與人協調後的產生的結果,因此社會互動及學習者之間的合作在教育上極為重要。換言之,在實際生活上不是單獨生存或單獨工作者,我們所面對的問題也絕少是一個人獨力解

決的；在這同時，解決問題所需的資訊常常是散布在各種不同的資源中，我們可以從不同的角度去探索、測試，並與其他互動合作更是解決問題的關鍵。不僅是生活中如此，學習更是如此。

第四節　精熟教學法

精熟教學（mastery teaching）理論源自於心理學的精熟學習（mastery learning）的概念。倡導精熟教學學者，以美國的心理學者卡羅（J.B. Carroll）及布魯姆（B.S. Bloom）兩人為主要代表。布魯姆倡導的「精熟學習法」，因證實能使大部分的學生學習成功，切合當前的時代需要，而重新受到重視。

精熟教學法的實際運作，就是教師將教學的目標與條件界定，確立達到何種表現標準為精熟，未達此一標準為未精熟。教師為使學生的學習達到熟練目標，需要將教學內容分成連續性的小單元。

精熟教學成功的要素，在於進行補救教學策略。在形成性測試後，藉由教師或精熟小老師，針對未達精熟者的個別缺失，進行相關的補救教學活動，以發揮效果。

一、精熟學習理論

精熟學習法的發展，約可分為三個時期（趙中建，民81；林寶山，民87）：

㈠華盧本（C.W. Washburne）與莫禮生（H.C. Morrison）時期

精熟學習法的具體說明雖在一九七○年才開始，其觀念早在一九二○年代初已經產生。一九二二年華盧本及其同事設計的「文納特卡

制」（Winnetka plan），又一九六〇年莫禮生在芝加哥大學實驗學校的教學實驗，即是應用精熟學習的開始。

莫禮生精熟教學主張對教育有極大的影響，認為所有的教學結果都是在達到「精熟」要求，而不是在「記誦」事實而已。因此，教師必須使所有的學生對於「單元」都徹底的達到熟練程度才算完成教學任務。提出的「熟練公式（mastery formula）」包括下列各項步驟：

預測驗→教學→測驗教學結果→修正
→教學程序→再教學→再測驗→熟練

上述熟練公式必須按照學科的目標和性質加以調整。通常應用科學學科的教學上較為廣泛。由於一般的教學法都未強調「精熟」標準，而莫禮生的教學主張特別重視此種標準，是為一大特色。

莫禮生所提倡的教學法通稱為單元教學法，此種方法特別強調「單元」的熟練。他認為各科都要分成不同的單元（units），每一個單元都要能使大多數學生達到精熟的階段。不過，莫禮生當時所稱的單元與今日所通用的單元在意義上並不相同。

㈡卡羅（John B. Carroll）學校學習模式理論

美國學習心理學家卡羅在一九六三年提出其「學校學習模式之理論，特別針對傳統的「性向」（aptitude）觀點給予新的解說。

傳統上，「性向」一直被視為是學習的潛能。潛能高者能學習較複雜的材料，學習成果也會比較好。至於學習潛能低者，往往只能學些較簡單的材料，其學習成果也較差。簡言之，強調學習者因所具性向高低之不同，學習成就只有「好壞」之區別。

卡羅認為性向是學習速率（rate）的指標而非學習成果（level）的指標。學習某一學科的「性向」可視為學習該科目教材到某一水準所須的「時間量」。他認為所有的學習者能達到某種學習成就，只是

每個人所需要的「時間量」不同而已。

卡羅根據此種性向觀點，提出學校的學習模式。他相信如果給學習者所需要的學習時間，而學習者也適當地花了相當的時間去學，學習者應該可以獲致某種程度的學習成就。如果上述兩要缺其一，則學習成就會較低。

卡羅學校學習模式的主要內容、理論對於布魯姆的精熟學習和凱勒的個人化系統的教學模式有深遠的影響。

(三)布魯姆（Benjamin S. Bloom）時期

約在一九六〇年代末迄今，布魯姆對學習與教育評量有興趣，因此注重教師在評量學生學習表現上所扮演的角色。布魯姆批評傳統的評分制度有許多缺失，最嚴重的就是分數的常態分配制。

在當時，學生、教師和行政主管都默認這是一種理想的評分制，卻形成分數的常態分配。常態分配適合於描述機率或隨機事件，布魯姆認為學習不是一種隨機活動，不應該期待有這樣的教育成果。

布魯姆與卡羅一樣，對於性向持著樂觀的看法，他認為假如性向可以正確地預測出學生學習某一項任務的速率，就有可能設定出學習被預期達到的精熟水準。教師只要控制卡羅模式所提到的有關教學項目、學習機會、教學品質等，就可確定學生都可達到精熟水準。

布魯姆認為影響學生的學習成敗有兩類因素，一類是「穩定的變項」（stable variables），例如智力、社經地位，另一類是「可改的變項」（alterable variables），例如認知及情意的起點行為等。

認知的起點行為是指學習者在學習某一特定任務之前所具備的基礎知識和技能等；情意的起點行為則指學習者對學習任務的興趣、態度、自我觀念等。布魯姆主張的高品質教學四種成分：線索（cues）、參與、增強、回饋—校正活動。認為回饋與校正是提高教學品質的主要方法。在教學過程，教師是扮演著學習經理者的角色。

換言之，布魯姆認為教師應該先找出每個學生學習某件任務的認

知及情意起點特性，而後以此為基礎才進行包括「回饋—校正」的精熟學習策略在內的高品質教學，即可改善或消除學習結果的個別差異現象。

布魯姆精熟學習法適用於時間固定及團體教學的班級情境，精熟學習的教學過程大致如下（趙中建，民81；林寶山，民87）：

- 引導時期：此一階段，教師通常利用上課時間告訴學生他要學習什麼、如何學習、熟練標準、評量程序及成績評定方式等。

- 教學程序：教師先要把一學年或一學期之教材分成許多持續性的小單元，每一單元的教材份量約需一至二週才能教完。教完後即進行評量。

這種單元評量具有診斷功能，可瞭解學生的學習是否已達熟練度，能提供給師生回饋，做為補救教學的依據。學生的單元測驗是種形成性的評量。在每次單元評量後如有錯誤必須加以校正。校正過程通常採個別化的方式，學生只須對犯錯之處重新學習即可。

布魯姆精熟學習策略：

1.學習者必須瞭解學習任務的性質及其學習的程序。

2.教師必須擬訂與學習任務有關的特定教學目標。

3.課程或教材要分成較小的學習單元，並且在每一單元結束時給予測驗。

4.教師應在每一次測驗之後對學習者的錯誤及困難給予回饋。

5.教師必須找出各種方法，來改變某些學生能夠學習的時間。

6.教師應提供各種替代的學習機會以利學習。

7.由兩三位學生組成小組，並定期集會一小時以檢討測驗結果，相互幫忙去克服由測驗所發現的困難，則學習者會更努力學習。

學生的單元測驗是一種形成性的測驗。在每次的單元測驗後如有錯誤必須加以校正。此一校正過程通常採個別化的方式，學生只須對犯錯之處重新學習即可。而在進入下一單元的測驗之前必須實施原單元的第二次形成性測驗以確熟練標準者，可先進行充實學習活動再進

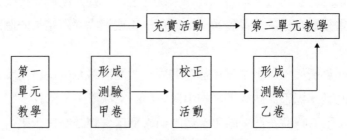

圖9-1 精熟學習法教學過程

資料來源：林寶山（民77），頁32。

入下一單元的學習。

二、精熟理論貢獻

精熟原理在教學上之價值（黃光雄，民75；趙中建，民81；林寶山；民87）：

1.態度與能力之獲得：莫氏以真學習結果，為態度與能力或人格變化之促成，足以打破傳統以學習作業為學習結果之錯誤觀念。此種認識，幫助教師對於教學目的（學習結果）與教學手段（學習作業）明晰加以區別，而避免錯誤之流弊。

2.系統化之教學過程：熟練公式為一系統的有秩序的教學過程，教師有所遵循而保證易達教學之目的。

3.注重精熟：熟練公式為鼓勵學生積極徹底的學習，直到完全精熟為止，故有再教再測之手續。對於敷衍塞責，未能獲得徹底瞭解的學習弊端，有改善作用。

4.重視努力：以努力為興趣之基礎觀點，可糾正極端的進步教育家誤解興趣之流弊。

5.承認心理作用之重要：認識高級心理作用為理解態度之重要：而不重視技能之獲得與習慣之養成，此點足以糾正現代教育偏重特殊

習慣與技能之流弊。

6.單元涵義豐富，能獲得聯繫之學習結果：各科教材採用大單元，使各科教材劃分為涵義豐富關係重要之單元，使學者易於獲得意義有聯繫之學習結果。此足以矯正現在學校所流行片斷的、不相連的學習之積弊。

第五節　討論教學法

教學活動應是師生交互作用（interaction）的歷程。典型的班級教學經常以教師的講述或示範為主。在各種教學方法中，討論教學可說是最能表現出師生雙向互動的教學法。在班級團體情境中採取討論教學法，常分成許多小組或小團體（small-group）方式進行，因此又常被稱為小組討論法（small-group discussion method）或團體討論法（group discussion method）。

討論法是一種由團體的每一成員共同參與的活動，不像講述法只是由教師獨自扮演教學的角色。在討論法中，教師與學生共同就某一主題進行探討，以尋求答案或能為團體中大多數成員所接受的意見。在討論過程中，不同立場的意見都可被討論，因此，爭論的現象不可避免。這種活動對學生而言，是一種較富刺激、有趣和創造性的學習活動和經驗。

討論法係指利用討論的方式，以達成教學的目標。如果整個的教學過程以討論方式為主，並占去甚多時間，可概稱為討論法。一般而言，討論法應與其他方法配合應用。

討論法為集思廣益之良好方式，亦為現代重要之教學方法。討論的定義，是兩個或兩個以上的人，就某個相同或不同的觀點以口頭的方式交換意見，使彼此在觀點上能夠一致或更加深入。討論教學的定

義，是一群學生在教師的指導下，以各種討論形式，就學習上的問題參與創造性、建設性的思考，在彼此互切互磋，集思廣義異中存同下，不但求點的深入，更求面的廣泛。

討論教學的成功與否，在於參與討論者是否能夠蒐集討論主題的背景資料，預先加以研究思考。討論時，把握主題，以最積極客觀的態度，作適切的發揮。教師應注意討論的和諧性，並注意討論的層次，應符合學生的能力和需要。

討論教學法不同於講述教學的地方，主要是在講述教學中，教師將觀念和知識與技能直接傳授給學生。而在討論教學中，則由學生提供大部分的討論資料，教師再予彙集整理。討論教學優於講述教學的地方，是可以刺激學生思考。同時由於學生的主動參與以及學生個人有被尊重的期望，所以在發展學生積極的態度上有很好的效果。

一、討論法種類

(一)全體討論

係指全班學生一起討論，或由教師領導或主持或由學生互推主席。通常由教師領導或主持，討論效果較佳。

(二)小組討論

係指將全班分成若干小組，分別舉行討論。包括兩種形式：

1.正式小組討論：需要適當的座次，勝任愉快的主席，較長的時間。有時因為分組較多，需要利用原教室以外的教室或場所。

2.非正式小組討論：或稱即席小組討論、蜂鳴法。此法不需要適當的座次，不需要形式上的主席，須教室內的學生各就其原有的座位，自然的自動的集合成若干小組，少則二、三人，多則七、八人，分組研討，人緣較好，善於言辭，性善領導服務與推動者，成為主

席。

(三)陪席討論

陪席討論（panel discussion）採小組的形式，不過此小組的構成份子是精選出來的，或係學生相互推舉的。小組的討論題目通常是教師指定的，也可由小組自行決定，所討論的應該是重要的教材。

小組組員在集合討論以前，必須多方蒐集資料，作充分的準備。討論地點在教室前方，最好在講壇上，使其他學生對於小組組員均能聽其聲見其人，以加深印象。陪席討論之主要目的在藉著學生的特別準備，協助教師傳遞重要的觀念，引起反省的思考。

在小組討論過程中，其餘學生在必須時機獲得小組主席或教師之許可，亦得參加發言。如此使小組與其餘學生更能緊密地打成一片，足以刺激思考，增進討論的熱忱，獲得更多的學習。

(四)座談會

座談會（symposium）常被誤認為陪席討論，因通常之座談會重在各出席者報告其個人研究之結果，或對某一問題的看法，而不重知識或意見的溝通與辯解。出席座談會者亦為一小組，事前亦須有充分準備。通常須將座談主題分為數個子題，由每一出席座談人員認定一個子題作周詳深入之研究。

二、討論內涵

(一)討論過程

討論法是不具一定型態或模式的教學法，有必須的過程，主要為：引起動機、進行討論、整理結果與總結。如係分組討論，無論是正式的或非正式的，可分為五個過程：

1.準備：包括教師對討論問題及討論環境的準備，以及學生對討論內容的準備。

2.創始：包括學生興趣的引起及師生共同策劃。

3.討論：指正式的或非正式的小組討論，爲學生最感興趣之階段。

4.報告：指由各小組代表分別報告討論結果及所遭遇之困難或問題。

5.總結：通常由教師作最後之總結，並提示應行注意事項。

(二)討論時機

討論法可普遍應用於各種學科、任何活動、任何年級。通常語文學科、社會學科、及自然學科有較多可討論之機會。討論法適用之時機：

1.對於見仁見智可各執一說之具有可爭論性的問題，宜給予討論的機會，以培養學生思考力，發言能力，並開闊其胸襟。

2.對於非個人之力量所能獲得圓滿解答之問題，宜給討論的機會，由此互相啓發，互相增益，以獲得最好的答案。

3.現代教育的目的重在改變個人的行爲，教師如果希望學生能夠確實產生某種行爲，最好的方法就是讓學生相互討論，然後共同商決，採取行動，藉團體以約束個人。

(三)注意事項

1.討論場所必須光線充足，空氣流通，溫度合適，座位整齊、清潔，並令人有舒適之感覺。

2.爲使學生事前有所準備，應提早宣布討論日期及討論時可用的時間，討論時間的長短可保持彈性。

3.討論時必須相互尊重，保持禮貌，方能深入問題，從容討論，而不致破壞人際關係。此種禮貌在聲音、態度、措辭等方面，可充分

表現出來。

4.對於平時不愛發言或發言感到困難的學生，教師宜多加鼓勵，隨時給予發言機會，隨時加以讚許。

5.教師須協助建立各種討論之常規，如主席之位置、記錄之任務、座次之安排、發言順序等。

6.全體性討論可由教師擔任，也可由學生擔任，教師居於指導、顧問、協助地位；小組討論由學生當主席，人選由教師指定，或由學生推選、輪流。討論能否成功，悉視主席領導。主席須人緣好、熱心、負責，有領導才能，並能協助解決困難，鼓勵踴躍發言。

7.尊重少數：從事討論仍無一致結論時，可暫採取服從多數辦法。多數人對少數不同之認識或意見，仍應予以尊重。持某種認識或意見者在某一小組中縱然極少數，但就整體而論，為大多數，故尊重少數為虛心之一種表現。

8.報告結論：通常之分組討論，無論其在上課時間舉行者，或利用課外時間舉行者，應推舉代表報告各組討論之結果，有時且須報告討論之經過。較具重要性之報告宜於事前訂定各組報告日期及可用時間。報告者或為主席，或為記錄，或為其他人員。

9.教師總結：各組代表報告後，教師須加總結，並有所指示。如能在總結前再有一次師生相互詢問或相互討論的機會，將更能澄清各種觀念，有利於總結。

10.正式的分組討論，各組均應有記錄，記錄規格，視需要而定。記錄在適當時機須由教師查閱，藉以瞭解各組成員之發言內容，從而尋找時機分別指導。記錄也為教師考查學生成績之根據。教師重視組員發言之次數、內容，從而推測其有無充分準備，並判斷此種討論究竟有無相當價值。

11.各組舉行討論時，教師須在各組間往來巡視指導，並應視實際需要，列席部分組別，聽取發言與協助。對於不愛及不敢發言學生須加鼓勵。對重要關鍵之所在須加提示，良好之教師在各組舉行討論

時，須隨時均能瞭解各組正在討論之問題及各組在實際討論上之概況。

三、討論特色

(一)優點

1.培養學生發表的能力：為了發表，必須思考，故討論法可以培養學生思考力。不僅可培養思想的速度，也能培養思考的正確性。經過多次的討論，思想必更能合於邏輯，必更會思想。

2.培養學生分享的習慣：經常舉行討論，培養集思廣益，分享所有知識與技能的精神。

3.培養批評的能力：為研究學術、改善人際關係，及處理日常事務所必須具備的能力。

4.培養議事的能力：以應用於議壇、日常事務的處理，需要心平氣和，思慮周密，對事不對人，並能服從多數，尊重少數。

5.促進主動學習的興趣：在討論前，因為忙著蒐集資料，自然具有興趣。討論時互相增益，互相指正，興趣更濃。

6.培養自學的能力：因為良好的討論法要求學生充分作事前的準備。此種事前的準備即指自學。為了蒐集資料不僅要多方閱讀，還要多方訪問、調查、乃至從事其他自學的工作。

7.培養合作精神：因討論法是共同解決問題的方法。

8.鼓勵主動參與：發表各人的經驗、見解和心得。如此，則更易激起學生研討及學習的興趣。

9.培養學生發展積極正向、負責等態度：討論可使教師與學生密切的接觸，此為學習的重要動力。教師可以瞭解學生到底學了多少，以做為輔導的依據。

10.可用於與個人認知領域、情意領域，或一些溝通和社交技巧

有關的教學目標上。

討論法的主要功用如下（林寶山，民77）：

- 有助於學生對課程內容的更深入瞭解。
- 增進學生對於該科目的學習動機。
- 使學生更投入於該科目的學習。
- 使學生養成對該科目的積極學習態度。
- 發展學生與該科目內容有關的解決問題的能力。
- 使學生有機會應用所學的概念及知識到實際的問題上。

除上述功用外，討論法可視為培養學生有效思考能力的工具，功能不僅與知識的獲得、技能的訓練和態度的養成有關，討論也有助於學生觀念的溝通、價值的澄清及問題的解決。

(二)缺失

討論教學法運用得當，固然有上述多項優點，但是如果運用不當，也難免造成缺失：

1.對機械技術、鑑別能力或其他知覺動作活動的技術教學運用關連甚少。

2.人數過多時，會影響討論的效果。

3.某些討論者的不合作，或其他環境因素，如聲音、溫度、高度等都會影響討論的效果。

4.如果教師缺乏主持討論的經驗，或討論前缺乏詳細計畫，則難以達成討論的教學效果。

5.討論教學如果實施不當，則不僅無法增進學生對某些觀念的認識，反而造成學習上的混淆。

6.沒有充裕的時間或適當的場地可供討論。

7.教師未具熟練的發問及討論技巧。

8.教室氣氛不夠開放、自由，學生未具發問、傾聽及討論技巧。

四、小組報告

報告爲學生發表研究結果之活動，有口頭報告與書面報告，爲現代教學所重視，以培養學生各種研究的能力，包括蒐集資料與整理資料的能力、語言及文字發表的能力，以及資訊分享的習慣。口頭報告可利用各種視聽輔佐工具；書面報告有時只須呈繳教師核閱，有時可印發同學參考，此種報告有時係個人學習研究之結論，有時係小組共同研究之結果。此種活動在各級學校中均可實施。小組報告方式爲：

1.口頭報告：爲傳統的報告方式，由代表作口頭陳述，正如同教師用講演方式教學般，容易失之平淡而不易引起聽眾興趣。

2.利用圖表：視聽教材可用於教學，也可用於小組代表報告。代表口頭報告時，可佐以圖表，以協助說明並加深印象。

3.幻燈片：因攝影之發達，製作幻燈片極爲普遍，當口頭報告時，若能佐以幻燈加以說明，則聽眾必產生興趣。

4.角色扮演：當一組學生欲利用戲劇之表演方式以表達某一研究結果時，可採此種方式。

5.陪席討論：爲某一小組向全班報告研究結果的方式。當某一小組中成員對於某一問題不易獲得一致意見時，即可囑某一小組各成員齊集教室前方分別發言，互相討論，其餘各組爲聽眾。由此以使其餘各組了然於該組各成員所持意見。

6.聽眾：無論各組用何方式報告，聽眾均須筆記要點，必要時並可詢問。

7.考試：當小組報告時，常有部分學生不能專心聽取報告，以致失去報告意義。爲消除此種現象，除指導學生變化報告方式，儘量引起興趣外，可宣布考試。

8.預演：不論採取何種報告方式，爲使報告生動、有效均宜舉行預演，必要時教師須臨場指導。

10

多媒體教學法

- 個別化教學：個別化學習、個別化教學
- 電視教學法：電視分類、電視教學特色
- 電腦輔助教學：特性、優點、智慧型電腦輔助教學、電腦模擬教學
- 多媒體與超媒體教學：多媒體、超媒體、媒體學習
- 遠距教學：緣起、意義、推動、系統、現況、發展
- 網路教學：內涵、流程、創新、連線技術

多媒體教學法包括幻燈、電視、電腦、電影、廣播、視聽、參觀、展覽、演劇等。多媒體教學法步驟：

1.準備（preparation）：準備教材、設備、器具、環境等。

2.提示或呈現（presentation）：由教師將所準備之教材訴諸學生的視覺、聽覺、或視聽兩覺，多一分準備即多一分呈現效果。

3.追蹤（follow-up）：呈現後之補充說明、問答、與討論，藉此以增進學生對於所視所聽之瞭解。

第一節　個別化教學

個別化學習指的是學習者可按其個別差異建立學習目標，學習的教材與速度也依學習者的能力而定，學習的地點不限於教室，可能是學習資源中心，學生擔負學習的主要責任，教師較能顧及學習者的個別需求。

一、個別化學習

個別化學習方式於七○年代之後日益受重視，常以系統化的方式設計進行，特色如下：

1.要對學習者施行預測（pre-testing），評量其起點行為。

2.學習內容區分為小單元便於學習。

3.學習者的反應要立即予以回饋。

4.單元學習目標具體清晰，易於評量。

5.單元學習結束會有評量以決定學習者是否達到能力水準，不通過需重頭再至純熟為止，才能進至下一個學習階段。

許多個別化的學習都藉著媒體，如幻燈片、幻燈捲片、影片、錄

影帶、錄音帶、電腦等提供輔助性的教材，媒體如經過教學設計並安排其他學習活動，可供學習者自我學習及直接進行教學。例如，觀看教學影帶、電腦輔助教學、互動式影碟學習系統等。

學習對象為資賦優異或聽障、視障及學習遲緩者也適合進行以媒體為主的個別化學習。如此的施教方式可減少同儕壓力並可擴大其學習範疇，例如，視障學習者可藉有聲讀物獲得新知來源即是。

二、個別化教學

(一)個別化教學涵義

個別化教學（individualized instruction）涵義與「個別教學」有所不同。個別教學是指由教師以一對一的個別方式指導學生學習的一種教學型態。通常一位教師在同一時間只能指導一位學生學習。由於目前班級教學制度，學校不可能為每一位學生安排一位教師進行個別教學。因此，為突破班級教學情境的束縛，乃有各種個別化教學策略（林寶山，民77）。

個別化教學是指在大班級教學情境下，為了適應學生個別差異的學習特性所採取的各種有效教學策略，它並不拘泥放在形式上呈現一對一的教學型態。它可以是由一位教師針對某幾位學生的獨特興趣、能力、性向、習慣或學習困難等條件分別提供不同的充實學習活動或補救教學措施。

(二)教師的角色

教師並非教學的領導者，只是教學系統的成員。教師的主要任務是在課前編選該科目學習教材、編製評量試題、決定評量方式和標準以及安排各種激勵酬賞的情境。教師的職責如下（林寶山，民77）：

1.選擇課程教材。

2.將教材加以系統組織。

3.提供學習指引，包括具體目標的敘寫，教材內容的分析及示範問題的提示等。

4.編製多套的單元評量試題。

5.擔任一些講述、演示或主持討論會。

6.解答學生各種學習的問題。

㈢媒體與小團體學習

小團體的學習介乎上述大團體學習與個別化學習之間的類型，是採擷上述二種類型之優點。學生人數約在十五人左右，其優點除了教師較能顧及學習者的需求，學習效果佳，對於師生的互動、同學間的切磋學習、人際關係，及社會化方式都較理想。

媒體的應用能強化小團體的學習，使得師生的互動更有意義。例如，圖表、流程圖的使用能清楚表達抽象概念；錄影帶的觀看可引發對某一事件的討論或是探討問題解決的途徑等。

㈣媒體與隔空教學

隔空教學是同時對眾多的學生，以媒體傳送訊息，進行的學習方式。隔空教學因非師生間面對面的溝通，所以可以跨越空間的限制，不拘泥於場所。利用廣播優越的傳播功能，做為教學工具。

第二節　電視教學法

電視是現代社會甚為普遍且重要的傳播工具與生活品。電視教學的價值在傳統的學校教育中，也獲得相當的重視。電視教學可以擴大及改進學校教學的效果。電視是一種傳播媒介，必須審慎地安排教育

科目。可以透過一個人或一組人員的演講或示範，介紹給預定的教學
對象或是無數的收視觀眾。利用電視做爲教學媒介，基本的問題就是
教學必須直接讓學生見到所學的內容。技職教育科目廣泛採用的演講
及示範式教學方法，很適合電視教學的這個特性。

一、電視分類

電視分爲無線電視（open circuit）和閉路電視（closed circuit）：

(一)無線電視

無線電視就是一般人較爲熟悉的由發射臺發射無線電波的無線電
收視系統，例如，空中大學的教學頻道。

無線電視教學可用來介紹學校中有關的教學活動和課程知識。教
學節目名稱或講題可以爲：電視機原理、飛機模型製作、板金製作、
機械製圖等。技職類科、工藝類科教師常需要瞭解企業界的新材料、
新設備，有關教育機構可以聘請專家利用電視教學瞭解這類知識。

(二)閉路電視

閉路電視的電視訊號是經由同心電纜（coaxial cable）傳遞，因
此必須有電纜才能收視。閉路電視亦能同時播出數個教學節目，可以
選擇頻道收視。

閉路電視可以在單一教室或校園內各教學大樓間使用，或擴展到
整個城鎮或縣市。隨著傳播教育節目的加速擴展，教師亦將很普遍地
利用閉路電視教學。

電視教學必須由全體老師教育行政人員通力合作，妥善的計畫和
準備。電視教學是未來教學發展的趨勢，每一位教師不僅要有心理準
備，更應該開始培養計畫、準備及運用電視教學的能力。

二、電視教學特色

(一)優點

1.經由電視教學，任課教師和學生可以向有經驗的老師學習。

2.電視教學中每一溝通都經過周密的計畫，每一教學單元會有很高的品質。

3.電視教學老師有充分的時間準備每一教學單元，他可以蒐集更多新的東西，納入教材之中。

4.電視教學可以使用更多更好的教具。一般的老師通常沒有時間製作像電視教學中那樣好的教具。

5.利用電視教學可以使課程的內涵一致，使接收同一電臺節目的各個學校教學統一化。

6.經由電視攝影機，可以把很小的東西放大到電視的銀幕上。

(二)限制

1.由於電視教學是單向溝通方式，教師和學生無法面對面的接觸，因此無法做到引起學生學習的動機。電視只能傳導教師個人某方面的特質而已，教學的功能顯然無法充分發揮。

2.某些抽象觀念在電視教學上無法使學生瞭解。因為抽象觀念不易建立，除非教師親自反覆指導，否則學生很快地就失去興趣。

3.電視教學無法適應學生的個別差異，程度較差的學生往往無法跟得上教學的進度。

4.電視教學無法提供技能方面的教學。技能的學習必須在實習工場或實驗中實際操作，而不能從觀察中學得。

第三節　電腦輔助教學

電腦自一九四○年代問世以來，即掀起科技文明的風暴。美國電腦教育家Bork於一九七八年即預測：「到西元二○○○年時，各級學校幾乎各類學科的主要學習方式，將是透過電腦的互動學習」。其中，電腦輔助教學（Computer Assisted Instruction, CAI）的發展歷程中由單純的程式設計層面，漸而擴展至心理、教育、文化、藝術、傳播等各界領域的結合。

認知心理學（cognitive psychology）、人工智慧（artificial intelligence）等方面的研究，更提供電腦輔助教學設計與製作實證性理論依據與原則；電腦輔助教學是由編序教學法所衍生。它利用了電腦記憶容量及邏輯運算的特性，改良了傳統編序教學的缺點，使得學習過程更加生動、活潑、即時、有趣、多樣化。

隨著個人電腦的普及，電腦輔助教學也逐漸受到重視，尤其電腦硬體與軟體的開發，更促進了電腦輔助教學的影響力。目前電腦已經可以自動呈現教材畫面、提出問題、評定答案、重複顯現、記錄得分、分析學習成果等，取代了教師許多反覆繁瑣的工作，節省教師時間、精力，讓教師有更多的精神去處理學生人性的問題，給予學生更多的輔導和照顧。這是電腦輔助教學的優點所在。

電腦輔助教學是一種運用電腦為工具用以幫助教師教學的方式，亦即，它是事先將一些經過慎密設計的課程、文字、圖樣及試題等存入電腦。學生可以在終端機上按照一定的步驟，以自己的進度或需要將某一課程內容叫出，以進行一連串的自我學習。這種學習活動不但可以隨時中止，自動記錄學習的歷程及結果、考核學生的學習結果，並且師生亦可經由電腦彼此問答溝通。

一、電腦輔助教學特性

電腦輔助教學使學生與電腦之間可以進行雙向溝通（interactive process）。理想的電腦輔助教學特性如下：

1.電腦只是教師進行個別化教學的工具之一，不能代替教師執行整個教學的任務。

2.電腦可以協助教師教導學生，協助教師設計課程和教材，可以代替某些教具，如教科書、參考書、黑板、電視、圖樣、程式、模擬等，可以協助教師統計和分析學生的成績等。

3.學生可以藉由終端機和教師直接親切地交談對話，大膽的提出問題和回答問題而不必害怕提出或回答的問題好不好、對不對。而電腦也可以委婉地解釋問題。

4.教學所需的課程乃集合教師、心理學家、專家人員和資訊人員等學者專家的智慧和學識而研擬出來的，必須事先規劃並儲存於電腦記憶體。

5.因課程的良好規劃，反應好或能力強的學生會得到較多的學習教材及較深的內容。反之，則得到較少的教材和較簡單的內容。

6.根據學習者的學習步伐，螢光幕不斷地提出新的學習主題。

二、電腦輔助教學優點

隨著電腦技術的發展，電腦輔助教學優點為：

㈠個別化的教學

由於學生的個別差異，齊一式的教學固然能滿足大多數學生的需要，對於程度特別好或特別差的學生，就無法滿足需要，因而缺乏學習的興趣。電腦輔助教學可以使學生按照自己的能力進行學習，能力

強的學生學得多，能力差的學生學得少。

(二)不受人性干擾的教學

人性是有許多弱點的，許多學生上課時不敢提出問題，怕老師是一個原因，怕同學譏笑是另一個原因。這種人性的困擾，對電腦來說是不存在的。同樣的問題被問上一千遍，一萬遍，電腦也不會厭煩。學生坐在終端機前面，可以放心的提出問題，不管問題是多幼稚，都不會受到別人的恥笑。

(三)不受空間和時間的限制

終端機可以分散裝設在距離電腦很遠的地力，依然可以進行教學。傳統的教學，學生必須集中在教室、實驗室或實習工場；在時間方面，學生可以選擇任何時間接受電腦輔助教學。如果個人因事需中斷學習，那麼電腦會記住學習停止的地方，而使學習者在下次繼續學習時，可以完全配合進度。

(四)多元媒體的教學

由於科技的發展，電腦可以和其他視聽器材連接使用。例如，和幻燈機、錄音機、或錄放影機連接，可以補充電腦在畫面、聲音上學習不足，以增進學生成效。

(五)可進行模擬實驗

有許多的技能訓練具有危險性、經濟性等的考量。譬如電腦數值控制程式、汽車的故障診測、飛機的模擬駕駛等，電腦輔助教學可以將實際的教學訓練情境利用電腦模擬，既安全又經濟。

電腦輔助教學並非萬靈丹，本身仍舊受到許多客觀的限制，諸如昂貴的價格、語言的障礙、學習反應的觀察、團體群性的培養、師生的互動情境、社會情操陶冶、肢體語言應用等，都是電腦輔助教學有

待突破的瓶頸。

三、智慧型電腦輔助教學

Taylor（1980）指出，電腦除了扮演教學者的角色外，還有解決統計分析、文書處理、資料管理等問題的工具角色，即接受命令、執行動作的「受教者」角色。

為教育而發展的科技，智慧型電腦輔助教學（Intelligent Computer-Assisted Instruction, 簡稱ICAI）論點是學習者為了指揮電腦做事，不但必須瞭解所欲執行的任務，且須精通與電腦交談的語言。例如，為了要在螢幕上畫一個三角形，必須先瞭解三角形的構成要素，再根據電腦語法下達命令讓電腦執行，進而訓練邏輯思考即分析判斷能力。這種電腦教學模式被譽為「所有電腦模式中最強力的一種」（Kinzer, Sherwood & Bransford, 1986）。

四、電腦模擬教學

㈠電腦模擬教學意義

模擬（simulation）是指模仿真實操作、實驗、事件發生的過程與情境的經歷。模擬是複製真實操作、實驗情況或現象的一項設計。該設計能促使學習者基於自己的邏輯、觀察和對操作、現實的瞭解來做學習、判斷、下決定。模擬教學係指讓學習者在一個與真實情境非常類似的虛擬安全情況中，應用模擬器練習、實驗、操作；電腦模擬即是利用電腦來操作變數而觀察整個模擬的變化情形，以研究複雜操作、系統、實驗等行為的一種科技。

電腦模擬教學（computer simulation instruction）是以電腦來輔助模擬教學，亦稱為模擬式電腦輔助教學。一般而言，電腦輔助教學之

策略有四：練習式（drill and practice）、教導式（tutorial）、問題解決式（problem solving）以及模擬式（simulational）等。

電腦模擬教學為由電腦提供一種假想但近乎實際的有關技能、物理、數學、實驗、操作、社會情境給學習者，學習者根據自己的知識理解與判斷，將答案輸入電腦，經由電腦核對，提供學習結果及校正練習。

電腦模擬教學允許使用者控制輸入參數，並觀察輸出結果，提供學生探索的學習環境，讓學習者經由模擬實驗，由做中學來形成具體的概念，進而達到學習的目標。

(二)電腦模擬教學優點

1.增進學生練習的機會：由於技能操作、實驗，學生在學習時，需經由觀察並不斷反覆練習，在實際實習中，限於經費及客觀環境等因素，練習次數相當有限，而電腦模擬正好可以提供無數次的練習機會，直至達成教學目標為止。

2.提升操作實習、實驗的安全性：安全為教學中極重要的一環。有些實習在考量安全因素下難以進行，如輻射問題、化學反應之毒氣、航空飛行、汽車加速實驗、高壓電力或過載等實驗。這些實習教學均相當重要，經常無法付諸實際教學，或是付出的成本甚大且有安全顧慮。

3.降低實習經費：由於技能實習、實驗皆需採購相當昂貴的機器設備，但有些設備實習頻率低，且一旦發生故障，其維修費高，或者故障後因無法修復而作廢；而電腦模擬教學軟體則具有複製的低成本優點，儘管學生模擬次數再多，亦無故障之虞。

4.引起學生的學習動機：動機效應為模擬最無可爭議的價值，學習動機是學生主動積極求知的原動力，不同學習動機會影響學習成效。根據研究，模擬教學具有顯著的學習動機。電腦模擬教學提供動畫、圖像、文字，以模擬情境之變化特性及互動性，容易引起學習的

興趣與動機。

5.有助於學生的觀察學習：進行模擬教學時，學習者可以調整模擬動作的比例、速度、角度等，以便於觀察；或者對於實體無法看見的部位或動作，以模擬方式凸顯出其運轉情形，實體太小或太大皆礙於觀察學習，如電子電洞的移動、飛機構造等，若藉助於模擬教學的實施，將物體經由縮放比例控制，更有助於觀察學習效果。

6.激發學生的思考力：操作、實驗的進行在技能教學中履見不鮮，而實驗的共同特徵是改變不同的輸入變數，進而觀察各種的輸出結果。在工場實習教學中，限於經費、時間等因素，學生往往無法依照自己的想法進行實驗，且實驗次數受限，無形中阻礙了學生的創造思考能力；若能經由模擬教學，將更能激發學生的創造、思考能力。

7.節省學習時間：技能教學中，通常需起動機器或正確接妥電路才能進行學習。例如：電機相關實習，如單晶片實習或電機實驗之前必須事先接妥完整的硬體電路後，才能觀看結果，無形中浪費很多時間，若某些複雜實習能以模擬方式取代，則可減少時間的浪費。

8.簡化實習電路的複雜性：電腦模擬教學可以將任何複雜的實習電路編製於電腦軟體中，降低學生因接線複雜所導致的挫折感，提供正確的實習電路，增加成功的學習機會，建立學習的自信心。

9.有助抽象概念的學習：在技能類科實習、實驗教學之認知領域或科學概念的學習，常有無法付諸於實驗的抽象概念。此種概念通常很難以其他教學法實施，而電腦模擬教學為可行的教學法，可依據預先的軟體規劃逐步將不易表達的抽象概念，轉化為具體明確的訊息，以呈現給學生學習，如電磁的概念等。

㈢電腦模擬教學分類

電腦模擬教學類別可歸納為三類（洪榮昭，民81；莊奇勳，民80；Dennis & Kansky, 1984）：

1.操作性模擬（replicating performance simulation）：為反覆性操

作性練習的模擬，尤以技能學習的教學爲考量，希望藉由不斷的重複性操作，達成學習目標。此種模擬軟體在設計時，需考量操作中各個階段之步驟，通常要進行各個學習階段之工作分析。

操作性模擬教學優點爲節省高單價設備成本的支出、減低實習材料等。

2.資訊性模擬（information retrieval simulation）：乃針對物體動作及自然環境進行的模擬，經由檢索電腦系統之各種現象、原理等知識性之模擬，此種模擬對象主要以重要性的知識爲主。如因食物鏈、氣候或環境變化而影響生態系統等過程之模擬。

3.狀況性模擬（encounter simulations）：是對狀況的一種學習經驗，對於一些模糊不清及難以表現的狀況之模擬教學而言。此種狀況模擬通常在其他媒體或教學無法達成教學目標下使用。由於眞實情況的教學中，如錄影帶教學，學生往往無法採取主動學習，致使學習效果大打折扣；而狀況性模擬提供學生與電腦實況練習。

㈣電腦模擬教學軟體

電腦輔助教學軟體的發展，應考量理論及電腦科技兩個向度，目前已進入多媒體時代，而且課程軟體的發展已有多種編輯軟體支助，並在視窗（windows）的作業環境下，設計者對聲音、圖像、動畫、文字的製作相當方便。

電腦模擬教學課程軟體編製步驟，首先需進行電腦模擬教學課題的分析，隨後進行設計發展，初次的設計發展，僅需概略地將選擇單元設計出來，再進行形成性評估，並討論優缺點後再行修訂。隨後進行第二次的設計發展，第二次的設計內涵將較第一次深入，隨後再次評鑑等。

1.電腦模擬教學軟體分析：課程軟體的分析階段極爲重要，考慮的因素也相當的多，規劃時若思慮欠周，必然影響課程的品質。課題的分析占有重要的地位，從事電腦模擬教學課題的發展不能不謹愼。

分析階段需先探討教學因素，因為電腦模擬教學的發展旨在協助教師教學，以提升學生的學習效率，並達成教學目標。因此，分析時如能從教學因素分析，以教學目標為鵠的，則軟體的設計才有依循的標準。

達成技能實習、實驗教學目標的因素，不外有教師本身能力、教學方法、學生、教材內容及設備等。因此，在分析電腦模擬教學軟體時，分析者應先瞭解到，電腦模擬教學軟體並非用來取代老師，而是用來協助教師教學，是改善教學的工具。

具體而言，技能實習、實驗教學目標的達成，應由教師根據學生的能力安排實習環境、教學設備、教材內容，再運用有效的教學方法將教材的知識及技能傳授給學生。

2.電腦模擬教學軟體發展：電腦模擬教學軟體的設計發展，主要以腳本的撰寫及軟體編輯為主。此階段需不斷討論修正重複實施，設計者經由分析階段所得的結果，確定教學內容後，即評估電腦的軟硬體，確立學習路徑後，進行腳本撰寫，經由討論後進行編輯或程式設計。

電腦模擬教學軟體的發展，若非經由嚴謹的規劃設計，則所開發的軟體品質必然低落，因此建立嚴謹的評估制度是有其必要的。軟體開發中需要不斷評估，品質才能維持於一定的水準，在課程開發完成後，經由評估才能證明其有效性。

第四節 多媒體與超媒體教學

教學科技理論，從早期的媒體派典（media or physical science paradigm）認為媒體即視聽器材並強調器材操作技術的重要，到系統或傳播派典（system or communication paradigm），開始對視聽教育與

傳播理論間的關係發生興趣。

六〇年代中期行為科學及七〇年代中期興起的認知科學（cognitive science）派典，覺悟到教育心理學對設計媒體教學教材的重要（Saettler, 1990）；而自一九八〇年代以後則稱為「新教學技時期」（The new era of instructional technology）（朱湘吉，民81）。

新的教學科技時期，具有兩重意義（Heinich, 1982）：

1.此時期所盛行的媒體為「新」科技媒體，包括雷射光碟（laser disk）、互動式光碟（compact disc interactive，簡稱CDI）、多媒體系統（multi-media）和超媒體（hypermedia）等。

2.因行為學派重視刺激反應的學習理論，在一九八〇年代被重視學習者學習策略與學習形式的認知科學派典（cognitive science-based paradigm）所取代，而影響了電腦輔助教學設計的導向。

一、多媒體

隨著資訊科技的發展，一般以早期文字型態展現的教材，已經無法滿足學習者的學習需求，網頁教材內容多媒體化可以生動的表達教學內涵，將為網路教材發展的新趨勢。

㈠即時傳播技術

由於壓縮後的檔案，仍需於傳輸後再以相關多媒體播放，為節省等候時間，新的即時傳播技術提供視訊、聲訊檔案邊傳邊播放的功能，以因應不同網路之傳輸速率調整播放品質，改進傳統多媒體資訊，因傳輸瓶頸所造成的瀏覽不便。

㈡視訊會議系統

網際網路的視訊會議功能，可以提供教師及學習者的即時視訊、聲訊傳輸，達成即時的溝通，此外可提供電子白板，讓相隔的兩端透

過網路技術以及時圖文方式進行互動、討論。

㈢3D動畫

3D動畫擬眞的立體效果，可運用在模擬教學上教材及教學情境設計，建構虛擬物件外，尙可在虛擬的教材世界中，建立網路上其他教學相關資源之連結。

㈣多媒體資料庫

因於網路顯示資料型態日趨複雜，傳統資料庫無法處理複雜的多媒體物件資訊，新一代的資料庫配合視訊伺服器的發展，提供了大量且高速存取的多媒體資料庫管理系統。

㈤物件導向資料庫

新一代資訊技術系統發展逐漸物件導向化，因此對資料庫的需求，除要求可快速存取大量多媒體資訊外，並提供物件導向架構之物件管理功能。

二、超媒體

超媒體（hypermedia）係指以多媒體（multimedia）所呈現的超文字（hypertext）系統。教師可以使用影像、聲音、動畫、圖形、文字等各種媒介，表達所欲傳授的課程內容，同時也提供了瀏覽（browsing）工具，使學習者能夠很方便地依據他們的需要來查索知識庫（knowledge base）中的資訊。

超媒體常被誤以爲是「多媒體（multimedia）」，多媒體係指以電腦爲控制中心，並與語音卡、雷射影碟、數位音樂介面（midi）及CD-ROM等周邊設備相連接所形成的多型式的資訊系統；在外在實體上，多媒體綜合多種媒體設備，但在資訊呈現的形式上，它可能是線

性的、層級結構式、或網狀的。因此,它可能是傳統的電腦輔助教學,也可能是超媒體系統。

超媒體主要是指資料連接的型式,不是單一的、線性的,所有的資訊可以依使用者的需要而由不同的方式來串連,組成動態、網狀的鏈結路徑,可以是多媒體系統,或是在單一的電腦環境中形成。

超媒體的課程軟體,在學習成效上的正面效果與優點如下:

1.超媒體系統以電腦科技模擬人類記憶的結構,它的節點與鏈結反應了我們認知結構中的概念節點與關係,因此它不但能以不同的角度透視、探測同一情境下的內容,而且它能提供現成的知識結構使外在的資訊很容易轉換到我們內在的認知結構上。

2.多種形式的資訊呈現方式使資訊更容易被記憶,注意力更持久。超媒體系統透過不同形式來提供多種管道。例如:視覺、聽覺甚至運動覺的學習經驗。這種多管道的訊息不僅協助我們解讀訊息,在我們回憶時提供有效的提示,並能使記憶的能力增強。

3.超媒體的學習環境包含了由具體到抽象的學習活動,並且可以達成各種由低層次到高層次的學習目標。超媒體系統包含了動作、圖示、及符號等訊息表達方式。

4.超媒體實現了個別化教學的理想;傳統型電腦輔助教學與其說是一種個別化(individualized)的教學,不如說是一種個別的教學,因為它只能提供一對一的教學方式,但卻無法針對個別學習者的需要開具個別的教學處方(Yang, 1987)。

5.超媒體系統協助學習者增進了「如何學習」的技巧,並使學習教學內容更加有效,而且提供訓練學生「後設認知策略」(meta-cognitive skills)的機會。譬如促使使用者在進行學習時必須不斷地評估他的進度與學習需求,以決定「學什麼?」或「往哪兒去?」。從這個過程中,學習者在訓練他的後設認知策略,並同時經由學習結構是否改變成功而得到回饋,而改進策略的運用。

三、媒體學習

媒體中使用者參與教學活動的程度，可區分成三級：

1.最基本的一級只是按（return）鍵繼續或依指示輸入答案，傳統的電腦輔助教學設計大都屬於這一級。

2.第二級的活動參與是以學習者為中心的流程控制，學習者具有在課程內自由選擇的權力。不過在本級的學習者仍然只是學習者，即學習者不能逾越本分。

3.第三級中，超媒體系統提供了編輯環境，學習者可以完全自由自在地探測知識庫，並建造自己的系統。這項創造性教學活動的參與，不但鼓勵學習者的創造力發揮，而且使學習者之間可以互相交換知識或意見，以達到共同學習、互切互磋的合作學習目的。

隨著新教學科技時期來臨，電腦在教學上的角色從教學者轉變成被教者，在此同時電腦輔助教學也在人工智慧及專家系統的影響下，逐漸蛻變為智慧型電腦輔助教學（ICAI）。

第五節 遠距教學

一、遠距教學緣起

資訊科技的蓬勃發展，帶動了大量的新興應用科技和資訊服務，科技和服務同時也為人類社會帶來巨大的影響。當世界正快速的邁向資訊化社會的同時，如何應用新科技並掌握資訊以創造競爭優勢，已成為教育重要的課題。

隨著通信科技與網路技術的發展及不斷突破、創新，在網路頻寬及品質逐年遞增下，即時傳送高品質視訊和音訊成為可能。因此傳送多媒體及相關網路應用系統也逐漸被開發並普及，如遠距教學、視訊會議、視訊隨選等。為了使校園資訊能夠更加多元而暢通，許多學校已在校區內架設有線電視網路，其鋪設的路線涵蓋了整個校區各大樓、實驗大樓、學生宿舍等，希望能夠透過有線電視網路和電腦科技的充分結合，運用多頻道及雙向溝通的特性提供整個校園及時收播傳訊的功能。

在我國「國家資訊通信基本建設（NII）」十七項優先推動工作項目中，教育部主導的「遠距教學先導系統」，即為建設我國「遠距教學」系統的先鋒計畫，是我國邁向「遠距教學」時代的第一步。

為了充分運用並促使教育資源達到共享，教育部於八十六年度開始擴大試辦遠距教學計畫，希望能藉由電腦網路與傳播科技的結合，縮短公私立學校因為教育資源分配不均的差距。利用此尖端的網路技術與通信科技，可以提供一嶄新的教學型態：遠距教學在國內及國外先進國家正熱烈的實施中。

二、遠距教學意義

遠距教學（distance instruction）係指運用現代資訊傳播科技，電腦、網際網路、視訊會議設備及視訊整合系統等，以傳授知識和技能的一種教學方式。可打破時間和空間的限制，學習者可以在自己的個人電腦前聽教師在遠方教室上課；也可以參與討論和發問，整個教學過程如同在一般教室上課。

遠距教學是教師和學生可以在不同地點，利用網路技術，將本地主播教室授課的影像、聲音及多媒體教材，及時傳至遠端教室，並允許教師和遠端教室的學生進行討論。我國近年在政府的積極推動下，「遠距教學」已有長足的進展。在國家資訊通信基礎建設（NII）的政

策下，已明訂「遠距教學」為優先推動工作項目之一。

遠距教學是結合資訊與通信技術，提供給學習者一個不需與老師面對面授課的雙向、互動的學習途徑。它是一個對電腦資訊及網路的新興應用，各個先進國家目前都積極地研究發展它的技術，希望能將它應用到各層面的教育及訓練，以改善目前教育訓練模式的缺點。

遠距教學的起源約在十九世紀後期，與傳播科技的發展及應用密不可分。剛開始的遠距教學形式，是以函授教學方式進行。主要係以郵寄方式，將講義、教材、作業、試題寄給求學者，供學習者自行進修閱讀。遠距教學的重大變革發生在無線廣播發明後，而隨著本世紀中葉電視的發明，更將遠距教學帶到一個兼含視覺、聽覺多元學習方式新階段。於是，世界各國紛紛地成立遠距教學的專責機構，將之規劃為教育體系的新成員，以彌補傳統學制所不及的部分，並逐步推演出終身學習的教育目標。

遠距教學在教育部的支持之下，近來已成為各學校重點發展的一個項目。在科技潮流的驅使之下，國內許多大學與專科院校也陸陸續續的啟用網路授課。無論學生身在何處，只要透過網路就能同步上課，無須到校，也可利用網路與學校共享教育資源，如此就可達到遠端學習的一個效果。

三、遠距教學推動

㈠函授課程

在傳輸媒介尚未有重大變革前，主要是以郵寄的方式，將教材、講義、作業、試題等，送至每位學習者手上，由學習者自修。由於路途的遙遠與教材送達時間的延遲，其時效性較差。

㈡空中大學

　　民國七十五年八月空中大學正式成立迄今，以其現有的無線傳輸頻道爲教學系統，達到聲音與影像的傳輸。確實讓許多有志於再進修的社會人士，免去了路途奔波之苦。

　　空大是我國第一個從事遠距教學的機構，以現有的無線電視頻道爲教學的傳輸系統。另外，有線電視業者，將教學目錄、影帶排入頻道中播出，內容形形色色，包含：成人教育、藝文教育、生活教育、中小學生的學科教學等，這些嘗試的確使得電視傳播媒體，除了娛樂的效果外，兼具社會教育的功能。

　　無論是函授課程或是現有之空中大學，其僅止於單向傳輸的教學方式，無法達到像傳統教室般，老師與學生面對面的互動效果。在這樣的上課方式之下，師生間的隔閡感一直很難去克服。但隨著科技的進步，電信傳輸技術與電腦科技的更新，現今的遠距教學不僅能雙向交流，更能達到多點群播的效果。

　　現有電視頻道提供之單向傳播，無法做到傳統教室面對面教學之老師與學生、學生與學生間之互動感。對於傳統遠距教學的一些限制，遠距教學的參與者開始試圖引入新的電信、電腦、傳播科技來克服這些困難，改單向傳播爲雙向互動，並強調視覺功能。例如：雙向的視訊教學、電腦教學網路、電子佈告欄等；有些尚在開發中，有些則是將已有的技術作出更理想、多元的應用。

　　新一代的遠距教學，不僅提供交通不便的區域一種教育途徑，分隔遙遠兩地的師生間，只要師生間之教學過程無法同時同地進行，遠距教學系統就應該在此扮演起輔助教學的角色，不論師生間位在遙遠的兩地或是相鄰的大樓裡。

　　未來的學習環境裡，學生可以在自己的個人電腦前聽學校教師在教室中講課，可以看到教師講課的情形及書面教材，也可以發問，甚至可以錄下來重複研讀；公司對於員工的專業訓練，亦可由員工自己

選擇在適當的時間直接利用電腦網路取得訓練的課程，學習過程如同老師就在家中般。

四、遠距教學系統

(一)即時群播教學系統

即時群播教學系統，有一間主播教室及一間或者數間遠端教室，老師在主播教室授課，學生則在遠方另一個遠端教室聽課，師生間可以做即時的交談及問答，教材設計與呈現方式多樣化。

(二)虛擬教室教學系統

虛擬教室教學系統則是利用電腦軟體設計出一套教學管理系統，模擬教室上課的情境。例如：老師授課、考試、指定作業或回答問題，學生學習課程內容、提出問題或參加考試等。老師及學生在任何時間都可以在電腦前，透過通信網路，與教學管理系統連接，隨時授課或學習。

(三)課程隨選教學系統

課程隨選教學系統是利用目前資訊界最熱門的「交談式視訊點播（Video-On-Demand, VOD）」技術，學生可以在電腦或是裝有控制盒（set-top box）的電視上，將所要學習的教材透過網路取得，並且依照個人學習速度操控播放過程，進行遠距離學習。

遠距教學是一個對電腦資訊及傳輸網路科技的新應用及挑戰，當前國內外已有學校及公司機構利用小規模的遠距教學系統，做為學生上課及員工受訓的工具。所採用之教學系統皆以上述三種模式為基礎，配合各自區域性之資源及需求，架構網路進行教學活動。

五、遠距教學現況

　　配合「新竹科學園區實驗網路」的啓用，教育部邀集清華大學、台灣大學及交通大學等共同合作，利用國內現有與遠距教學相關的建置及經驗，製作一套即時群播遠距教學系統，於八十四年七月十四日啓用，正式將我國帶入遠距教學的新時代。在清大、台大、交大等分別設置遠距教學主播教室，新竹關東局設置臨時的遠距教室，可隨時與清大、台大及交大同步上課。在新竹及台北地區的民眾可透過本套系統在當地參加在台大、清大或交大所舉行的演講，即時發問，隨時與講演者對談。

　　爲使我國遠距教學能夠持續有計畫地進行，教育部於八十四年九月委託資策會就我國對遠距教學之需求及未來推展策略進行研究分析及規劃，以爲未來推動國內遠距教學之依據。

　　民國八十三年八月NII（National Information Infrastructure）專案推動小組成立以來，即積極的展開各項建設。在應用方面，遠距教學便是其中之一。

㈠設置高速網路及應用實驗平台

　　於八十四年十二月開始執行，爲期兩年半，預定八十六年六月完成建置，其參與單位有台大、清大、交大、中正、成功、中央及中山七所大學。配合電信單位高速網路的舖設，其應用系統有：遠距教學系統、視訊會議系統、隨選視訊系統等。

㈡即時群播遠距教學試播系統

　　配合交通部電信總局「新竹科學園區實驗網路」的啓用，製作即時群播遠距教學系統。

㈢遠距教學先導系統

教育部於初期完成遠距教學先導系統的規劃，參與本計畫的單位為：

1.即時群播：台大、清大、交大、中正及成功大學。

2.虛擬教室：中央大學。

3.課程隨選：中山大學、國立自然科學博物館及資策會教育訓練處。

教育部另委託國立台灣師範大學對以上之實驗系統進行效益評估，並建立一個遠距教學評估的模式，以為未來評估各項實驗系統的參考依據。

㈣遠距教學需求分析與策略規劃

於遠距教學先導系統建置同時，教育部委託資策會對國內遠距教學的需求及未來方向進行分析。

八十五年十月，教育部鑑於推廣時機成熟，開始全面推動遠距教學的工作，在各校參與意願極高，積極配合的情況下，共計有30所大專院校於八十五學年第二學期，參選遠距教學試辦推廣計畫，總計開設了22門課程。

八十六年六月，行政院核准「遠距教學中程發展計畫」，為期四年。未來四年我國遠距教學中程計畫之主要目標有：

1.透過大學高速網路平台之建置，嘗試跨校選修、教學資源共享，各大學並可進而與國際名校合作，建造全球化的學習環境。

2.引進國外技術，並透過執行中小學、補習、特殊及社會教育之教材開發與實驗計畫，將遠距教學技術推廣至各層面教育。

3.透過「遠距教學聯合服務中心」，對在職教師、企業員工與公務人員進行遠距訓練實驗。

4.培訓遠距教學規劃、教學、工程技術與教材設計人才。

5.配合TANet至中小學計畫（原名稱爲E-mail至中小學計畫），鼓勵民間與各校在Internet上建置教材與學習資源，使60％的學生能使用多元化學習環境。

六、遠距教學發展

我國自 NII專案推動小組成立以來，即積極地展開各項建設我國遠距教學系統的相關工作。教育部爲了因應未來多數 NII應用軟體高速度網路傳輸需求，在八十三年九月邀集了產業、學術研究等專家著手進行「設置高速網路實驗平台」的規劃工作，十二月開始在台大、清大、交大、中正及成功等大學進行設置的工作。「遠距教學先導系統」規劃委員會也在這同時成立，積極展開規劃。規劃同時建立「即時群播」、「虛擬教室」及「課程隨選」三套遠距教學實驗系統，由具經驗的大學依自己的特色及經驗，選擇其中一套實驗系統進行設置及測試，以爲將來全面推廣的借鏡。規劃小組並建議未來「遠距教學」先導系統的工作重點。

1.建置各個具備不同特色的實驗系統硬體環境（遠距教學實驗平台），以研究發展適合我國環境與國情的應用系統及相關技術。

2.發展遠距教學教材，進行遠距教學實驗，並鼓勵民間參與研究發展遠距教學教材製作，以充實遠距教學我國的軟體設備。

3.規劃研究我國遠距教學人才培育方案，以因應未來全面推動時的人才需求。

4.擬訂未來我國遠距教學實施策略以及推動方式。

配合遠距離的學習方式，圖書參考資料的快速取得更是遠距教學不可缺少的一環。因此，NII專案推動小組在NII優先推動工作項目中增加了「遠距圖書服務先導系統」一項，希望未來大家不但可以利用遠距教學系統來學習，同時也可以透過遠距圖書服務的系統，即時取得相關的參考資料。除了文字資料外，更可包括活潑生動的聲訊、視

訊等不同類型的資料，以提高學習的興趣，增進學習的效果。

　　為了使遠距教學未來能夠逐漸推廣至國中小教育，並為我國資訊教育紮根工作奠定基礎，教育部在發展遠距教學先導系統的同時，積極規劃執行「E-mail至中學實驗系統」的計畫，逐步建立普及國中小網路建設，逐年增加國中小師生上線的數目，以加速未來遠距教學及其他NII相關應用系統的推廣。

第六節　網路教學

　　鼓勵學生、員工上網修課，吸收新知，是相當理想的學校、企業內學習，沒有時間、空間的限制，不須挪出工作時間，不會增加負擔，能讓學生、員工自主決定學習時間，同時也藉此讓學生、員工熟悉網路環境，一舉數得，為學習組織的應用。

一、網路教學內涵

　　完整網路教學內涵包括（陳德懷，民86；王志修，民87；洪明洲等，民87；台大管理論壇網站；Harasim, 1990）：

(一)時程

　　學習者可以各自安排其課程進度，達到自主學習之目的，為免進度的落差過大，教師需給一定的課程進度，如：作業、討論、專題、考試之時程與進度，並且在教學系統可瞭解每位學習者的進度。

(二)評量

　　教師公布學習成績之計算方式，評量可包含作業評分、討論評

分、個別與小組評分、考試評量、學習態度評量。藉由電腦的各項紀錄，得出學習者的整體表現成績。

(三)同儕與師生交流管道

學習系統必須透過網路提供其交流之管道，包含個人資訊、小組交流、意見與訊息交流、呼叫某成員、召喚小組研討時間、討論室、求救等交流管道。

(四)教學系統使用說明與解惑

學習系統需包含功能之解說、傳統教室之說明會或網路上之解說。爲避免學生無法上網，如網路短線或系統當機，因此說明與解惑需有透過傳統教室或電話電傳來達成。

評估網路教學的學習成效，除了在系統設計與教學實施方面，要求合乎教育部訂出之網路教學基本規格，以確保教學品質外，還希望消極上能減少網路教學缺點。例如：人際互動、作弊；積極上能在網路上有效進行更多學習活動，且都有具體的學習效果。

網路教學，學習者要自主閱讀教師指定教學的章節內容，並留意網路資訊，隨時在網路上接獲教師之指令，進行自我管理，包括：

1.上網上課：採用虛擬教室，學生上網，閱覽教材，隨堂測驗，閱讀案例，討論，寫信給教師等。

2.上網測驗：以動態題庫方式產生考題，雖然有規定的讀書進度，但學生可以提早測驗，學習進度是以上網測驗的時間爲準。

3.上網實務經營：設計相關網路競賽經營遊戲，分組在網路參與競賽，期末按各組的團隊合作精神與盈餘利潤計分。

二、網路教學流程

㈠閱覽網頁內容，瞭解課程要求

網路提供詳實的課程資料，讓學員能上網瞭解課程內容與修課進度，學員從課程介紹瞭解課程授課計畫、課程內容、學習條件、老師要求、甚至試讀等。

㈡決定選課

學員瞭解課程內容與要求後，若決定修課，可直接在網路註冊，打入個人資料、e-mail帳號，同時也取得網路修課的帳號密碼，即完成修課程序。

㈢線上修課

學生進入網站，點選「線上學習」，就可以在網路進行修課，系統提供教材閱覽、討論、測驗、成績查詢等學習功能。學生必須按自訂的讀書計畫，以自訂的帳號密碼進入學習。

遠距教學只將原本在教室講授的教材搬到「網路」平台播送，在教學上只將網路作這樣的應用，非常可惜，網路並不具有教學的優勢，它只是傳統教學的輔助工具而已。

網路應該不只是輔助性的教學媒介，它能夠成為一個具有完整教學功能的虛擬教室，尤其能提供相當豐富的資料，用以測試或驗證許多學術性教學理論的假設模型。

三、網路教學創新

由於電腦網路的普及，網路科技已經是經營知識體系、改良教學

的主要工具，運用網路科技來建立教學研究的規範與系統，是導引教學成為專業的必要技術之一。

有人將網路應用視為遠距教學的媒介。遠距教學是利用媒體，突破時空的限制，將系統化設計的教材，傳遞給學習者的教學過程。洪明洲（民88）強調網路技術具有促使教學更具專業化的功能：

㈠能提供師生創造性學習的環境

如企業政策課程，強調網路具有提供「創造性學習」的條件工具，主要藉助網路的溝通功能，師生以網路為虛擬教室，共同討論企業個案，共同創造一個「知識創造」（knowledge-creating）組織。

㈡提供教學方法的專業研究環境

如企業管理課程，強調網路能提供教學方法的專業研究環境，主要藉助網路的資訊傳輸與控制功能，將網路建構為學生全程修課的平台，學生必須在網路上完成全部的修課活動，包括：閱讀瀏覽教材與補充資料、測驗、報告、實務演練等。

此類網路教學的實驗階段，原有的網路教學系統已經改良為直接在網路上全程監控學生學習活動的系統，相關的資料豐富。選課學員不限學校學習學生，尚包括企業人士、家庭主婦等。

儘管兩類網路教學的功能與特點不同，但都能從網路介面提供相當方便的實驗活動，證明網路不只是輔助性的教學媒介，它能夠成為一個具有完整教學功能的虛擬教室，尤其能提供相當豐富的資料，用以測試或驗證許多學術性教學理論的假設模型。

四、網路連線技術

網路教學包含教學端網路架設主機及網頁架設外，網路品質首重速度及穩定性，目前網路技術因應網際網路的成長與創新，特別是平

價高頻寬的需求，不斷有新的技術出現：

㈠整體服務數位網路

　整體服務數位網路（ISDN），為被普遍應用的數位電話網路，傳輸率高達128kps，國內已有ISP提供 ISDN撥接服務。

㈡高速類比數據機

　傳統類比電話使用數據機，速率已有長足的進步，由14.4K跳升至56K，以兩條電話街56K數據機可達112K傳輸，將來可發展出可下傳1MB的數據機技術。

㈢非對稱數位訂戶線路

　非對稱數位訂戶線路（ADSL）為新的數據傳輸技術，藉由家中現有雙絞式電話線與ADSL數據機，使用者上傳資料速度可達16～640kbp，資料下傳的速度可高達1.5MB。另外，ADSL將一般電話線分成上傳、下載、通話三種類作法，使得上網路與通話不致於互相干擾，克服了傳統交換設備面臨大量常時間上網用戶過度負荷問題。

㈣纜線數據機

　纜線數據機（cable modem）為運用有線電視現有高速光纖網路，除可傳輸現有電視外，可利用多餘的頻寬，提供使用者以纜線數據機，自由訂購其他視訊傳輸服務，或網路連線服務，其傳輸速度可高達30MB。

第三篇

第三篇

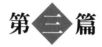

教材篇

教材篇

11

教材

- 教材：涵義、範圍
- 教材組織：方法、排列原則、排列順序、教具、教材選編、教材內涵、依據、分析
- 教材編製：步驟、撰寫要領、評鑑
- 教材分類：分類、種類
- 技能專業教材：技能專業教材、教材層面、編製原則、編製流程
- 鄉土教材：領域、編選

第一節　教材

　　課程是指有計畫的學習活動，教材（teaching materials）則是指學習活動的內容。一般是指國文、數學、社會、自然科學、專業學科、實習、體育、音樂等，以及各種課外活動所用的教學材料。教材應配合學習者心理發展，由趣味化、生活化、實用化過度到抽象化、概念化、及符號化，且教材應禁得起事實與邏輯推理的考驗。

　　教材並不限於教科書，教科書只是教材的一部分，不是教材的全部，除了教科書以外，如書報、雜誌、圖畫、視聽教材，甚至教師經驗、學生經驗、社會資源、自然現象、環境生態、政治發展、國際情勢等都是教材，教師都要加以利用。

一、教材涵義

　　教材，是人類生活、學習經驗的精華，也是人類文化遺產的結晶。早期人們從直接的生活經驗獲得知識、技能、態度、理想等，以適應生活需要，隨著社會組織日漸複雜，人類累積的經驗也日漸增多，人們已不能由日常生活經驗中習得適應生活所必需的知識、技能、態度、習慣、理想、價值等。於是設立學校，由教師選擇最適合生活需要的、最實用的、最有價值的經驗來教導學生，以擴充學生們的經驗，增加他們適應環境的能力，這些都是教材。因此，教材是從人類生活經驗中選擇出來的。

　　教材也是指教師施教之有計畫、有組織的具體內容及其資料。包括：教科書、教學計畫（教案）、教具、教學媒體、書籍、雜誌或有關資料等。

　　教材是教師教授學科內容時，所需要的材料或工具，如果教學活動當中沒有教材輔助，任憑天馬行空，則學生的學習效果是十分低落的。例如，指導學生拆裝引擎時，一定要在教學過程中提供圖文並茂的說明書、實體模型或投影片，針對教材為學生一一解說，如此才有較佳的學習效果。

二、教材範圍

　　教材的範圍甚廣，舉凡可做為學習的材料皆是。範圍如下：

　　1.教科書並非教材的全部，舉凡書報、雜誌、圖畫、視聽教材、師生經驗、社會資源、企業發展動態、自然現象、國際現勢等都是教材。

　　2.教材是教師教授學科內容時，所需要的材料或工具。

　　3.教學計畫、教案、教具、教學媒體等亦是教材。

　　4.由教材塡補學習者的求知欲（認知），形成價值判斷（情意），藉以增進工作、生活技術能力（技能）。

　　教材包含：實物、標本、練習卡片、圖表、模型、目錄、幻燈機、幻燈片，錄影機、錄影帶、教學機、電腦、地圖、儀器、電影機、影片、錄音機、錄音帶、光碟片、磁片、成品、說明書等。

第二節　教材組織

　　教材是學習活動的內容，也是實現教育目標的工具。教師要選擇適當的教材，並加以組織，提供學生的學習。教材組織一般分成水平組織和垂直組織二種：

　　1.水平組織：係指教材相互之間的關係。例如：機械與電機間的

關係。

2.垂直組織：係指教材前後間的關係，亦即教材排列的問題。

一、教材組織方法

教材為課程的具體表現和詳細說明，應該根據學生心理成熟與生理成長的特徵，擇取最能被接受的成分，組成最經濟有效的教學材料。縱使所有的材料都非常符合因素的要求，仍然必須在時間的限制下，選取最可用的材料優先列為編製的素材。

教材相當於人類所攝取的營養，在使用前宜先分析其營養種類與價值，然後由調理師採用合理方法調製、烹飪，使學生食用時能樂於攝取，經消化吸收後促其生長發育成人。同樣道理，教師在教學前，應多深入研究或分析各種教材的特性、結構與價值，然後針對學生的身、心、社會行為的發展特徵、能力與需求，選擇有教育價值的教材，以合理方法施教始能收到預期的教學效果。

選擇教材後，要加以組織，以便於學生的學習。教材組織的方法（歐用生，民83）如下：

㈠論理組織法

論理組織法是依照教材自身的邏輯順序，進行有系統的排列，保持學科的結構體系，而不考慮教材的難易和學生的需要。例如：社會科學中的歷史教材，由上古、中古、近世而講到近代和現代、甚至未來；地理教材則由疆域、地形、物產、交通、氣候等總論，而後及於各省地理。這種組織方法注重年代的順序，注重地學的系統，因此教材組織系統井然，結構嚴謹。

論理組織法的優點在於教材組織有系統、有條理，學生可獲得系統的知識，而且可以訓練學生整理知識與技能的方法；其缺點則為以教材為本位，不顧及學生的需要。例如：地理的學習，與學生最有關

係的是鄉土教材或本地區的地理，但學生卻必須從其他地區的地形、山脈、河流、氣候開始學習；歷史的學習上，學生感興趣的是當前的社會事件或國際現勢，但卻必須從遙遠不可及的上古史學起；切削的學習，學生感興趣的是速度，但需以三角函數為基礎，容易產生學習索然無味、困難等現象。

(二)心理組織法

心理組織法以學生的經驗為出發點來組織教材，而逐漸擴大其範圍，使教材適合學生的能力和興趣，而不顧及教材本身的系統。例如：歷史教材先講當時事件，然後溯及現代史、近代史，而至上古史；地理教材先講鄉土地理，然後擴及本縣、本省、全國、國外。

心理組織法的優點在於以學生的經驗來組織教材，自能配合學生的能力、興趣和需要，學生較易學習；但心理組織法較不注重學科本身的系統，以致學生不能獲得有系統的知識。

常用心理組織法：

1.學科單元組織：以若干題目（topic）為中心，將本學科的教材加以組織，使學生學習。例如：地理，以我國的交通、物產等題目來組織教材。

2.聯絡單元組織：決定中心問題，各科都以這個問題為中心組織教材，但各科仍保持各自的系統。例如：以「工業安全」為中心週，實習科進行安全演練，專業學科教導工業安全圖片、標誌；美術課則繪製工業安全標誌或宣傳圖片等，各科分別教學，但教材保持聯繫。

3.合科單元組織：係將有相關的學科合併為一科，採用單元組織法教學。

4.大單元設計組織：打破學科的界限，不以學科的系統組織教材，而以實際活動來聯絡各科教材。例如：學校舉行校慶會，可以用校慶會為中心，由師生共同決定教學目標，擬訂活動計畫和過程，以實施教學或活動，如舉行實習成果展示，廠商校園募求等活動，並評

鑑、檢討教學成果。如此，教材與實際生活打成一片，而且學生學習是基於自身的需要，因此學習較有興趣。

二、教材排列原則

教材經過選擇、組織以後，範圍便已確定，使得教材內容有了明確的廣度和深度。教材排列就是要依據適當的原則將教材加以安排，使成合理的順序，以便於施教。教材排列主要依據原則（歐用生，民83）：

㈠依據學生身心發展

學生的身心發展，不論是身體的情緒、語言、智能、價值觀等，都遵循一定的歷程，教材排列要依據發展的模式或歷程，學生才易於學習。例如：皮亞傑（J. Piaget）認為兒童的智慧是經由感覺動作期（初生至二歲）、前運思期（二至七歲），具體運思期（七至十一、二歲）、形式運思期（十二歲以後）等四個時期而發展。

上述時期發展對於教育有很大的啟示。教材排列不僅要由具體的操作，半具體的學習經驗，進而抽象的學習經驗，而且要從運思的觀點，把各種演算教材加以組織構成體系，有利於學習；郭耳堡（L. Kohlberg）認為學生道德意識是由他律階段發展為自律階段，道德教材亦應循此發展順序做有系統的排列。

㈡隨學生經驗而擴充

學習要有意義，教材應以學生最熟悉的環境為起點，由接觸及各種事、物、人而擴大其經驗，教材也應循此向外擴充。如增廣教學或擴充環境教學。

人類生活的環境隨年齡而擴大，先以個人、家庭為中心，漸漸地擴及學校、社區、社會，而及於全國、全世界。這個事實成為社會科

學課程的構成原理，社會科學教材就應依此順序排列。

㈢依據學科邏輯順序

布魯納（J.S. Bruner）的基本假定：任何學問的結構可以用任何方式，教給任何年齡的學生。所說的任何方式，是指教材的提示要配合學生學習或觀察世界之獨特的方式，即必與前述皮亞傑的認知發展階段一致。

例如：社會科學概論，不僅包括歷史、地理，也包括社會學、經濟學、政治學、文化人類學、心理學、生態學等，而且這些學問的概念從一年級起就可以施教。從此以後，學生一再地接觸這些概念，而每一次都從不同的觀點，增加了學習的深度，這就是所謂的螺旋式課程（spiral curriculum）。螺旋式課程係以一個概念為中心，融合各相關學科成螺旋狀逐步而上。

㈣考慮難易次序

教材的排列宜由易而難，由簡入繁，由近及遠，從具體、半具體而抽象，由已知到未知，循序發展，使學習過程有組織、有體系。

㈤考慮年代順序

一般排列是由過去直到現在，也可採倒述的方式，由當前再追溯過去。

三、教材排列順序

1.論理式：注重理論之邏輯系統。

2.心理式：注重學生內在心理與興趣。

3.折衷式：論理式、心理式二者兼顧。

高中以上學生理智力發達，重視學術研究，可偏重論理式。國中

小階段爲偏重折衷式。一般而言，論理式與心理式在各級學校中應從學生年級之增加而互爲消長。

四、教具

　　幻燈片、投影圖片等，以形象方式代表實際學習對象；表解、練習卡等，以語言、文字代表實際學習對象，給人最抽象、間接的經驗。要讓學生獲得直接經驗，最好運用實物、標本、儀器、模擬、操作等。假如實物展示不便，或只需以半具體的形象來表達概念的意義，或選用光碟片、幻燈片、圖片等做爲媒介。但若要整理概念系統，則表解最爲理想。

　　教具使用原則：

　　1.依據教學目標選用適當教具：教具之使用以配合學習活動以達成教學目標爲第一要件。例如，要學生瞭解某一實物的名詞意義，宜用實物、模型、標本、照片等；經驗必須能轉譯成符號才便於保存、傳遞和創新。因此，符號的使用必須獲得充分練習的機會。

　　2.先說明操作目標及方法再分發教具：要讓學生操作的教具，須先說明學習的目標及操作方法，以導引進行，避免學生把教具當成工具、玩具等的使用。

　　3.注重教具啓發智慧的功能：要以適當的問題誘導學生觀察、報告、試驗、操作、預測，使學生活用教具，主動探究，增進智能獲得練習。

　　4.教具要多變化以保持新鮮感：教具的重要價值是使學習更生動有趣。若一件教具經常使用，或長時間陳列教室，也會失去新鮮感，降低其價值。

　　5.從教具所得經驗須整理成系統知識與技能：學生觀察或操作教具後，要以系統問題詢問學生，使獲得知識與技能。或者要求他們做成報告向全班報告，才能收到最大效果。連續閃示的圖片、幻燈片、

影片，常使學生沒有思考時間，更應指導學生整理經驗，或運用思考應用其知識與技能。

6.配合詳細說明以獲正確觀念：有些教具，如地形模型、內燃機模型，所蘊涵道理甚為精微，若無清晰而正確的解說，學生未必能獲得重要訊息。

7.示範性教具應讓全班看清楚，最好能逐一傳閱觀看。

8.養成學生收拾教具、愛惜公物的習慣。

五、教材選編

㈠教材選編要點

教材的選擇深受教育學、哲學、社會學、心理學、文化、社會、科技等的影響。教材的主要選擇依據：

1.符合文化、社會、倫理、民主、科學、技術的精神與需要，而且可以達成目標。

2.適合學生的學習能力，而且是生活中常見常用的。

3.具有永恆的價值性。

㈡教材選編歸準

教師選編適當教材的規準（Brady, 1990）：

1.有效性（validity）：教材內容對該主題或問題範疇是否為基本的知識與技能；教材內容能否達成教學目標。

2.有意義（significance）：教材內容的選擇是否允許處理得更廣、更深；教材內容的探尋是否符合研究的精神和方法。

3.興趣（interest）：教材內容能否引發學習者的興趣。

4.可學習性（learnability）：教材內容是否很容易學習。

5.與社會現實一致性（consistency with social realities）：教材內

容能否形成對世界的正確認知和態度,此包括了發展宇宙態度和價值;理解變遷的本質並與之抗衡;理解團體的文化;發展自主性的思考;培養創造等教材內容。

6.實用性(utility):教材內容在學生面對生活時是否有用。

由上可知,教材內容的選編,不只是將一些正確新穎的知識加以統整應用而已,還包括了教育目標的達成與價值觀念的形成。教材內容的選編,必須與學習者的生活和興趣相配合。

(三)教材選編標準

1.根據教育目標:教材是實現教育目標的工具,因此教材的選擇一定要根據教育目標。

2.切合生活需要:教育目標在培養學生適應社會生活,而現代的社會瞬息萬變,隨時要有新的知識、技能、態度。因此,選擇教材應包括最基本的和最實際的需要兩部分。前者是指應用上比較、理想等,以求配實用的教材;後者是指學生要有效地參與社會生活所必需的教材。重要的、基本的知識與技能:閱讀能力、寫作能力、計算能力、語言溝通能力等,凡是能發展此等能力的教材,便是切合生活需要的,也是最有效用的。

3.適合學生能力:教材要適合學生的能力、興趣、性向和需要。教材的繁簡、難易、深淺要適合學生身心的發展程序。例如:高職和專科學生的抽象思考能力不同,數學教材也應有所不同;身體成熟程度不同,體育教材也應不同。教材若能滿足學生興趣,則學生便能從中追尋自己的目的,自行探索思考,不僅學得快、記得牢、能應用,增加了學習的效果,而且可以培養學生獨立自學的習慣和能力。

4.具有永恆價值:具有永恆價值者係就教育功能、系統知識或社會發展而言。

(1)教育功能方面:或為傳遞文化,促進民主,教材選擇必著眼於此,教育的功能始可發揮;

(2)系統知識方面：某些教材在某一知識系統中具有先修知識的
地位，如不學習此種教材，便無法做進一步的研究，因此教
材的選擇須能幫助學生獲得系統的知識。

(3)社會發展方面：教材的選擇不僅提供學生知識，還要訓練學
生求知技能或社會技能，及民主社會必須具備的品質或價
值，培養其有做有用的國民（歐用生，民83）。

六、教材選編內涵

(一)內容：教科書中的概念、訊息的正確度

1.內容是否正確無誤？

2.是否跟得上時代需求？

3.內容是否詳實符合課程標準？

4.有關社會論題是否公平處理等？

(二)呈現方式：外觀、內頁圖文編排、寫作風格

1.教科書是否能使學習更容易：每一章包括一個單一主題，字體
的大小是否便於閱讀，圖片能說明文字。

2.內容適合學生的程度：字和圖表是否配合學生程度。

3.編輯書寫風格是否有助於理解：語調是否適合學生、解釋說明
是否清楚？

(三)教學設計：教科書應用學習原則的情況

1.教學要素是否一致：教學內容是否符合目標與評估。

2.教學的特性是否有助於學習：每一章是否有摘要？教學活動與
習作練習是否配合內容與技能？有無引起動機的準備活動？

㈣教室使用：學生實際使用教科書的表現與態度

　　1.教材對學生是否有效：是否有資料顯示學生喜歡教材，且從教材中習得所需知識？

　　2.教材是否與教學條件相容：在學校內良好的教學地點安排是否可能。

　　3.補充的教材是否有助學習：教師手冊是否與學生課本內容吻合，習作內容是否與教科書一致，使用者是否對補充教材滿意等。

㈤發展教學活動

　　教學活動是教學上一連串的安排，包括了如何呈現及先後的順序。計畫發展對於教學活動有如地圖羅盤指點迷途者的方向，計畫妥當可使教學目標易於達成。

　　選編適當的教材，俾以充實新穎的知識和技巧，滿足學習者繼續教育的需求。因此，教師應如何選編適用學習的教材，就成了影響教學和學習成敗的重要關鍵。由於教育的需求繁雜，而知識和技術的進步日新月異，加以教師教學的時間有限，是以任何教師在面對不同的學習者及學習課題時，都面臨教材選編的問題。

　　教師必須對教材內容做合理的選編，俾以最適當、最合用的教材，提供學習。教材是教師教授學科內容時，所需要的材料或工具，如果教學活動當中沒有教材輔助，任憑天馬行空，則學生的學習效果是十分低落的。例如，指導學生拆裝引擎時，一定要在教學過程中提供圖文並茂的說明書、實體模型或投影片，針對教材為學生一一解說，如此才有較佳的學習效果。

　　再者，學習音樂也必須要有歌譜及樂器等相關教材，如此教學活動才會生動而激發學生的學習興趣，並增強其學習效果。

七、教材選編依據

(一)教材選編依據

1.系統知識原則：主張所選之教材須能幫助本科知識系統之建立，必須是最基本的、最重要的，可以幫助學生循序而進的。

2.歷久尚存原則：認為多少年沿用下來的教材一定是經過多方考驗必有可選之價值。

3.效用原則：凡是能協助人們渡過圓滿生活及增進人類社會效率的教材是可選的教材。

4.興趣原則：能滿足學生之興趣與需要的教材均為好教材。

5.社會發展原則：凡是能幫助社會向民主方向發展的教材乃是好教材。

上述依據原則在各級學校均有其地位，但在各原則之比重上稍有差異。一般來說，效用原則與社會發展原應為各級學校所重視；興趣原則在國中以下學校可受到更多的重視；系統知識原則與歷久尚存原則在高中以上各階段的學校可受到較多的重視。

(二)教材選編原則

經過仔細分析、瞭解各種教材的特性、結構與價值，在實際教學時，必須依據下列原則選用教材，始能發揮適材適用之功：

1.須先考慮該教材是否適合各階段學生的身心發展特徵、能力、需求，並可發展良好社會行為者。

2.考慮各地教學情境、氣象條件及學校場地、設備。

3.顧及各學校教師的能力。

4.其他考慮：如社區資源、學校特色等。

八、教材分析

以游泳為例，分析教材應有特性（吳萬福，民87）：

㈠特性

游泳係利用身體的浮力與手腳划打水動作，在水中移動身體的運動。游泳與陸地上各種運動的不同點：

1.運動中無法自由呼吸。

2.運動時受水的阻力，因此運動速度較慢。

3.運動時多呈俯、仰臥狀態，並且重心較不穩定。

4.如不小心容易發生傷害。

㈡結構

如以各種游泳運動的過程來說，游泳是由入水起泳、游泳、終點止泳所構成；如以游泳中的動作而言，不論捷泳（自由式）、俯泳（蛙式）及蝶式、仰泳，均由下肢的打、夾水、上肢的划水，軀幹的轉動、呼吸等動作所構成。

㈢價值

長時間反覆學習、練習各種游泳後，身、心、社會行為受影響：

1.身體：可加強全身協調性、肌力、肌耐力及全身耐力、耐寒性、柔軟性等。

2.精神：可提升克服恐懼、自我挑戰、堅強意志、判斷時機、忍耐等精神能力。

3.社會行為：可培養相互觀摩、切磋、激勵、公平競爭、互助合作等社會行為。

第三節　教材編製

一、教材編製步驟

　　將教學相關層面的要素組織成具體的材料結構，按照編製教材的流程，可以分成收集資料、選擇資料、編輯整理、試驗及推廣使用等幾個步驟，如下圖（陳昭雄，民74）：

圖11-1　教材編製流程圖

資料來源：陳昭雄（民74），工業職業技術教育，頁97。

(一)收集資料

　　各級學校、類科的教學材料廣泛，大至整個經濟社會動態，小至小螺絲釘，都是收集的對象。有時候面對這許多的素材，反而不知道從何著手，所以在收集資料之前，必須有妥善的計畫。根據前面述及規準、要點、原則，考慮技術、人類、文化等層面的要素，分為認知性的、試探性的、及生活性等三大部分尋求相關的材料。

(二)選擇資料

　　經過多方收集到的龐大資料，是無法全部納入教材中。必須經過

選擇，以去蕪存菁。在選擇材料中，必須針對教育目標、主題、對象、時間、內容等，仔細斟酌。凡是不能配合主體的材料及不能提供教學的需要，便無法達成教育目標。

㈢編輯整理

將一些缺乏組織的教學材料，利用教學原理、邏輯的順序排列成有系統性的教材，爲編輯整理的主要工作。在編輯中有許多應用性技巧，必須善加利用。例如，文字說明的語氣是故事型的，較容易被接受，若是說教型的則容易引起震撼；一節中該有多少比例的圖片、插畫，最容易引起讀者興趣；一個概念如何使用最簡短的文字或圖表說明等，放棄傳統的長篇大論，爲在編輯整理時不容忽視的關鍵重點。

㈣試驗

教學材料的試驗在於驗證其適用性，可以採用教育研究方法論的實驗模式，可進行單組前後測成效比較和雙組對照比較等方法。

㈤推廣使用

完備可用的教材如果不被採用，將無法發揮其價值。國內學校使用的教材有由國立編譯館負責編製，開放採用編審制度，由各學校自行選擇合用的教材。爲了使優良的教材能廣受採用，除了教材的品質隨時提高之外，更需要作適當的宣傳與推廣，才能發揮出它的效能。

二、教材撰寫要領

教材組織與因子兩大層面的撰寫要領（Hartley, 1987）：

㈠教材組織

1.名稱：以最簡短的字數精確地描述教材的內容，必要時可加副

名。

2.摘略：開頭的摘略重在概述全貌，中間的摘略重在承上啓下，結尾的摘略重在歸納重點。

3.標題：旨在提綱挈領以協助讀者蒐尋、記憶和取得資訊，可用直述句、疑問句或標籤式。

4.問題：文中各節次或段落之前的問題常用以導致特定性的學習，而文後的問題（常是習題）可導致綜合性的學習。

5.順序：句子或段落依自然順序（如時程）呈現內容；可利用編碼（一、二、三，1.2.3.①、②、③、A.B.C.等）輔助。

6.訊號：善用強調概念結構或文句組織的非關內容之轉接用語，例如，雖然……但是；因爲……所以；首先……最後等，以利讀者明瞭關係。

7.字符：針對新出現術語用黑體、加底線等，以凸顯重要性。

(二)教材因子

1.段長：較短且有良好間隔的段落較易閱讀。

2.句長：短句較易閱讀，所以每句儘可能維持在20字以內。

3.字彙：常用字較易閱讀。

4.文句：少用複合句，多用主動和肯定語氣。

5.難度：短句、常用字且通順句較易閱讀。

6.量比：量詞的使用要合理、一致，如85％以上──幾乎所有；60～75％──遠多於半數；40～50％──將近半數；15～35％──一部分；10％以下─甚小部分。

7.編碼：章、節、小節及圖表等適切編碼，有助於段落分明及前後關連。

8.註釋：儘量少用註釋，因爲大多數的註釋可融入本文或移到附錄。

名稱、摘略、標題、問題和理順有助於組織和編排本文，而短句

和常用字有利於提高可讀性。同時也顯示撰寫教材是一項複合能力，但是這種能力是可以習得的。

三、選編教材的評鑑

良好的教材應該物美價廉或經濟有效，所以在選擇或編寫教材時，該以教材的評鑑規準為依歸。主要的評鑑教材規準：

1.重點：教材的主要目標、構想是否已清晰陳述；教材所欲傳達的意義和目的，是否已依其重要程度適切地呈現。

2.一致：教材中所有的目標、構想，是否明顯地和教材中的特定主要構想及重要論點相互呼應。

3.連貫：教材中的所有目標、構想是否明顯地關連成易於追尋的邏輯方式。

4.重複與說明：教材所呈現的新概念，是否和以前介紹過的其他概念相關連。

5.適切的詞彙：用以表達目標、構想的詞彙，是否適合讀者的教育程度。

6.讀者切合性：教材是否就讀者的先期經驗做合理的假定與規定說明。

7.格式：教材的格式是否可促進讀者的理解。

8.問題的層次：教材是否附有問題，如果有，是否涵蓋各種思考層次，內文中是否有明確的解答依據等。

第四節　教材分類

一、教材分類

(一)認知類教材

認知類教材旨在將既有資料作「反省思考」，所以教材內容須充滿啓發性、思考性、批判性與推理性，它須依學習者心理發展需要而儘可能的提出所有有關問題，並予以滿意的解答。

(二)情意類教材

認知教材是理性的，情意教材則是情感的。認知教材眞假爲旨，情意教材則在辨明善惡美醜的價值判斷。這方面的教材目的在於潛移默化。所以公民與道德、美術工藝、音樂勞作等有形教學科目之外，學校環境、教室佈置、校舍建築、工場規劃、校園美化等之能夠令人賞心悅目，都是情意方面環繞在學生周圍的教材。

(三)技能類教材

技能類教材重在外顯行爲的示範或強調身體動作如實驗、解剖、歷史古蹟之考證與挖掘、樂器彈奏等。可以圖片、程式、模擬、或實際操作來補文字敘述之不足。

在教授學生認知領域的知識時，較適合以「講述教學法」將單元目標及內容作有系統的描述與解說，並且配合教材輔助，使學生觀念更加清晰。

二、教材種類

㈠教科書（textbook）

學校使用的教科書，通常是由專家、學者、教師或相關人員，根據課程標準，經由長時間研究、選擇、組織與實驗兩提供的教學資料，編輯成為專書，大量出版，供教師教學和學生使用。教科書須依據教育部頒布的課程標準編輯，並經審查核定後方可出版。

教科書的主要功用（歐用生，民71）：

1.齊一教育內容與水準：教科書依據課程標準編定後送審，內容較為整齊劃一。採用審定制或認定制的國家，中央或地方教育行政機構也約束了教科書的編輯，因此教育內容也不致過分分歧。因此，教科書裡能齊一教育內容，並提供最低限度的教育內容，對實現教育目標，貫徹國家教育政策貢獻很大。

2.輔助教師教學：教科書是各科專家和有經驗的教師精心編撰的，是人類文化遺產的精華，是各種學問領域的結晶。有了教科書，教師不必每一科目、每一節都要自編教材，可以節省時間和精力，做其他方面的教學準備及輔導學生學習。

3.幫助學生學習：教科書的編輯都依據學習心理，或學科性質，合理的選擇、組織，並排列教材，以生動的方式提供給學生學習。而且教科書除文字說明外，尚有插圖、表解、練習、作業指導等，學生學習方便，也可自行學習或自行作業。

教科書的優點：

1.教科書篇幅較多，可提供清晰、豐富而有良好組織的教學資料。

2.教科書多係大量印製，省時省力，價格較低。

3.教師使用教科書，可節省教學準備的時間。

4.教科書因內容充實，文詞較佳，可培養學生的閱讀能力。

教科書也有下述缺失：

1.教科書不能適應個別差異：學生無論在智力、能力、性向、興趣、經驗、生活環境各方面都有很大的差異。教科書大都是以中等學生的程度而寫，不能適應學生的個別差異。

2.教科書忽視了地方的特殊需要：地區或環境的差異使教科書不一定適用。適用於都市的教科書不一定適用於農村；適用於山地的教科書不一定適合海邊兒童的需要，因此一本教科書不能配合。

3.教科書內容難免陳舊：當今社會，知識與技能遽增，社會事件層出不窮，教科書不能隨即編入，缺乏時效性。

4.教科書帶有偏見：教科書的內容、課題的選擇，深受主編者的影響，社會上的輿論也會影響編者，容易使教科書帶有偏見。

5.教科書限制了學生的思考和創造性：教師依照教科書照本宣科，學生背誦以應付考試，容易影響學生的好奇心、創造性。

然而教科書編印費時，無法經常加入最新的資料，且無法廣泛地兼容並包不同地區的地力性材料，是其缺點。

(二)教學計畫（teaching plan）

教學計畫是教師使用其教學資料的具體方案，又名教案。就理想而言，教師均應有自行編擬教學計畫或製作教案的能力。透過教學計畫之進行，可促使教師對所教的科目作深刻的思考，對所教的資料有清晰的印象，有機會不斷地評估其每一教學活動的價值。增加重要的經驗，以及刪減不必要或無價值的資料。

(三)教助（teaching aids）

教助是用以幫助教學有關的物件、資料。例如文字、圖表、模型、說明書、目錄，用以幫助學生學習者均是。亦有所謂視聽教助（audio-visual aids），是指經由聽力及視力並用以增加學習效率的工

具，如幻燈片、電影、錄音等。

　　例如：利用錄影帶，可突破語文、設備、時間、空間的限制，將實體或過程清楚呈現，對於飛機修護科的教學，無論是飛機各系統的介紹或維修實務展示，均有莫大助益。不僅可達到良好教學效果，亦能使教學生動。此外錄影帶有齊一教學品質的功能，可做為個別或補救教學良好的方式。

　　㈣參考資料

　　學校通常為了充實學生的學習資料，在課內外指定參讀教科書以外的有關書籍、雜誌、報告、論文等，教師自行編擬摘印的講義等，均係教材之一種。

　　㈤投影片及投影機

　　以講述為主的老師，投影片之使用對教師有很大助益，除可節省大量板書有效控制上課進度外，大綱書寫對教師而言可輕易掌握解說重點，對學生而言具體、明確瞭解教學大綱。各種圖表、照片均可製成投影片，補足語文之限制使學習具體、深刻、能記憶長久。

　　㈥教學單

　　教學單是輔助教材的一種，在沒有適當教科書的情況下，可做為主要的教材。普通有下列三種：

　　1.操作單：敘述如何進行特定的操作，包括操作項目，實行每一操作的步驟。

　　2.知識單：敘述進行操作時必須知道的適切知識。

　　3.工作單：敘述學生如何將所學操作轉變為獨立工作和作業之必要的說明。

第五節 技能專業教材

　　技能教育的目的，在於調和個人與生活環境之間的不平衡，使個人更適合於生存於現代的工業社會不合理的地方，以便周遭環境也漸漸趨向更適合人類的生存。因此，技能教材最基本的要求便是以工業社會裡科技的指標爲依歸，隨時跟著工業發展的腳步更新教材，才能配合實際的需要。

一、技能專業教材

　　專業技能訓練是以操作等活動爲中心。而企業界的操作經常有變異，故大多數技能訓練的教材，無法像理論性的學科很完整的編輯包含在教科書內，須由任課教師自行設計教學計畫，才可能合實際的需要，並隨著科學技術、行業變遷、社會革新與進步，不斷修訂與改進。

　　技能訓練的教學計畫，通常包括下列教材：

1.操作。
2.工作及作業（或問題）。
3.相關知識。
4.特別活動。
5.教助。

二、技能教材層面

　　近代的科技文化，不外人、科技和文化三者之間的交互作用所構

成。因此，人、科技和文化這三者應該是技職教材的原始資料。決定技能教材內容時應該根據下面三個層面來選擇和組織：

㈠**技術的層面**（technical complex）

技術的層面是科技的具體表面，包含：材料、手工、製造、操作、生產工廠、製造工業、控制、產品、動力、工程、記錄、工具、交通、設備、服務、機器、溝通、消費、人力等要素。

㈡**人類的層面**（human complex）

人是天生的創造者，科技是人製造的。本層面要素：理念、研究、交易、操作、想像力、發展、消費、安全、發明、設計、職業、審美、創造、原理、組織、娛樂、計畫、理論、立法、評價、實驗、選擇、健康、解釋等。

㈢**文化的層面**（culture complex）

科技改變了文化，亦改變了人類，下面要素應與其他學科配合：歷史的、政治的、職業的、科學的、經濟的、個別的、娛樂的、工業的、社會的、教育的、宗教的、生態的、審美的、環境的、國際的、哲學的等。

技能教育的教材內容，應該根據這三個層面的改變而不斷地革新和發展，才能真正適合學生的需要，亦才能真正地發展學生們的能力。

三、技能教材編製原則

教材的範圍常因為類科、時間、地域、對象、教學等而有差異。技能教材主要是用來幫助學生達成學習目標的各種材料或工具；教學方法則是將這些材料與工具做最合乎學習原則的呈現，促進學習者對

教材充分地接受與吸收。

　　教材的選擇常由類科、單元、時間、空間與學習對象等因素來評估其價值，技能教育為了配合發展快速的科技水準，對於這些項因素的反映尤為迫切。

(一)時間原則

　　技能教育教學目的不僅在使學生發揮最大的學習潛能，以獲得最大的學習成效。更重要的是學習結束後，能夠在工作崗位上「學以致用」，應用所學，貢獻所學。為了使學生能適應未來瞬息萬變的社會，學習材料必須簡潔、扼要、迅速，能在最短時間內得到最大的學習成效。

(二)空間原則

　　技能教育係以配合社會的需求為導向，每一地域各有其特殊的地理環境、地區特色、人文環境等。影響所及，造成自然環境、人文環境等的差異，所以技能教育必須顧及空間因素。

　　以汽車技術為例，屬於汽車工業區的汽車技術教材，其重點在於汽車構造、汽車製造、汽車零件、汽車維修，乃至於汽車生產管理等生產性的行業技術與知識；屬於大都會地區的汽車技術教材，通常以汽車保養、汽車修護及汽車檢驗等服務性的行業技術為主要內容。諸如這種由地域環境所造成的條件差異，經常是教材實用價值的一大指標，學生經由教材所取得的知識與技能，能否有效地投注於當地的工作世界，端視教材編製時對於空間性的考慮程度而定。充分的考慮可以促進技術人力的安定性。

(三)對象原則

　　技能教育提供學生未來就業，從事工作的準備，關係個人終生謀取生活的方式，所以「學生需求」被公認為技能教材編製的主要考慮

要件之一。

　　一般而言，技能教材編製的對象原則包含二項因素（陳昭雄，民78）：

　　1.學生的興趣：教材的呈現以能夠吸引學生注意，喚起學生愉快的反應為先決條件。優良的教材能激發學生學習動機，促使學生主動將學習經驗與生活經驗作有效聯結，對提高學習效果大有增益。

　　2.學生的目的：教材內容的價值要視其對學生目的之貢獻大小而起，技能教材必須提供有用的從業技能，除了實用的技術之外，文化的陶冶、人文素養的培育、價值觀念的確立等都是考慮的因素。

四、技能教材編製流程

　　以上就理論的觀點說明技能教材編製上應遵守的原則，至於要實際編出一套完整的技能教材，必須經過審慎的步驟，按部就班地將上述的時間、空間及對象等原則詳加斟酌，其過程如下圖。

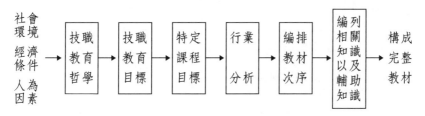

圖11-2　技能教材編製模式

資料來源：陳昭雄（民74），工業職業技術教育，頁172。

㈠建立技能教育哲學

　　接受社會環境、經濟條件、人為因素等外界訊息之後，據以建立技能教育哲學，釐清技職教育在教育系統內乃至於在整體經濟社會所擔負的職務。

(二)確立技能教育目標

根據技能教育哲學的理念，融合我國教育宗旨、教育政策、教育目標、經濟發展，訂定明確的技能教育目標，做為編製教材的指導原則。

(三)訂定特定課程目標

為了達成技能教育目標而設定課程都有其特定的課程目標，以便更具體指明教材編製時，對於各種原始資料取捨的準則。

(四)行業分析

行業分析為過濾行業職業技術，擇取最合乎需要的技術的方法。這種方法由主要部門、部門、工作項目一直到最細微的操作項目，逐一列舉分析，然後按照課程特定目標及時數選擇最為切要的操作項目做為教材的基本架構。

(五)編排教材次序

將行業分析所得的操作項目，依照其相互間的從屬關係及學生學習的難易程度作邏輯安排。

(六)編列相關知識及輔助知識

依照教學項目需要選擇最直接相關的輔助知識，如數學的應用、物理概念等，配合各種教學單的運用構成完整的教材。

第六節　鄉土教材

中華文化博大精深，確有傳承和發揚的必要，但並非是鄉土教材的全部。爲了加強學生鄉土生活環境的認知與關懷，增進鄉土藝術文化的瞭解和愛好，並且奠定良好的愛鄉情懷，以保有文化特質之美，並能提升個人與社會環境之自覺意識的題材爲主。基本上，凡具有地方文化特色的活動、物材、景觀等生活周遭資源，都可轉化成鄉土教材。

鄉土教學的研究發展，宜以具有社區文化特色的教材爲重點，並以鄉鎮市的小社區及臨近地區爲範圍，從事鄉土文化教學資源的調查、應用、材料的利用，及鄉土教材等方面的研究著手，著重直接利用社區資源以增進學生創造、美化生活、藝術認知與欣賞的知能。

一、鄉土教材領域

鄉土教材在兼顧前瞻性、時代性、統合性及藝術性考量下，將教學目標分爲：表現、審美、生活實踐三領域。每個領域下的目標內涵（黃壬來、陳朝平，民86；陳錫祿，民87）：

1.運用造形媒材，體驗創作樂趣，培養表現能力。

2.經由審美活動，體認藝術價值，提升審美素養。

3.擴展應用藝術及結合生活科技知能，涵養美的情操，提升生活品質。

生活周遭的景觀、事物以及社區環境、企業界等的文化、藝術，都是學生做爲鄉土教學認知、表現、欣賞與生活應用的基礎，故鄉土教材的開發應用與一般教育目標的達成，關係至爲密切。

鄉土教材在表現領域方面可以提供更多元化的教學媒材，更趣味化的創作題材，更生活化的學習情境，以及更彈性化的表現方式；在審美領域方面，可以廣泛結合社區資源，利用在地自然景物、人造物、藝術品以及民藝活動做為對象，以培養美感認知能力與美化生活、環境的意願，並能增進對於地方文化藝術的瞭解與重視；在生活實踐領域方面，則可密切配合實際生活情境，提供參與和應用的機會，將視覺藝術所習得的知能，轉化為環境意識的自覺，深切體認人與環境共存共榮的關係。

二、鄉土教材編選

可供利用的鄉土資源種類繁多，時空環境各異。考量各種因素和條件，把握教材編選原則，實屬必要，重點如下：

1.教材宜從學生當下的時空出發，由近而遠，從易到難。順應心智成長，適合其能力、興趣、需要和生活經驗。

2.教材應與學生生活環境緊密相關，並與地方鄉土藝術、文化活動相互結合。規劃不同的學習階段和重點，充分運用學校設備、社會資源。

3.教材內容宜能反應社會變遷事實，以及未來社會生活品質，激發學生與環境關係之自覺。

4.教材組織應力求統整性、多樣性、趣味性、特殊性、均衡性及美感性。充分兼顧教育表現、審美、生活實踐三領域。

5.教材應根據地方的特色，引導學生主動參與和學習，啟發關愛鄉土的情懷。

6.教材編排儘量配合時令季節、社會環境、民間活動及學校行事。其分量應考量教學時數和學生學習負擔。

7.教材可採科際整合的方式，配合主題的需要納編其他領域相關內容，使學生獲得統整的概念與系統的訊息。

12

教學媒體

- 教學媒體：媒體、教學媒體、屬性、分類、演進
- 教學媒體種類：印刷媒體、非放映性媒體、透明片、卡式錄音帶、幻燈單片與幻燈捲片
- 教學媒體理論：行為、認知、人本、建構學派、傳播學說
- 多媒體：特色、錄影帶及影碟、電腦本位教學與互助式影碟學習系統、智慧型電腦輔助教學
- 媒體與教學：演講、討論、示範、田野參觀、演練、個別教師、模擬、遊戲、獨立學習
- 媒體選擇與製作：效果、選擇、製作

第一節　教學媒體

一、媒體

　　媒體（media）是一種將訊息與知識傳遞給大眾的方法。而媒體所據以傳遞訊息與知識及借助於某些特定的工具（tool），這些工具實際上與媒體是一體二面，包括器材或設備的硬體（hardware）和教材或資料的軟體（software）。

　　媒體其功能有如頻道，透過它，人們可接收訊息；媒體的作用，就像橋樑，讓接收者與訊息之間，得以產生關連。教學媒體的主要功能，就是在彌補傳統教學之不足，在突破受時空限制的傳統教育方式，節省人力與物力，以達成最理想的教學效果，教學媒體在教學上的功能如下（張霄亭，民86）：

　　1.能提供具體的經驗，並擴展經驗範圍。

　　2.能引發學習動機、激發學習興趣，吸引注意力，使教學更生動有趣。

　　3.能傳送具體真實的訊息，不受時空限制，使知識與技術傳遞更加快速。

　　4.可提供團體共學之學習；也適合個別自我學習。

　　5.可改變學習態度，由於使用媒體，可讓學生有說話、參與學習活動的機會，使學習更富有互動作用。

　　6.可打破語文的限制，使教學的內容標準化。

　　7.隨時隨地均可提供教學，使學習者可獨立進行學習。

　　8.教師可扮演積極指導的角色，幫助教師提高指導的效率。

大班級教學中，惟有運用教學媒體，才能發揮經濟效益，並確保教學品質，即教學媒體的多樣化，才能避免教學方法的刻板化與教育內容的規格化，才不至於囿限學生的思考創造。

二、教學媒體

教學媒體（instructional media）是運用不同媒體傳遞訊息與知能的方式，在教學的領域中，將教師欲教授的知能，以有別於傳統演說、單向教學（single way teaching）模式，而以更生動活潑、更具吸引力的方式讓學生學習，以達教學效果。

媒體與教學媒體間的界限實難區分。一般而言，在媒體上所運用的訊息傳遞方式，在教學媒體上都可適用，只是運用媒體在教學環境中，勢必要先考慮對象、適用性與使用媒體種類等因素，方能提供適切與有用的學習方法給學習者。

自五〇年代起，媒體開始大量進入教學的領域中，對傳統教學方式起了革命性的影響。媒體本身即為多元化（multiple）的傳播媒介，因此教學媒體亦是一種多元化的教學工具（teaching tools），其包含甚廣。

三、媒體屬性

媒體屬性如下（李宗微，民80）：

1.畫面表現方式：照片或繪圖。照片能表達實景，繪圖則可呈現想像情境或刪除照片實景中不必要的部分。

2.體積大小：放映性的媒體其銀幕畫面大小可調整，如幻燈、影片；非放映性的媒體則畫面或體積大小固定，如靜畫、模型等。

3.色彩：黑白或彩色。彩色吸引人，黑白方可烘托情境。

4.動作：靜止狀態，如靜畫、幻燈片；動態，如錄影帶，或亦動

亦靜，如多媒體影像。

5.文字：書寫文字需識字者才能閱讀；口述語言如有聲讀物、錄音帶，則聾胞可以收聽。

6.聲音與圖片關係：早期的默片或有聲影片；幻燈單獨使用或是幻燈配合錄音帶使用。

7.學習者控制因素：視覺圖像的順序已設定好，或是可由學習者自行決定順序。

四、教學媒體分類

教學媒體廣義的說，從最早使用的印刷資料，如教科書、講義、實物、標本、模型，到幻燈、電影、電視、錄影等所有視聽媒體，及黑板、反應分析設備之利用，並利用編序（program）教學、電腦輔助教學（CAI）及電腦管理教學（CMI），還有示範、參觀及實驗、實習等，種類繁多。為了使教學媒體選用，發揮事半功倍之效，有必要在其廣闊領域中，根據各種不同的邏輯結構，來考慮其教育的體系化。

教學輔助（instructional aids）和教學媒體的界定：

1.教學輔助：在教學學習過程中，通常是間歇性地提示補充資料，來幫助教師之設施。例如：掛圖、幻燈片等，可使教師之教學活動順利地進行。

2.教學媒體：能提供完整資訊的設備，在教學學習過程中，通常是自主性多於補充性。例如，電視教學節目或編序教材等，都是經過組織，可提供自我學習的教材，即教學媒體。

教學輔助是必須教師面對學習者，親身授課；而教學媒體則可暫時替代教師執行教學活動。教學媒體是輔助性與自主性兼而有之。主要分類（陳淑眞，民75）：

(一)教學上機能分類

布魯納（Bruner, 1981）將教學媒體稱之為輔助教學設施，從教學上機能而言，分成以下四種（陳淑英，民75）：

1.替代經驗的設施：電影、電視、幻燈、錄音等，能直接提供一般在學校生活得不到的替代性的經驗。

2.模型設施：為了捕捉現象背後之潛在概念及構造，從實驗及示範之數學模型、分子模型、象徵圖等，包含電影及電視等系列節目。

3.演劇設施：將自然、社會、歷史及傳記等予以劇情化，來感動人或讓人有如置身於其中之情境，不只電影及廣播電視具有此機能，連教師本身之表情、語詞均可發揮此功能。

4.自動化設施：如教學機與編序學習之教學自動化。

布魯納以設施之潛在性格區分，是為了便於選擇對學習課題有效的媒體。

(二)傳播媒體功能分類

1.聽＋動態＋視覺媒體：例如，電視、錄影帶、有聲電影等。

2.聽＋靜態＋視覺媒體：例如，電視之靜止畫面、有聲幻燈捲片、有聲幻燈單片，有聲圖書等。

3.聽＋半自動媒體：例如，電傳打字電報機、音響指針等。

4.動＋視覺媒體：例如，無聲電影。

5.靜態＋視覺媒體：例如，傳真、縮影片、幻燈片等。

6.聽覺媒體：例如，電話、收音機、唱片、錄音帶等。

7.印刷媒體：例如，印刷品、打字電報機等。

從廣義之傳播媒體來分類，則涵蓋了一般的教學媒體，此乃其特徵。

㈢媒體提示功能分類

從教學媒體之提示功能來分，有以下八類（陳淑英，民75）：

1.實物：除了人物、事物、事件之外，也包含參觀及示範，不只是視覺、聽覺、語言等訊息，如到食品工廠參觀，還可獲得嗅覺、味覺、觸覺等訊息。

2.語言表現：除了教科書或手冊之類的印刷品外，電影、電視、OHP、幻燈、CAI終端機上所顯現的文字語言、視覺符號，黑板、揭示板上的文字等均涵蓋在內，而聲音語言、口述符號，則包括錄音帶、唱片、電影或電視之旁白及對話。

3.圖畫呈現：掛圖、圖表、地圖、一覽表、線圖等，揭示板上的圖像、壁畫，以及幻燈、OHP所投映之圖物等均屬之。

4.靜畫：黑白或彩色照片，教科書之插圖、插畫、揭示板上之圖畫，以及幻燈、OHP所投映之畫面。

5.動畫：黑白或彩色電影、電視、錄影帶等，其動態表現按現實之需要，可加快、變慢或暫停，還可利用旁白或配樂、音效等來增加效果。

6.錄音：錄音帶、唱片、校內廣播等。

7.編序學習：編序教材及教學機，CAI用之學習程式，資訊之提示除印刷品外，也有幻燈片、錄音帶、錄影帶等之組合學習。

8.模擬訓練教育設施：如汽車、美髮模擬器等。

㈣編序學習理論分類

波特（Porter）根據編序學習理論，將教學媒體分類：

1.刺激設施：為提示刺激學習，所包含之視聽媒體。

2.反應設施：為掌握學習者之反應，可以反應分析設備為代表物。

3.刺激、反應設施：乃刺激設備與反應設備之組合，如教學機和

模擬訓練設備等。

(五)視聽媒體機能分類

1.隨意媒體：在準備及提示上須有相當時間及經費，隨教師之喜好所使用之媒體。

2.必需媒體：根據問題分析而達成的學習目標所須使用的媒體，就算在準備使用時要花時間，也應使用之物。

五、媒體演進

依照使用方法須選擇教材，依其演進分類（陳淑英，民75）：

(一)傳統的媒體

是指在使用時不需借助任何器材或放映設備的教材教具，包括：

1.印刷媒體：如教科書、講義、參考書、報紙、雜誌等，所提供的是抽象的文字符號，適合從思考中學習，較難提供具體性經驗。

2.平面型媒體：如照片、提示卡、圖畫、地圖圖表等，蒐集與使用容易，但畫面有限，不適於人數眾多的場合使用。

3.立體型媒體：如標本、模型、地球儀、木偶、布偶、實物等，又稱為二度空間型媒體，具有「眼見為實，手摸為準」的特性，是實物教學上不可或缺的利器。

4.板類媒體：如黑板、揭示板、絨布板、磁鐵板等，此類媒體製作容易，使用簡便又經濟耐用，可反覆使用。但板面有限，不適於人數眾多的場合使用。

(二)近代的媒體

是指在使用時必須配合器材及放映設備才能表現的，都是教材和教具合併稱之。包括：

1.收聽型媒體：如唱片與唱機、錄音帶與錄音機，對語言、音樂及演講教學上功效很大。

2.靜態型放映媒體：如透明片（OHP）、幻燈片與幻燈機、縮影片、閱讀機等，是利用光學原理，把畫面擴大投映在銀幕上，由於畫面擴大清晰，靜止的影像畫面可供多數人觀賞。此類媒體製作簡單，可由教師單獨作業，或由幾位教師共同作業，即能製作完成的簡易型教學媒體。

靜態型放映媒體限制：

● 必須要有電源設備。

● 不如實物的具體性，難作客觀性判斷。

● 畫面缺乏動態感，不能充分表現時間上及位置上的經過，欠缺逼真性。

第二節　教學媒體種類

一、印刷媒體

印刷媒體（printed media）指的是在紙張上呈現有關教學訊息的各種素材，包括教科書、部分視覺教材、參考書、測驗及量表、工具書、作業簿、課程標準、報紙、教師手冊或教學指引、雜誌、說明書、贈閱資料等。通常包括下列補充教材與訊息素材兩種：

1.補充教材：教科書以外的印刷類補充資料，如習作、學習指引、教師手冊、掛圖、圖表等。

2.訊息素材：如報導組織消息或活動的簡訊（newsletter），介紹某項設施、功能的摺頁（pamphlet），或簡介小冊（brochure）等。

　　簡單型式的印刷媒體準備容易、成本不高，文字部分通常由文字處理機（word processor）或個人電腦（personal computer, PC）即可製作，製圖或美工設計部分除了可由具備專業素養之同仁製作，也可由電腦繪製。

　　印刷媒體的編排或圖文安排仍需符合設計原則，型式如太過複雜會增加製作成本。

二、非放映性媒體

　　非放映性媒體（non-projected visual）為傳統媒體，包括靜畫、圖表、板類媒體，實物、模型、立體實景模型，甚至田野參觀（fieldtrip）、標本、錄音、模型、實物、播音節目、儀器、幻燈片等。

　　非放映性媒體相當普遍，幾乎隨處可見，難免有人低估其教學上的價值。其實媒體不見得要價昂才有效果，在很多教學設備不足、又缺乏經費添購其他媒體的情況下，此類媒體往往可以小兵立大功，提供學生相當具體的學習經驗，且涵蓋層面廣，可以應用到各學科。

三、透明片

　　透明片（transparency）具有簡便、價廉特點，是一種頻率甚高的媒體。透過透明片投影機（Over Head Projector, OHP）將文字或圖表放映在銀幕上。透明片能以漸進的方式將訊息告知觀賞者，製作簡便，適合團體觀賞且不需遮光。限制則是如欲製作之題材過於繁複，則需特殊的設備與技術。

　　然各種新型態的教學媒體相繼出現，透明片與透明片投影機自七〇年代迄今，一直是使用次數最頻繁的放映性視聽媒體。透明片與幻燈片同為放映性媒體，但透明片在使用時無需遮光，一般教室即可使用。

透明片的放映方式是將文字、圖表、或其他內容，直接書寫或經由某種方式製作在透明片上。然後藉投影機內的反射鏡頭與強光，將透明片的文字、符號、線條、圖形、表格等放大並投射在銀幕上。這種在教室前方銀幕看到圖文影像，即使是靜態，仍然相當能吸引學習者的注意力。

(一)透明片特色

透明片適合團體教學，在各種演講、會議、簡報、研討等會議，應用極廣。無論是單張的使用，或是製作多層次（multi-layers）效果均佳。

透明片對表達概念、大綱、過程、統計資料、圖、表、圖形、總結等各據擅長，藉透明片簡潔扼要的呈現，能使觀看者一目了然。

教師在使用透明片時可以控制內容出現的速度，達到漸進的效果，可先遮住透明片上尚未談及的部分，或是以多層疊片的方式呈現。一般演講、報告、發表，使用透明片能增加報告者的專業權威與說服力。使用透明片可使教學更形緊湊，學習者不止聆聽，更可看到透明片上的大綱或重點，透過視、聽頻道，使學習印象更深刻。

教師可自行製作為其特色，可視教學需要，自行製作透明片，教師可節省上課書寫粉筆板的時間。

使用透明片時無須關燈，就可以放映影像，普通教室內只要有銀幕就可以放映，教師可保持跟學習者面對面的關係及接觸。可避免在黑暗中解說，及學習者秩序不佳或注意力不集中的缺失。

透明片投影機操作簡單，新型機種更是輕薄短小便於攜帶，只需打開電源，調整放映畫面大小，對準焦距即可。

(二)透明片限制

使用者若是不嫻熟使用技巧，效果將大打折扣，不似教學影片或同步有聲幻燈媒體，無論何人放映內容皆完整一致；透明片未附錄音

帶，因此不適宜學習者的自我學習。課本或期刊上的圖片，因紙張不透光，不能直接由投影機放映，必須要經過某種製作手續，才能投射在銀幕上。

　　㈢使用要點

　　1.管制品質：品質良好的透明片，首先要考慮內容文字要夠大，字的長寬至少要一公分，透明片要清晰簡潔，每一張透明片限定一個主題；內容最多六行，每一行至多十八個字，不要壅塞了過多的內容；標題重點要強調，圖文要齊一、組織良好等，凡此種種均需符合視覺設計原則。此外，應避免以垂直的方式呈現，因透明片下方很難在銀幕上放映出來（李宗微，民80）。

　　2.放映時要面對學習者，不能面對銀幕：透明片的特點就是在講解時仍可與學習者面對面，即使在透明片上重點指示，也應拿筆或雷射光筆指著透明片，不要轉身或乾脆站到銀幕旁比畫。教師只有調整銀幕大小與對焦時需轉身檢查，等待一切無誤後，無須再頻頻回首看銀幕。

　　3.投影機放置在專用放映桌：才不致因位置太高或過低，而遮住教師的教學。

　　4.善用漸進效果：如果一張透明片有四點，教師不應一次即將四點全部顯現，宜先出現第一點，在逐次顯現其他重點。教師可用遮蓋、覆蓋（mask）或多層次透明片來達漸進效果。遮蓋最簡單，只需用紙張遮住稍後出現的部分即可；覆蓋是在透明片上加紙黏貼覆蓋，使用時揭開即可；多層次可顯現先後次序。

　　5.避免過多身體動作：身體、四肢等動作若過多，投射在投影幕上會造成干擾現象，在提示重點時可用雷射光筆或原子筆頭即可。

四、卡式錄音帶

卡式錄音帶（cassette tape）屬聽覺媒體，包括：唱片、錄音帶、卡式錄音帶、雷射唱片（compact disk, CD）、數位錄音帶光碟、雷射光碟等。但在教學上最常使用的仍是卡式錄音帶。

卡式錄音帶使用方便、價格低廉，且拷貝容易，可單獨或配合其他媒體使用。現今有聲讀物日漸普及，除可提供盲胞使用，更是一般人汲取新知的管道。限制則是教師如欲以卡式錄音機製作較高品質的卡式錄音帶，必須要有加裝杜比系統的錄音卡座。

五、幻燈單片與幻燈捲片

幻燈媒體無論是幻燈單片或幻燈捲片，都是屬於靜態放映性媒體。多影像（multi-image）則是指銀幕上出現兩幅以上的影像，雖可表現特殊的動態效果，但基本上仍以幻燈片與幻燈放映機的放映為主。在現今動態媒體如影片、電視、錄影帶普遍的情形下，幻燈類媒體仍是效果佳使用頻繁的教學媒體。

幻燈媒體應用的領域甚廣，舉凡政令宣導、企業界簡報、商品展示、銷售，或在學校團體、個別化教學、論文發表等皆可適用；幻燈單片與幻燈捲片兩種媒體均是以攝影方法製作，任何35mm的相機均可拍攝幻燈單片或捲片。教師只需拍攝，沖洗與裝框可交由沖洗業者專業製作，製作成本不高。

幻燈捲片外形如同一卷未剪斷的35厘米軟片。最常見的形式是用半格35厘米相機拍攝，每一幅的尺寸為一般35厘米軟片的一半，長高的比例為4：3，而非35米厘幻燈單片的3：2。

幻燈捲片的優點：體積小、收藏容易，製作成本較單片低，使用方便等；最大限制為順序很難調整更動，捲片在放映時容易受損等。

幻燈媒體可單獨或配合錄音帶使用，加強效果。幻燈單片的優點為更換方便，很有彈性，色彩鮮艷，教師可以控制放映的速度；限制則是一張張的容易散失，同時如近攝或拷貝需要特殊配備及技術。

幻燈捲片的外型有如一捲未剪開的軟片，放置在像軟片盒的小容器內，通常與錄音帶一同使用，其優點是體積小，不占空間也不易散失，適合個人化學習；限制為準備工作困難度較高，放映順序固定，無法更動或是更改部分不合宜之內容，且由於上機裝卸，捲片齒孔容易損傷。

(一)幻燈片限制

幻燈片大都為2×2吋的型式，即片框的大小為2吋平方。近年來相機自動化的裝置，使得幻燈片的拍攝較影片、錄影帶簡單，教師可以自行製作，拍攝成本也較影帶為低。除了拍攝實景外，報告、書籍、期刊上的資料、圖片，都可轉拍為幻燈片。幻燈片由於是一張張，在更新訊息或調整內容上較有彈性。此外，同樣幻燈片，無論放映次數，每一次的內容皆相同，不受使用者影響。使用時，只需將幻燈片在放映片盤上放妥並固定即可。放映畫面的大小可調整，適合團體觀看。

幻燈片的限制：

1.單片需妥善收藏保管：否則容易散失或受潮沾灰。

2.無論片框材質，均有其缺點：片框如為紙質，在邊緣部分很容易磨損；塑膠材質如長時間受熱，容易膨脹變形；玻璃材質較厚，在換片時容易卡住。

3.製作成本較同樣長度的幻燈捲片貴二至三倍。

(二)幻燈片製作流程

幻燈片的製作流程，包括計畫、拍攝、沖洗裝框、編輯、配音、同步與溶合、拷貝等階段：

　　1.教學設計考量：製作時應先考慮幻燈片的製作目的、主題、提供的訊息是告知還是改變態度、觀眾層次、預算、製作時間等，可決定是否要製作一套幻燈片，所需的時間、預算與其他資源是否足夠等。

　　2.確定製作方向：一旦決定拍攝幻燈片，需先與主管、委託客戶等溝通，確定製作的方向與處理方式。製作方向及處理方式應以書面撰寫，以做為製作的依據。

　　3.構思：使用計畫卡與故事板，構思不是憑空想像，為求介紹深入，應先研究主題。可參考相關古籍或至實地訪談有關人員及蒐集資料。有任何的構想或畫面均寫在計畫卡上，以利視覺化內容。

　　4.確定內容，撰寫腳本。

(三)放映準備

　　1.幻燈片使用需要與課程內容相關。

　　2.幻映場所需有遮光設備，宜有空調設施。

　　3.銀幕的安排可就前置銀幕（幻燈放映機放在銀幕前）與後置銀幕（幻燈放映機放在銀幕後）選擇。前置銀幕效果較佳，惟需較大場地，遮光要求也高，一般常使用前置銀幕；後置銀幕畫質清晰，較不占空間，適於小型場地，且由於銀幕透光，可邊看邊記。

　　4.銀幕畫面的大小，視放映機到銀幕間距離與幻燈放映機上的鏡頭而定，如放映場所常需更動，可考慮於放映機上使用變焦鏡頭。

　　5.幻燈放映機鏡頭宜與銀幕垂直，可避免畫面變成梯形。

　　6.將幻燈片正確地放入放映機片盤內，並調準焦點。

　　7.幻燈放映前應先說明觀看目的與重點。

(四)放映中

　　1.使用幻燈的時間不宜過長，對象若是成人，以不超過二十分鐘為原則，如為孩童，僅可能包括講解在十分鐘內。以免畫面或說明冗

長難耐，觀看者在黑暗中入睡。

2.一般幻燈節目中，每幅畫面停留在銀幕最少需七秒，最多不應超過三十秒，以免更動過快或過慢；若是特殊題材如需仔細觀察畫面者不受此限。

3.幻燈片以水平畫面爲主，垂直畫面在使用時應集中，避免一張水平，一張垂直造成學習與視覺上的干擾。

4.幻燈放映如爲前置銀幕方式，不應安排書寫活動。

5.教師可按控制線或遙控操作換片，並可用指示器強調畫面重點。

(五)放映後

1.幻燈觀賞後應安排後續活動，如重點總結、經驗分享、學習心得等。

2.幻燈放映機不要急著收藏，需先散熱約三至五分鐘，幻燈片按照原順序妥爲保存。

第三節　教學媒體理論

教學媒體的理論基礎是學習理論和傳播理論。五〇年代後的學習理論劃分成行爲學派、認知學派、人本學派和建構學派。

一、行爲學派

行爲學派認爲人的學習是受到刺激─反應模式的制約。在教學上傾向於外在的教學控制及引導的學習，將學習內容分爲許多小步驟，教學時一步驟一步驟來，除非弄懂第一步，否則不進行第二步。在教

學活動過程中，以教師為中心，由於偏重於反覆的練習和行為的增強，故適用於較低層次的學習。

　　例如，編序教學與電腦輔助教學，除了把教材內容詳細而有系統地分析成一連串的小步驟外，要學習者能按照自己的能力及進度來學習。並在學習過程中，應經常予以控制，及立即核對其結果，且作必要的修正，予以「增強」作用，引導學習達成目標。

二、認知學派

　　認知學派認為人的學習是經由某種內在的理解或頓悟而獲得。在教學上主張啟發式學習，傾向於引發學習動機，將學習內容組織化，以學生為中心。適用於高層次之學習，由於組織能力的培養，價值體系的建立等，已非單純的刺激—反應所能控制，必須運用認知理論才能解釋。

　　布魯納（Burner）的教學理論重視引發學習動機，強調教學應有結構，能幫助學生學習遷移，並重視學習的過程，教師應安排有利學生學習的情境，讓學生主動參與學習。

三、人本學派

　　人本心理學主張對於人類的複雜經驗，諸如動機、慾望、價值、快樂等行為的瞭解，應在其自然發生的情境中探究，而無法在實驗室中進行。這是人本學派與行為學派及認知學派最大不同之處。

　　人本學派強調的是一種自由、自主、開放的學習方式，以「學習者為中心」的教育。教育目的不是知識的傳授或行為的控制，而是在幫助學習者發展自我概念；教師所扮演的是一個學習的促進者（facilitator）、鼓勵者（encourager）的角色，在教學中要儘量的提供多元化的學習資源，並鼓勵採用啟發式教學。

四、建構學派

認知心理學家布魯納（Bruner）認為以訊息處理理論為主要內涵的認知科學導向，在本質上是否定了人類心靈建構意義的作用。因此，在九〇年代初期，極力鼓吹建構主義（constructivism）理念。

建構主義係一項以人為主體、核心的知識論，可以說是一種「人本的哲學」之觀點；強調人在知識論中的地位與認知過程的主體性，亦即批評主義（criticism）所強調之認知主體心靈的主動建構知識作用，將知識論的重心由知識的客體（即知識的內容），轉向知識的主體（即學習者），即是由「教」為主的觀點，轉向「學」為主的理念。

學習者主動利用個人的見識（insights）和能力來探索，並扮演心理建構和解釋外界訊息的角色，而非只被動地接收知識與技能。為此，教學策略應配合學生的學習，創造一個能激發學習者積極主動、深思反省，並能促進自我制約的開放式學習環境。

五、傳播學說

教學與媒體之關連，若從學習理論、教學原則及從具體與抽象的教與學等三方面來看，就可知媒體與教學間，具有密不可分的關聯。

㈠從學習理論方面而言

學習是行為改變的過程，是由需要、經驗、結合、應用、評鑑五種要素，相互重疊之有機活動，相互影響、交互動作，形成有意義之整體。完善之學習活動程序，是先經由感官接觸具體之事物，才產生感覺，再經思考之組合，將經驗加入感覺，而成知覺；然後運用智慧，作生產性之思考、組合知識，產生創造活動，改善生活環境。

　　因此，學習要有動機，要做好學習前的準備及情緒之安排。例如，要討論「親子關係」可先看受虐兒資料及溫馨家庭等錄影帶，再讓學生發表感想，必將反應熱烈。故媒體的使用，不只是把握住人類獲得知識的兩大途徑：視與聽，充分而有效地提供學習資料，並且利用所有感官，使學習過程富於變化，能引起強烈之學習動機，以改善學習效果。

　　又如編序教學、電腦輔助教學很能適應個別差異，錄音帶、錄影帶、語言實驗室、教學機、電腦等媒體，既能提供學習中的親身參與和反覆練習的機會，更有回饋與增強的效果。

㈡從教學原則方面看

　　教學的成敗決定於是否有效利用教學的原則，所以不論任何一種教學與傳播方法，都需教學原則的靈活運用，然後教學才能有效和成功。教學原則可分為心理、科學及社會三大類：

　　1.心理化的教學原則：由於使用媒體教學，具體、真實、生動、多變化，學生可參與適合其程度的活動，自然能引起興趣、自動、類化、統整、練習、個別適應、輔導等原則。

　　2.科學化的教學原則：教學媒體的使用，非常重視精確、效果、實驗研究、利用科技產品來輔助教學，無論是教學目標、教材選用、教法應用、作業指導等，都是有目的、有方法、有組織、有系統地講求效率與實際，計有準備原則、效率原則、熟練原則、同時學習原則、紀錄原則、資料利用原則、反省思考原則、彈性原則等。

　　3.社會化的教學原則：係利用人與人或團體與團體間的相互影響，來增進教學效果；重視師生間、同儕間的關係，幫助學生學習適應社會，可應用人際關係、民主觀念、共同計畫、團體活動、利用社會資源等方法及原則。

　　以上所述，乃一般教師所使用的教學原則，而使用媒體的教學，正好符合上述教學原則。

　　媒體與教學的關係既深且鉅，儘管教師使用媒體教學，具有上述的功能，但如果教師對媒體之使用，缺乏深切的瞭解，尤其是對影像媒體的使用不當，仍有下列的缺失：

- 容易流於娛樂性。
- 容易本末倒置，以爲使用此輔助教材，則任務已經完成。
- 易變成直接經驗的代用品。
- 由於過於簡化複雜事象，以致無法使學生用心研究。
- 對教材內涵之宣傳或意識形態，難有冷靜的批判態度。

　　教學媒體固然能使教學活動多元化、生動化和趣味化，但在多元、生動有趣的外觀下，精彩與熱鬧的活動後，也應讓學生留下新的省思，感覺到成長與進步。

第四節　多媒體

　　多媒體影像（multi-image presentation）是指同時使用幻燈機、錄音機、電影放映機等多種媒體以電腦控制，銀幕上呈現一幅以上可動可靜的畫面，稱爲多媒體或多媒體電影（multi-media film）。

　　多媒體影像強調同時使用多種媒體，且銀幕上呈現多幅畫面。多媒體定義則較寬鬆，有人說最簡單的多媒體就是使用兩部幻燈放映機（slide projector）、錄音機與溶合器（dissolve unit），讓銀幕上畫面的交替更柔和。

　　多媒體動態放映性媒體屬於強勢媒體，能表現多彩多姿的動作與精細的過程，是靜態媒體難與比擬的。早期在教學上使用的動態媒體主要爲影片與電視。由於電子媒體的快速發展，在畫質、聲光、音效上大有改進，再加上價廉，使用簡便等特性，錄影帶與教學電視取代影片，成爲動態教學媒體的主流。

　　早期以影片為主流，目前則以錄影帶、光碟片等為主。近年來互動式的學習系統（interactive learning system）相繼出現，如互動式影碟學習系統（interactivevideo），超媒體（hypermedia）等高科技產品將是未來趨勢。

　　教師對教學媒體的認識應涵括應用與製作層次的瞭解，不僅確知動態媒體的特性，更知如何與課程結合以發揮最大之學習效益。

　　多媒體影像由於運用許多特殊效果，能引發學習者的動機及情緒反應，並且可在最短的時間濃縮最多的訊息，效果較只用一種媒體好。因其製作成本過高，大都為工商界的簡報、產品展示或政府對外的展覽或宣傳上，如新聞局製作的「中華民國成功的故事」，觀光局製作的「中華民國國情簡介」等。教師可帶領學生至相關放映場所觀賞多媒體影像。

　　多媒體影像係為一個或數個銀幕上同時放映兩幅以上的畫面，運用了至少二個以上的媒體。多媒體影像使用的媒體主要為：幻燈片、影片、錄音帶、電腦、以電腦或控制裝置設定程式，控制放映順序與效果。由於使用多種媒體，又稱以多媒體、或多媒體電影。

　　多媒體雖然使用了多種媒體，但仍有先後次序差別，如學生學習某一單元先看書本，再看有聲幻燈捲片，最後再做電腦輔助教材之作業。這種通常為自我學習方式的多媒體教學盒，使用的媒體雖多，卻不是同時使用上述所有媒體，且銀幕上之畫面只有一幅，不符合多影像之定義。

一、特色

　　多媒體影像最能引發觀賞者動機與情緒反應。幻燈片雖靜態畫面，但透過多影像可傳達動的感覺。多媒體影像的訊息容量也較其他團體使用的放映性媒體為大。超媒體容量雖大，但適於個別化教學，可在最短時間內壓縮最多數量的訊息。由於同時使用多種媒體，效果

也較單一媒體來的有效，是一種說服力較強的媒體。

多媒體影像適用於，在大幅銀幕上呈現一個遼闊壯觀全景畫面；以不同角度拍攝同樣物體；比較不同物體的差異；比較同樣物體受不同時間、空間的影響；描繪過程的先後順序；顯示部分與整體的關連；描述關係、功能；使用影片或特殊效果，同時顯現靜與動的畫面；顯現連續性過程或動作等。

與其他放映性媒體比較，不難發現多媒體影像畫質細膩，銀幕畫面可隨機組合進行效果的安排與多變化；音質比電影好，畫質較電視佳等特色；限制為製作成本高，需要有龐大的放映裝備。適用於政府機關、企業界、大專院校，高中以下學校限於經費，不易採購。

(一)動態媒體特色

1.展現動作：動態媒體無論影片、電視、錄影帶、光碟片等，特色在於表現動作，動態的畫面在表達過程、顯示技巧方面較靜止的圖像更易為學習者掌握。

2.時間控制：影片、錄影帶、光碟片等，可以壓縮時間，利用時間跳拍（timelaps）方式拍出開花的過程，歷時數小時或數日的開花、日出等過程，在螢幕上可能一分鐘就整個結束，拍攝方法是每隔一段時間拍攝一張；蠶蛹變成蛾也可用同樣方法拍攝出。

對時間的控制，也包括了慢動作，許多快速的動作、人們肉眼來不及看的，可因而得見。如大昆蟲吞食小昆蟲，或是技巧訓練類的影片，都可藉慢動作讓學習者看得真切。當前生態資訊大都是屬於此種方式呈現特殊效果。

3.對空間的掌握：藉著影片或錄影帶許多肉眼見不到的影像得以呈現。如顯微攝影可以知道體內細胞的活動；亦可將遙遠的世界帶至眼前，如衛星攝影拍攝太空景象；其他國家的地理景觀、動植物生態、風俗民情等。

4.表達動畫效果：動畫是指將沒有生命力、人們創造出的物體賦

予動作。卡通就是動畫的代表。近年來應用廣泛的電腦繪圖也可發揮動畫效果，將所繪圖形予以生命力成為電腦動畫。動畫可將複雜的學習過程簡化，有助於學習者的吸收，應用層面廣泛。

5.發揮情緒衝擊力：影片敘事的角度，無論是以客觀、剖析性的記錄片觀點，或是戲劇性的處理，對學習者情緒所產生的衝擊都強過其他媒體。品質良好的教學影片用來改變學習者的態度或是增強情意學習，常收事半功倍之效。

㈡動態媒體限制

1.放映速度固定：動態媒體的最大限制就是放映的速度固定，觀看者無法自行調整播映的順序，學習者如需要再看一遍或跳過某一段教學影帶，必須要按倒退或快轉鍵，但在團體教學中，經常倒帶或快轉的尋檢，會造成干擾與打斷學習情緒，新型態的互動式學習系統即是針對此缺失而設計的。

2.不適宜靜態觀察：動態媒體的另一限制是無法提供靜態長時間的觀察。對於有過程、動作的學習，教學影帶固然是最佳媒體，但如學習的內容屬靜態，需要學習者仔細的觀察與探究，錄影帶的效果反不如靜態放映性的幻燈，或非放映性媒體的圖片靜畫。

3.製作過程複雜、成本高：高水準的教學影帶來自專業的製作。除了技術，所使用的設備、場地與人力，亦都不似其他媒體可憑教師一己之力或二、三人之功而完成，惟有良好的品質，才足以吸引師生觀看。在國外，教學影帶多由專責機構負責製作發行。教育主管機構及學校也皆有固定預算添購教學影帶，提供師生使用。

二、錄影帶及影碟

錄影帶及影碟（videotape & laser disk）均屬放映性之動態媒體，尤以教學錄影帶幾乎已取代教學影片。近年由於攝錄影機的體積縮

小，功能豐碩，操作簡便，教師可自行拍攝設簡便之教學錄影帶，如實習、實驗過程。

影碟之於錄影帶，有如傳統唱片之於錄音帶，影碟不能自己錄製，但播映功能豐富，每一張可儲存五萬四千張圖像，畫質較錄影帶理想，尋檢容易，且因是封閉的型式可一再重複使用不虞磨損。母帶成本較高，但大量生產可降低單一影碟之成本。

三、電腦本位教學與互助式影碟學習系統

多數類型的教學媒體都可藉由某方面的安排，如作業、追蹤活動加強學習者的參與，但本質上學習者的角色仍屬被動。電腦本位教學與互動式影碟學習系統，是資訊科技在教學上的應用，著重學習者的參與，學習者可選擇所欲學習或練習的項目，亦可自行控制學習速度。至於學習者理解的程度，可由此類媒體安排的測試得知。

互動式影碟系統則是結合了電腦、影碟，將影碟機與電腦介面相連。電腦可指示影碟播放學習者欲觀看的部分，顯現可以是動態或靜止的畫面，畫面細緻逼真，很能引起學習者的興趣。

互動式影碟學習系統可應用到許多學科，例如美國影帶研究所（American Video Institute, AVI）即為哈佛法學院製作了一套交互詰問（cross-examing）的法庭問訊系統供法學院學生演練。互動式影碟系統是雙向溝通的傳播過程，惟製作成本高，目前學校方面使用尚未普及。

四、智慧型電腦輔助教學

智慧型電腦輔助教學（Intelligent Computer-Assisted Instructial, ICAI）系統需要整合下述知識（Bumbaca, 1988）：

1.學科知識：對教材具備豐富的知識，能引出該知識領域內的重

要問題，並能有步驟的解決該問題，以及能夠評量學生解決該問題的能力。

2.對學習者的認識：能隨時追蹤學習者的已知及未知，學習者的錯誤概念，學習者的優缺點，以及學習者的學習類型。

3.教學策略的知識：根據學科知識及對學習者的認識，能利用適當的教學策略，如蘇格拉底的詰問式或能引導學生更正所犯錯誤的教練式（coaching），使學生的認知更接近學科知識。

4.人機溝通用語的知識與技能：電腦能夠正確的發問，正確的解釋問題解決的過程，並具有引導學生思考的能力。其次，電腦必須能夠正確的評量學生的問題及反應。

由上述的分析可知，ICAI的研究是建立在CAI所具有的個別教學之上，輔以人類教學的特質及良好的教學策略。眾所周知，人工智慧的研究乃為當代科技整合研究中最重要的學術領域之一，ICAI必然的會成為未來CAI發展的另一重要趨勢。

由於近年對教育的重視，教學媒體的定位已從單純附屬於教學方法提升為教育工學（educational technology）或教學科技（instructional technology）。從教育工學的角度探討教學媒體在教學上的應用，是將教學方式以有別於傳統演說式教學及偏重技術層面的實物教學的單向教學等，用上述多元化媒體方法，以雙向互動重視學習結果。

第五節　媒體與教學

學校傳統的學習類型是以團體教學為主，近年來由於因材施教及小團體學習理念的影響，小團體學習及個別化學習的類型亦漸出現。此外，對於落實終身教育、成人教育理念的隔空教學及對資賦優異或

表12-1　媒體分類表

媒體種類	優　點	限　制
印刷媒體 (printed media)	・種類多，包括各種素材，如日表、簡介小冊 ・應用廣泛，簡單型式製作容易 ・個人電腦即可製作	・複雜型式、成本過高 ・使用者需有識圖、成文的閱讀能力
透明片 (transparencies)	・能以系統、漸進的方式呈現 ・教師控制放映，可決定速度 ・有簡單便宜的製作法 ・不需遮光，適合團體	・複雜的型式需要特殊的設備 ・效果取決於使用者
卡式錄音帶 (audiotape)	・使用方便 ・可應用到所有學科 ・適合個別化學習 ・拷貝容易、價廉	・易於過度使用，如同照本宣科 ・卡式錄音無法變化 ・輕便型效果欠佳
幻燈單片 (slide series)	・只需拍攝，沖洗與裝框可由實驗室做 ・任何35mm相機均可拍攝 ・修正或更換教材容易 ・色彩鮮明，真實度高 ・可與錄音帶配合使用 ・適合團體與個人使用	・需一些攝影技術 ・近攝與拷貝複製需特殊設備 ・個別放置容易散失

遲緩者所施行的特殊教育皆拓展了學習類型的廣度。表12-1為常用媒體分類表。

　　媒體是指接收訊息的媒介物。教學方法與媒體關係密切，前者著重一般的順序，後者則是特定的策略。教學方法包括了演講、討論、示範、田野參觀、演練、個別教師、模擬與遊戲、輔助教學、獨立學習等。媒體與教學法的關係（李宗薇，民80）：

㈠演講（lecture）

傳統式的教學，老師在講台上講，學生們坐在講台下聽，師生缺乏互動，是一強調對學習者輸入訊息的單向傳播。這種教學可說是教師中心，學生角色被動，參與性低。

媒體在演講式的教學法中如果運用得當，將可避免枯燥乏味的長篇大論，並增加趣味性；若是媒體使用時缺乏良好的教學設計，既未能針對學生的特性安排相關的學科活動，又未能與學習目標緊密相連，只是將教師換成教學媒體，使用演講式的媒體仍是學習過程上的單獨事件，效果不佳。

㈡討論（discussion）

教師在教學過程中不僅是傳送訊息，更是引導者，藉著提出問題鼓勵學生進行討論，學生參與度較演講式的教學法為高。媒體在討論式的教學方法中常是提供訊息的來源。例如：幻燈畫面上顯示的訊息可提供討論的主題，如安全、環保。此外，互動式的學習媒體更能與學習者進行雙向討論。

㈢示範（demonstration）

大都為技能方面的學習，亦即教師親自演示動作或技巧供學習者觀看。媒體在示範教學法中可以重複使用、或局部放大、慢速播放以利學習。示範如著重動作的觀察或模仿，則以能表達動態的媒體如影片、錄影帶為佳。

㈣田野參觀（field trip）

教師為達教學目標，帶領學生至實地學習，以取得對該環境或機構第一手的具體經驗，企業界工廠、科學館、博物館、美術館等各類展覽館都是田野參觀的場所。田野參觀包含了學術或研究的目的，通

常都有參觀前的準備功課及參觀後的心得報告，與一般走馬看花式的隨意瀏覽不同，田野參觀的教學方法成效佳，但限於時間、經費、安全，教師不易經常實施。這時，利用媒體如教學錄影帶，或幻燈等亦可提供學習者相當具體的替代經驗。

(五)演練（drill-practice）

為教師帶領學生反覆練習，藉由多次演練達到對新知能的純熟度。教學媒體在演練式的教學法中頗能發揮功能，例如，在學習外語，語言學習機的使用不僅可提供學生演練外語的機會，更可減輕教師的負擔。

(六)個別教師（tutor）

即是教師對個別學生所進行的教學，有如家庭教師。個別教師通常是一對一的教學，對於學生的反應可立即回饋。此種教學法的學習成效不錯，但成本太高，此外學生缺乏同儕的切磋互動。近年來各方應用普遍的電腦本位教學，設計原理也是個別教學式的教學方法。

(七)模擬（simulation）

模擬是以降低風險的方式，模仿真實情境的學習方式。例如，飛航科系利用模擬飛機學習開飛機，雖會有氣流不穩、機身搖擺不定的狀況，但究非真實，為訓練駕駛能力的模擬訓練。

(八)遊戲（game）

遊戲本質上並非為了教學，但設計良好的遊戲具有寓教於樂的效用，可以增強學習，如大富翁遊戲即有學習資本運用的涵意。媒體在遊戲的學習方法上可說是充分發揮，電視遊樂器可訓練眼手、思考的靈敏度，且能強化邏輯思考的能力，然而有關沈迷電動玩具、荒廢學業、產生偏差行為的事例也屢見不鮮。因此在教學的考量上應注意其

教育功能，方能豐富學習者的創造力。

㈨獨立學習（independent study）

　　有別於上述教師主導的學習，是個別化學習的一種。指學習目標確立後，學生可選擇就該學科設計好的教材及媒體，自行安排學習計畫，定期接受評量。學習的地點不限於教室，教師的角色有如學習顧問。獨立學習方式的採行，通常要求學生具備對該學科一定的知識基礎，且學習動機強，自主性高。媒體在獨立學習中常是教材的主要提供者，如電腦本位教學或是教學電視即是以媒體爲主的獨立學習方式。

第六節　媒體選擇與製作

一、媒體效果

　　教學媒體的使用已行之有年，優點如下：

　　1.提升教學品質：教學媒體的使用已跳出傳統以演說及粉筆爲教學工具的教學方法，在媒體的使用中，加入若干不同的輔助工具，藉以提高教學品質。

　　2.增加教學活潑性：媒體有強大的相容性，教師可同時使用數種不同的教學媒體，尤以現今快速發展的電腦多媒體爲甚，也增加教學時的活潑性。

　　3.提高學習興趣：因使用教學媒體可增加教學的活潑性，學生在學習的過程中自然提高注意力與其對課程內容的學習興趣。

　　4.提高學習效果：在高教學品質的教育環境，以多樣化的教學方

法與實物，可提升學生的學習興趣，更能提升學生的學習效果。

二、媒體選擇

㈠媒體選擇考慮因素

教學媒體除可選擇已製作好的現成媒體，教師亦可製作簡單的媒體提供其教學上使用。選擇媒體時，需要考慮的因素：

1.實際性：實際性是指一些現實考量的因素，如教師教學的環境是否具備該媒體，如果沒有是否要花時間及金錢去取得或製作該媒體，學校行政當局是否同意該預算等。

2.學生特質：學生特性包括學生對教師欲使用某媒體的態度。例如，教師使用教學電視，學生認知上是否會以為電視播映的只是娛樂；此外，學生的知識背景也要考量，如果程度較差，通常閱讀能力也較遲緩，就應考慮使用非文字類的媒體，如影片、幻燈片等。

3.教學活動：每一種媒體的性質不同，連帶其特色與限制也不同。如果只要提供訊息，則幾乎各種媒體均符合選用條件，若是要強調聲光、動作，則選擇的媒體就相當有限，惟有影片與錄影帶較合乎要求。若要再細究，可將教學活動與媒體間的關係做一說明。

㈡媒體選擇考慮重點

1.動機：教師可藉一些有趣的視覺影像來引發學生動機，從簡單的黑白卡通到複雜有彩色、動作的真實影像均可利用。例如，圖表、透明片、幻燈片、電腦、影片、光碟、錄影帶等。除了視覺媒體，聽覺媒體也可集中學生注意力。

2.目標：傳統上，教師通常將目標寫在黑板上，或印發講義。透明片用來書寫目標的效果頗佳。此外，如教師設計的教學過程是個別化的電腦學習，則可將學習目標放在電腦軟體中，如此學習的媒體先

後一致。

3.必要條件：提醒學生該有哪些起點行為。可書寫在黑板、白板上、印發講義或書寫在透明片上。

4.訊息與舉例：如果學習的類型是知識類，如　國父孫中山先生事蹟，則除了文字記述外應提供圖片、聲音資料。例如，國父的紀錄片、演說錄音等，這些有助於抽象文字的記憶；如果是心智技能，則圖表、幻燈或是其他能表達抽象概念或關係的媒體均可利用。

應用規則與解決問題時則以印刷文字的說明較清楚，可再三沿用。身體技能類型，通常包括了身體實際的運作與示範，媒體選擇時以能表達動作的影片或錄影帶為佳，尤其是有暫停、慢動作裝置的硬體設備更能清楚表達。態度領域最好的說明就是角色模範，例如，公益廣告如戒煙、戒毒可由青少年偶像出馬宣傳，因此種能模擬真實情境的錄影帶或影片比其他靜態媒體顯得有效。

5.演練與回饋：最常用作演練的媒體就是習作、粉筆板或電腦。大多的媒體無法提供學習者反應或是稱讚，電腦及互動式影碟系統（interactivevideo）是能提供反應的媒體，然仍有其限制。不論何種學習類型，教師仍是給學生回饋的最好媒介。

6.測試：最常見的測試工具就是紙筆。電腦及互動式影碟系統可被運用。但其他像是身體技能、態度的測試仍應以老師的觀察為最好的測驗方法。

7.強化與補救：教師在進行教學時已選用了某一種媒體，雖然學習無效原因並非該媒體，但惟恐學生對該媒體的偏見而影響學習，教師在強化與補救活動時最好使用他種的媒體。

三、教學媒體製作

教學媒體的製作以前多為傳播公司及其他專業單位，隨著科技產品的普及化及政府近年極力推廣視聽教育，教育工作者已開始嘗試自

行製作教學媒體，再者由於新科技及電腦的發達，使得教學媒體無論在理論或製作上均造成相當大的衝擊。

教學媒體發展，從教學錄影帶到互動式光碟、甚至網際網路、遠距教學等的變革中可發現視聽媒體的製作已突破二度、三度空間的限制，進入互動式的時代，其影響力也隨著電腦網路的普及而擴大至各個年齡層及各個角落，可謂是視聽媒體革命的時代。

傳統媒體的製作需要相當龐大而昂貴的設備與專業知識，尤其後製作的剪輯技術常令人退卻不已。當今媒體製作拜電腦數位科技之賜，只要把傳統類比訊號轉換成可以讓電腦處理的數位資料，便可以利用電腦製作出教學媒體或多媒體，亦可將錄影帶壓縮成光碟等，以利於永久保存。

以數位剪輯製作和一般傳統剪輯製作錄影帶的差異性而言，數位剪輯製作具有便利性、相容性與時效性三大優點（郭學廷，民86）：

(一)便利性

傳統剪輯製作要有相當的前製工作，完整的企劃、明確的腳本與精確的拍攝才能進行影帶的剪接工作，否則會因為不確定的因素而經常修改影片或過帶，重新錄製，導致畫質會因磁頭的磨損而下降，對於初次製作或非專業人員常會有上述情形產生。

數位剪輯製作方式，由於已將影片輸入電腦硬碟之中，可以在電腦中隨意修改及重組，不會減低影片畫質。

(二)相容性

數位剪輯製作方式可在電腦中將動畫、影像及聲音結合，最後輸出成影帶、多媒體光碟或網路上多媒體資料的應用等；再者利用數位剪輯製作方式最大的好處，可以省下相當多的製作時間，有更多的時間來從事審查、修改以及教學的工作。

(三)時效性

　　未來的教學媒體製作，除了要達成各種教育目標及理念之外，又要符合完美的要求。換言之，製作者需要更多的時間做好教學媒體製作的企劃、腳本編寫、教學演示及勘景拍攝等各項事宜，因此必須要減少原本花在傳統剪輯上複雜繁多的工作時間，以求在一定的時間之內完成教學錄影帶的製作。因此，與其說數位剪輯讓教學錄影帶後製工作時間縮短了，倒不如說數位剪輯製作方式讓我們有更充裕的時間去做好影帶企劃腳本、審查及評鑑等更重要的工作。

　　愈高階電腦系統的穩定性愈高，因數位化的過程電腦硬碟必須儲存大量的影音資料，需要轉速快、穩定性高的硬碟始能順利運作。

　　教學媒體製作過程中軟硬體設備固然重要，企劃及腳本的製作，也是媒體製作過程中最重要的一環，製作設備的優劣與先進程度，惟有配合完整的企劃及優秀的腳本，並輔以完整的教學評鑑與審查工作，才能完成優良的教學媒體，是以教育工作者花心思在理論的架構及理念的重建上。

　　數位剪輯製作中減少影片製作上所花費的時間、金錢、以及縮短後製的特性，提供教育工作者更多閒餘，來思考教學媒體的內容與型態，以及促使視聽教學進行更多樣化的發展與應用。從日漸蓬勃發展的互動性節目不難看出，今日在電視上所出現的教學錄影節目，明日就出現在我們的教育網路、遠距教學應用之中。

13

課程教法革新

- 課程革新：學年學分、教室本位、課程改革因素、實施、發展趨勢、整合、改革
- 課程修訂：課程規劃、架構、內容、設計與發展
- 教學革新：遠距教學、問題導向、創造思考
- 因材評量：意義、實施
- 教學單元：特性、組成要素、單元要素、編製

第一節　課程革新

一、學年學分

以綜合高中爲例，學生在修習160學分即可畢業，而目前高中、高職現有的課程相當於要修習210學分的學科。相較之下綜合高中學生課業壓力較小。學生選課機會多，若學科不及格無須留級，可利用空堂或寒暑假重修，若爲選修，亦可放棄該學分另外選讀其他科目。以往的留級制度，學生若因少數科目留級後，重讀時一些原來已經通過的科目也要一併重讀，對學生來說並非理想制度。

學年學分制因自由選課、課程彈性化，學生可依自己的性向、興趣選讀各學程課程，也就是可跨學程彈性選課學習，給予學生多樣、豐富的學習機會。可適應延遲分化之需求，亦可增進職業性向試探之機會，協助學生適性發展，並增進基本學科能力以因應社會變遷。

學年學分制希望高中生於修業三年內，能拿到主要規定的學分數畢業。高一上通識課目或共同科目，高二實施專業素養的專門科目。若在其三年的修業期間因不及格造成學分數不夠，最多得延修二年，暫緩發放畢業證書直到學分合格。

以新修訂「高職課程修訂總綱」爲例，採學年學分制的規劃，特點如下：

1.目標：除了充實職業知能，涵養職業道德之外，並強調培養繼續進修的興趣與能力。

2.課程架構：學生每學期修習27學分至30學分，畢業至少修習160學分。其中一般科目占40~50%，專業即實習科目占25~35%，校

定科目占25~35%；其中校定科目分為必修科目（占5~15%），與選修科目（占10~20%），由各校自訂。

　　3.學分計算：實習及實驗科目學分計算與一般科目、專業科目相同，均採每週上課一節，持續一學期（18週）以一學分計。校外實習學分另訂。

　　除了上述科目外，每週安排軍訓與護理、體育科目各兩節，學分另計；並安排活動科目，如班會、週會二節，聯課活動（包含社團活動及輔導活動，或安排重補修）三節為原則，不計學分。其餘空堂為自習課，可做為補救、增廣教學或重補修之用。

　　高職新課程於八十八年底公布，八十九年度實施，課程修訂幅度甚大，每週的授課時數由三十九節調減為三十七節，畢業學分數也由167學分調降為150學分。同時，為了提高學生的基礎科目能力，兼顧學生就業與升學的需要，大幅提高一般科目的比重至40~50%，專業科目為25~35%，並賦予學校部分課程的自主權，將預留15~35%知識與技能的校定科目，以發展學校的特色。

二、教室本位課程

　　教室本位課程發展是在不違背國家、社會及學校的發展模式和教育目標，並評估社會未來需求、學生能力及教師經驗，運用教室內外現有的各種教育資源，所設計的一種課程發展模式。

　　教室本位課程發展能讓教師們擁有較多教學的發展空間，使教師們能使教學的內容更加生動活潑有趣，如此學生的學習效果必定有正面的影響。此外，藉由此課程發展，更能凸顯出地方的特色，使地方的文化更為活絡。

三、課程改革因素

教育發展過程中，有多次的變革，促使教育課程朝著新的方向演進。能夠瞭解造成教育變革的因素，將有助於掌握教育課程變動的趨勢。

(一)科技的變遷

科技的快速進步給予教育課程帶來極大的改變，影響的層面可分為兩方面來說明：

1.就課程內涵而言：科技的進步造就了新的行業技術，舊的行業技術被淘汰，新的行業技術納入新的課程體系之中，成為技能課程新的內涵。

2.就課程型態而言：教育原有的課程設計與組織方式，很難跟得上科技的快速轉變，除了不斷加入新的課程內涵之外，如何改變原有的課程型態，增加課程的彈性，以適應科技的不斷進步與轉變，成為未來課程改革的一大重點。

(二)經濟的發展

1.就業結構的改變：學校教育後需以就業為導向，經濟發展造就新的就業機會，改變了原有的就業結構，促進了課程的新陳代謝。

2.產業組織與分工的改變：為達到經濟不斷成長的目標，產業的組織與分工亦日趨細密，配合生產技術的更新，新的技能領域與技術層次的要求，造成了課程的變革。

3.教育經費的擴增：經濟的成長充裕了教育經費的來源，設備、教材、視聽教助、材料日漸充實，新的教學資源不斷引進，這些因素對於教育課程都產生了直接或間接的影響。

㈢社會的變遷

如同技術變遷所造成的影響一樣，社會變遷給課程所帶來的影響層面：

1.就課程內涵而言：一般學科、專業基礎學科外，還包括專業知識、相關知識與技術等課程。社會變遷下新的文化活動、新的人際關係，以及人類對社會物質環境所需的新適應、環境災害的防治等課題，都促使課程在內涵上需要求新的適應與改變。

2.就課程型態而言：學校教育目標為提供學生學習生活、職業活動所需求之知識與技能。隨著各種行業與企業界不同的需求，學校以外的教育與訓練機構逐漸普遍。例如，公私立的職訓機構、企業單位自辦的企業內訓練等，取代了部分教育的功能。因此未來技能課程之設計發展，必須配合學校以外的整體教育與訓練體系，以發揮彼此不同的特點。

㈣教育思潮的影響

課程是構成學校教育活動的藍本，課程的改革與發展，必須配合教學目標而受到教育思潮所影響。以美國為例，一九六三年以前的職業教育以滿足雇主的需要為主，一九六三年頒訂的職業教育法案，開始重視個人發展的需要。因此，課程亦應朝著適應個人發展需求的方向進行各種新的改革。

新課程之教育目標是以生活教育及品德教育為中心，培養德智體群美五育均衡發展健全國民。具體目標為：

1.品德和情操方面：重視勤勞務實、負責守法和愛家、愛鄉、愛國、愛世界。

2.基本知能方面：重視瞭解自我、認識環境、適應社會變遷。

3.身心健康方面：重視生活習慣、強健體魄的培養和休閒時間的善用。

4.群性方面：重視互助合作、群己和諧與社會服務的增進。

5.美育方面：重視審美和創作能力的提升與生活情趣的陶冶。

6.整合能力方面：重視主動學習、思考、創造、解決問題和價值判斷能力的啓迪，及樂觀進取精神的發展。

四、課程實施

社會變遷多元、迅速，產生許多新興的需求。例如：環保教育、性教育、兩性平等教育、鄉土教育、多元文化教育、消費者教育、反毒教育、死亡教育等。新興需求特色在於不斷變遷、不斷更新。面對新興的社會需求，一定要有課程的彈性加以配合，而且學校必須成爲課程發展的中心，教師成爲課程發展者，主動進行新興需求的瞭解和轉化，因爲完全依賴課程標準和教科書的修訂必然緩不濟急。

面對課程自主和彈性的需求，教師的課程發展責任愈重，在各科教學研究會之上最好能設置學校課程委員會，負責學校的課程決策，再將各科的課程事務交由各科教學研究會進行研究、規劃、實施、檢討和改進。對於學校各種活動之規劃和實施，也應該在課程委員會之下成立學校活動之研究規劃小組，擴大參與層面，負責研發推動。

五、課程發展趨勢

二十一世紀課程發展的主要趨勢是課程的整合。後現代課程發展的三個原則爲：

1.合作性：係指課程研究機構的整合，強調中小學校、高中職校、大學校院等學術機構之間的合作。

2.整體性：係屬課程決策、規劃、執行及評鑑層次的整合，系統化的平衡或整體課程的概念，取代支離破碎的課程發展途徑。

3.科際性：各學科間的統整，如科際整合（interdisciplinary）、多

科際整合（multidisciplinary）、跨科際整合（transdisciplinary）及主題
式整合（thematic），代表各種不同程度的整合。

六、課程整合

課程整合原理（林清山，民79；高廣孚，民85；陳正昌等，民
85；張春興，民85；Mason, 1996；Gredler, 1997）：

㈠發展心理學及認知心理學的觀點

依據發展心理學及認知心理學的研究，個體面對某種觀念時，如
能與其他的觀念發生聯結，則學習效果最好。建構主義的學習論也指
出：當資訊植入有意義的情境中，提供多元的呈現方式及應用譬喻和
類比，並給予學生學習的機會，以衍生與個人有關的問題時，就能產
生充分的學習（Brooks & Brooks, 1993）。個體建構的知識是以其整體
的經驗背景為基礎的。因此，學生的先驗知識及其塑造成型的獨特方
式就成為課程組織的基礎。

從發展心理學及建構主義的學習論來看，小學課程應該環繞科際
整合的主題組織起來，因為兒童時期的經驗世界是整體而具體的。

㈡社會文化的觀點

當今學校的課程，有些顯得落伍，不能符合學生的需求、興趣與
能力。顯然學校課程缺乏關連性，無法提供有意義的聯結，係因學生
所學的與現實世界的本質產生脫節的現象。其結果是學生產生不滿、
冷淡的情緒與失敗。要解決現實世界所遭遇的問題，如貧窮、環境的
危機、社會的不安等，就需要各種學科的知識與技能。例如：科技、
人群關係、溝通技巧等。

(三)學習動機的觀點

　　整合課程不強調死記內容，而著重課程要素的相互關連性，以增強學生的學習動機。研究顯示：學生大都尋求發展並展示其才華的機會。整合式及探究式課程可培養有意義的知識技能，也增進學生的自我效能及學習動機，蓋因整合課程環繞在學生挑出的主題、問題上探討。學生自行選擇主題可增進學生學習的興趣與動機。

(四)教育學的觀點

　　Wiggins（1989）主張教育家們應摒棄在複雜社會裡，萬事萬物皆可教的想法。認為學校課程應著重在提供學生能導致奮發求學的內在經驗，並激發學生批判反省及深入的能力。科際整合的主題單元教學即可提供學生產生瞭解的機會。

七、課程改革

(一)課程改革重點

　　當前課程的缺失與改革重點如下：

　　1.現行或新的課程過度重視智育，無法落實全人教育，產生許多校園問題，並使學生日後適應社會生活發生困難。

　　2.現行或新的課程過度強調學科本位，不重視基本能力的訓練，也不重視通識教育素養。學生出了校門，不但就業進修的能力不足，也欠缺終身學習的興趣與能力。

　　3.現行或新的課程標準採取高度統籌規定方式，使得教師無法發揮所長，學校無法顧及地方與學生個人的特色。

　　4.現行或新的課程標準，其國小、國中、高中相互的縱向聯繫不強，例如：國二、三修理化，是統整；高一修基礎物理、化學，是分

化;高二修物質科學,又是統整。課程之間的橫向聯繫也不強,例如同一觀念在不同科目、不同年級、不同教科書版本出現時,其間可能缺乏統整,甚至有互相矛盾之處。

5.高職課程過分職業訓練導向,而國中小、高中課程又欠缺對職業之正確觀念與態度的培養。

6.面對民主多元、國際化、科技化及變遷迅速的社會,現有的課程設計已無法因應。

(二)課程改革建議

1.基礎教育的目標在於全人的培育:要有生活的基本能力;在德、群兩育,要能自律也要能樂群;在體、美兩育,要有健康的身心,也要有人文的素養;智育方面,要有基礎的能力,也要有廣泛的興趣;另外,也應特別注重技藝的培養。如此方能順利踏入社會,也具備了終身學習的基本素養。課程設計應反映此教育目標,並重視各級學校之間的連續性。

2.課程內容不宜過度規劃:地方政府也可以有所要求,以彰顯地區特色,但不宜多,而要有年度規劃。學校應有足夠的空間,落實教師共同經營課程的辦學理念。

3.增加活動及空白課程:國中小應致力於培養學生群己互動的正確態度,高級中等學校則做為選修及社團活動之用。

4.語言及數學之課程與教學:應重視其做為表達、思維與應用的工具性。此部分學習落後之學生應予以必要之補救教學。

5.知識類之課程與教學:如自然與社會,則側重求得知識的過程,並以引起興趣為優先考量(不重求全求備),同時注重由近及遠以及統整通識的原則;其評量則約略分等即可。

6.五育的精神:尤其是倫理、生活教育,應融入於各類課程中;亦即,智育、藝能、及活動課程雖然分別側重智育、美育與體育、德育與群,但也應該包含其他各育之培養,其評量方式也要與之相

應。對職業之正確觀念與態度的培養亦然。

7.高級中等學校之課程宜合併規劃：分共同必修課程與選修課程，各校只要開授適量而有特色的選修課程即可。配合各級學校類別多元化，入學招生多元化，可望延遲分化，又提供了多元之進路。

8.用適當的角度，適量的資料來闡明課程內容要點：正確的編寫教材及教與學的方式，是評量學生是否瞭解的準則。教科書採審定制，而非採標準本才能使教與學有所發揮也有所本。

9.面對資訊世界，應積極建立電腦學習之環境：未來教師在智育教學方面應注重個別化教學，啓發學生探索問題，協助學生尋找資料，並激發群體的討論。

10.政府應結合民間的力量，共同長期研究發展課程與教材，注重師資的培育與進修，並給予學校必要的行政支援。

11.課程目標方面：強調科學素養培養之重要性，使學生的概念發展與處理解決問題能力的培養能建基於先備知能上；同時引導學生經由體認及察覺去建構科學觀念，這些生活經驗雖沒有具體的行爲表現，但在學生的學習上非常重要。

12.課程綱要：將現有題材，加以歸納、簡併成若干基本的核心概念，使之更有統整性，也更利於教師作循序漸進式的教學。

13.實施方式：強調教材選擇的彈性與生活化。所需教具儘量生活化、多元化、國際化。並強調教學評量的目的，在於改善教學、協助學生發展概念與能力，而非以評定成績的高低爲目的（李隆盛，民84；吳明清，民85；李詠吟、單文經，民85）。

第二節　課程修訂

一、課程規劃

1.設立長期從事課程發展、規劃及教材發展的常設機構，使課程修訂工作能持續而有系統的推動。或者由師範院校教育中心擴充組織負責此項工作。

2.應加強對企業界及專業科目教師意見的重視。教育部應儘量減少約束與管制，使課程更具有彈性。

二、課程架構

1.高職、高中、專科課程的差異容易給人技術與學術分立成二元化的印象，為了因應推行綜合中學的政策，高中職、專科課程有必要做統合，以利學生學習上的需要。

2.長久以來，國中、高中、高職、專科各隸屬於不同的行政管理單位，因此課程的修訂也各自處理，造成課程不連貫或重複的情形，未來課程的修訂上有必要一併考慮。

3.高職專業科目宜統整精簡，類似科目予以合併，且每個科目的授課時數儘量予簡化，以利成績考核及學年學分制的辦理。每週上課的總節數，為了因應未來週休二日制度的實施，應事先作好規劃。

4.未來選修科目的制訂宜多樣化，不要侷限於專業科目，比例上也可以適度調升，於一年級時即可開設，以達彈性化。

三、課程內容

　　1.課程內容的設計要考慮到教學、升學、就業層面，兼顧學生升學與就業上的需要。

　　2.未來課程標準大綱不宜太多，難度也應適度的降低，以利教材的編製與學生學習的成效。

　　3.因應地球村國際化的需要，資訊課程時數的增加、外語能力的培養都相當的重要，未來修訂課程時應注意其重要性。

　　多元的社會裡，每個人對同一爭議性的問題，可能都有不同的觀點。課程的良窳關係到我國基層人力的素質，甚至於國家競爭力，因此在修訂時，應有理論做為根據，並藉由溝通整合不同的意見，達成共識，相信必能設計出理想又符合需要的課程，以面對經濟的快速成長、科技的急遽變遷（張新仁，民77）。

四、課程設計與發展考量

㈠因應變遷及市場的需求

　　各級學校教育或課程必須能因應變化及需求，就人力規劃的立場，教育的目地是幫助學生發揮潛能並供應就業市場所需的人力，在確定就業市場所需的技術人力後，應進一步分析市場人才的工作能力要求，以便瞭解該行業的工作內容及應具備的知識、技能和態度等內涵。

㈡課程目標應以學生為中心主體

　　瞭解學生在學習後將會獲得什麼，畢業後將會成為什麼樣的人。因此教師、學校與社會三者的教育哲學和教育信念必須和諧一致，教

育理念必須是有明確的定義和遠大的視野，才能造就出見識寬廣的人才。

(三)學生行為特質

學生間的才智，所差不大，但由於在學習過程中遭受較多的挫折，使得學生對現況感到失望，缺乏自信心。不論課程的規劃、教學的實施、教材的改革、學習的輔導等，都應重視行為特質。

(四)生涯發展

老師無法預料每位學生將來會往何種路途走去，但在其受教育的過程中，應該培養同學認識自己、認識環境並作出抉擇，協助他為未來生涯發展做準備，所謂給他魚吃，不如教他如何編織魚網，提供釣具捕魚，或增強釣魚技巧。

如何落實教學目標在於協助學生瞭解將來需要面對的社會、如何愉快的生活，透過職業試探、職業輔導、生涯規劃等課程的增強，以增進生涯的健全發展。

第三節　教學革新

一、發展遠距教學

遠距教學的推廣，無論是在學校、在圖書館、博物館或在公司、工廠及自己家中，都可以透過高速網路進行即時、互動的遠距離學習。屆時，不但空中大學的教學可以打破目前受時間及空間的限制，提供更精緻、更活潑、更有效率以及更方便經濟的上課方式，以嘉惠

更多再進修的學生，連補習教育也可利用此類教學系統來改善目前補習環境擁擠、安全防範不足的現象，使得學生能夠在安全舒適的環境下學習。而學生更可以善加利用遠距教學反覆學習的優點，加強研習不熟悉的課程，以提高學習的效率，達到教育真正目的。

遠距教學對於特殊教育也有很大的意義及影響。殘障同胞們在家中可與一般上課無異的學習環境，使得知識的獲得更加容易，並可與更多的人同時上課，透過聲音視訊的傳輸，增加更多與大家共同討論學習及接觸的機會。除此之外，學生也可利用這類系統進行跨校學分的修習，打破名師名校的崇拜的風氣。而偏遠地區的學習環境也可以因遠距教學系統的設置而獲得改善，彌補城鄉教育資源的差距。

遠距教學最終目標在與各國的遠距教學系統連接，達到提供給每個人適時學習（just in time learning）及全球教學服務（education without walls）的學習環境，使得全球每一個人都可以在任何時間和任何地點，進行跨校、跨國的課程研習，學習想學和該學的知識。

各大學也開始推動遠距教學，教育部邀集台灣大學、清華大學及交通大學等學校共同合作，利用國內現在的相關網路設施，製作一套即時群播教學系統，於八十四年七月啟用，開啟我國遠距教學新時代，未來利用遠距教學系統進行跨校選修及跨國學術交流，將是指日可待。

遠距教學有其時間和空間的彈性，而且不必掛慮電腦設備及運作系統的相容性，同時教學方式新穎，可以掌握最新訊息，頗具發展空間。可能限制：

1.受限通訊連接容量，影響資訊傳送。

2.學習者必須具有電腦操作和網際網路運用能力。

3.大量資訊閱讀造成個人負擔。

4.缺乏肢體行為線索阻礙溝通，有可能產生社會的孤立。

二、問題導向教學

面對未來變動的社會,指導學生學習「如何學習、建立新的人際關係、做適當的選擇」成為未來教育的重點,而啓發學生解決問題及創造思考的能力,成為當今教育的趨勢。

問題導向學習可以培養學生批判性思考及反思的技巧,從問題解決中,提升學生的創造力。問題導向學習源自於醫學教育,普及至法律、商業教育及行政管理等學科領域。

問題導向學習主要特徵(Hatch, 1988):

1.係以問題為學習的起點。

2.必須是學生在其未來的專業領域可能遭遇的非結構式的問題。

3.學生的一切學習內容是以問題為主軸所架構的。

4.偏重小組合作學習,較少講述法的教學。

5.學生必須擔負起學習的責任,教師的角色是指導後設認知學習技巧的教練(Feldhusen & Treffinger, 1980)。

問題導向學習符合「情境學習理論」所強調的提供學習者「真實的學習情境(authentic learning contexts)」,情境學習論學者認為,惟有提供學習者真實的學習情境,才能增進學習者的學習遷移,幫助學生學以致用(Young, 1993)。

問題導向學習強調以「問題」為學習的起點,而不是像傳統的教學,先學習學科內容,再嘗試解決問題。

科學家先發現問題現象,為解決科學問題,搜尋並閱讀相關理論,進行實驗,以獲得解決問題的方法,在這過程中,其科學知識同時獲得成長。所以,一切的學習活動都是與所要解決的問題相關,以解決問題為目標,因此,以問題為起點的「問題導向學習」,符合提供學習者真實的學習情境的精神。

為了讓學生瞭解真實的科學世界中並無真正的標準答案,只有符

合目前科學認知的「眞理」，跳脫追求唯一標準答案的僵化思考模式，培養學生眞正解決問題的能力，問題導向學習所重視的非結構性問題是必須的。

　　問題導向學習強調以解決問題爲目標的學習，給予學生解決問題的實際經驗。在學習過程中，教師必須給學生實際驗證自己想法的機會，讓學生處理自己從實驗中所得的資料，及發表其解決的方法，讓學生有充裕的學習時間，像科學家研究科學問題一樣，經歷「界定問題→驗證假設→評估→再次界定問題→提出新的假設→評估」的螺旋性研究歷程。並藉由群體的討論中，讓學生突破個人學習的極限，激盪出對問題的新認知及對學習內容的深入瞭解。更藉由批判性反思的技巧，分析已知、未知及如何得知。

　　問題導向學習以眞實的複雜性問題開啟學生的學習動機，強調學生從解決問題的過程中主動學習。在解決問題的過程中，更需要學生運用合作的技巧、批判性思考的能力，藉由討論活動，針對個人創造性思考所產生的觀點或思想，逐一審視，才能從眾多的策略，選擇最佳的解決方案，達到解決問題、創造新知的目的。因此，問題導向學習與合作學習在培養學生創造力上是相輔相成。

三、激勵創造思考教學

㈠未來型態

　　美國未來社會學家杜佛勒博士，在其名著《未來的衝擊》書中，指出未來的社會將受到「一時性」、「新奇性」、及「多樣性」三種形式的侵襲：

　　1.一時性：使人類的狀況不斷地改變，知識與技能日新月異，影響人類的感覺。

　　2.新奇性：使人類喪失了傳統，而面臨一變再變的陌生情境，各

種新奇的事態不斷地在影響人類的認知能力。

3.多樣性：使人類面臨選擇過多的危機，而感到無所適從。

(二)創造思考教學原則

創造思考教學可以培育學生們批判性和創造性思考的機會，有助於提升學生的創造力、問題解決能力。教育改革應提升教師的創造性教學能力，教師們才能發揮其教學創造力，設計多樣的、有創意的教學活動，啓迪學生的創造能力。創造思考教學原則（王秀玲，民85；中華創造力中心，民86；台北市教師研習中心，民87）：

1.傾聽及與學生打成一片：傾聽學生的反應和想法，用包容的心去接受，才能與學生有良好的互動。良好的師生互動關係，可增進學生對教學活動的接受程度，促成良好的教學效果。

2.增強學生不平凡的想法和回答：學生提出不平凡的想法和意見，會因受到老師的讚賞或鼓勵而增強，若不加注意或甚至貶抑其價值，就會削弱此類有創造性的行爲。

3.重視學生的興趣與想法：人往往對其感興趣的事物特別敏銳，對與其價值觀相類似的內容，容易因引起共鳴而接受。

4.允許學生有充分的時間去思考：有限的時間易使人產生焦慮，不易專心，故應給予學生充分的時間去瞭解課程，去思考、去表達個人想法。

5.營造師生間、同儕間相互尊重和接納的氣氛：製造師生、同儕間相互尊重，接納的和諧氣氛，降低防衛性，放鬆心情，最能產生創意的精神狀態。

6.察覺創造的多層面：創造思考力的表現是多元的，有的是在藝術、音樂、技能方面，亦有可能表現於科學、數學、語文、組織、領導才能方面。

7.鼓勵社團活動：正課以外的社團學習活動，學生有機會整合各科所學，而加以應用表現，可激發其創造力。

8.讓學生參與決定：讓學生參與部分教學活動設計，使其成為做決定的一分子，不僅能使學生參與感提高，亦能增加其意願去投入活動中。

9.全員參與：有部分害羞、沈默、低成就學生，更需教師的引導鼓勵去說出他的想法和意見。鼓勵每一位學生參與，才能帶動積極活潑的熱切氣氛，激盪出不平凡、有創意的成果。

10.失敗為成功之母：以失敗做為實際的教材，幫助學生瞭解什麼是錯誤，在一種支持的氣氛下，告訴學生可被接受的標準為何，讓學生知道可依循的標準，可助學生培養自我評判和自我修正的能力。

㈢問題解決教學策略

人類在日常生活中，會對許多事物產生需求，在追求的過程中受到阻礙，需要未能實現，欲求未能滿足，便產生了問題。而由於科技社會的快速進步，人類的活動日趨複雜，隨時都有各種不同的新問題產生，所以解決問題的能力，便成為今日社會中求生存的基本能力之一，而問題解決的能力一直是各級教育所強調的重點。因此，問題解決的教學策略成為當前教材教法的趨勢之一。透過此一教學途徑，使學生熟悉運用問題解決的程序與方法，來培養更高層次的解決問題能力（蔡錫濤，民84）。

強生（Johnson, 1987）歸納出問題解決教學策略建議：

1.要規劃學生不熟悉的活動。

2.要在學生的能力範圍內規劃活動。

3.提供學生不同類型的問題，注意給學生問題而不只是練習。

4.教學生各種解決問題的策略和解決問題的整體計畫。

5.利用開放式的設備和作業問題，使學生有界定和解決問題的經驗。

6.讓學生在試行解決方案前，先腦力激盪出可能的解決方案。

7.積極和開放的鼓勵革新及創造性的構想和解法。

8.旁觀學生試驗各種技術以解決問題，但要在他們遭受重大挫折前伸出援手。

9.詢問可促進學生興趣和參與的引導性問題。

10.著重在較高層次思考能力（如分析、綜合、評鑑）的教學。

㈣創造思考與問題解決教學策略配合

解決問題之能力是教育的重要目標之一，培養此種能力的問題解決教學，成為重要的教學策略。在解決問題的過程中，往往需要發揮創造力來突破困境。

創造思考和問題解決之結合，方法上必須在課程實施前，遴聘專家學者來參與規劃，在現有的課程架構下，挑選半結構性的問題，發展教學活動設計，編寫教科書、指導手冊、學生活動手冊、教學評量工具或發展其他相關的教學媒體（投影片、幻燈片、多媒體軟體）和教助，以利教師參考使用。並多舉辦教師的研習會，宣導創造思考教學的原理原則，使從事實際教學的教師，對創造思考教學有正確的理念，且瞭解實施的要點，並輔導其能具備針對教學的個別情況，有獨立改編或另行發展創造思考教學活動的能力（蔡錫濤，民84）。

在當今講求民主、開放、實用的教育思潮下，注入激發學生創造思考能力的精神與內涵，在課程內挑選適於創造思考的問題，發展為完整的教學活動設計，使教師們樂於採用，並於情境上，佈置一個自由、安全的環境，營造活潑、支持的良好互動氣氛。希望能藉此提升學生的創造性問題解決的能力，以達成教育的目標。

第四節 因材評量

一、因材評量意義

教學是一種有目的之活動，教師為使教學目標順利達成，通常依據學生之起點行為來準備教材，擬定教學計畫及進行教學活動，並診斷教學目標是否達成，如果沒有達成，則進行補救教學，甚至修改原先所設定之教學目標。整個教學歷程通常包含教學目標、起點行為、教學活動、評量、回饋等。

教學評量是達成教學目標的手段之一，而非目的。目的在於教與學之改進，及教學目標之達成，最大之考量在於是否能真正評量出我們所希望學習者能達成之學習成果而定。如此教學評量才能在教學過程中發揮其應有之功能。

因材評量是為瞭解學生之個別差異，以做為課程設計及教學輔導之參考。國外較常聽見的名詞是「適性測驗」（adaptive testing），此二者之意義可說是相同的。所謂的適性測驗就是根據一套法則，在題庫（item pool或item bank）中選取題目難度與受試者能力相匹配的題目來施測之評量方式。

二、因材評量實施

因材評量的方法有很多，最常見的有二段測量法及多階段評量法，另加上自然式的探究（naturalistic inqueries）（黃政傑，民82）：

(一)二段測量法（two-stage adaptive testing）

第一階段為預備性測驗，試題較少，但是涵蓋範圍較廣，困難、中等及簡單的試題兼具。依據受試者在第一階段的表現，而決定其第二階段正式測驗時應使用何種試題。

第二階段分為高、中、低三種難度的分測驗，受試者依其程度接受適合其程度之測驗。

(二)多階段評量法

共分十個階段，第一階段有一道試題，第二階段有兩道試題，第三階段有三道試題，……第十階段有十道試題，十個階段共有五十五道試題。每位受試者在每個階段只做一道試題，十個階段共做十道試題。

(三)自然式之探究

自然式之探究可分為觀察法及晤談法；前者屬於非結構性的，即事先不做規劃觀察項目，並依實際情境的需要來決定。觀察者必須詳細紀錄整個現象，包括認知領域、情意領域、技能領域，以思考、分析、解釋所觀察到的現象。至於晤談法，藉此找出學生心目中的重要事件是什麼？以探討學生的情意行為，對課程內涵之設計，以調適到最佳的狀況。

(四)因材評量實施原則

因材評量可適用於不同能力之受試者，在實際應用上必須考慮下列原則：

1.因材評量必須採用多種方式：評量的方法愈多，所得到學生的資料也愈多愈齊全，則結果愈顯其正確性及客觀性。

2.因材評量應從多方面進行：如學生之人格特質、品行、學習態

度、興趣及習慣方法等。

　　3.因材評量應注意學生平時之學習活動：教師可利用此特性，即時指正學生學習過程中之錯誤，使學生能瞭解本身進步狀況，引起其學習興趣，進而提高學習成效。

第五節　教學單元

　　教學單元是為了教學而編製的，所謂教學，並不狹隘地指教學過程中師生的交互作用而已，更可擴大言之，指師生教學前的準備或學生的自學；教學單元提供學生的是完整的學習，教學單元包含的內容不是片斷的、零碎的，而是有關某一教學主題的完整學習。

一、教學單元特性

　　教學單元係指教學系統中完整的教學單位，通常是由教師編製，其中包括一系列的學習活動計畫，旨在協助學生精通特定的單元目標。因此，教學單元是否編製良好，能否靈活運用，影響教師教學與學生學習成敗甚鉅。依據Finch和Crunkilton，教學單元特徵有（黃光雄，民80；黃政傑，民86、民87）：

(一)教學單元是自足的

　　即是學生不需要問教師下一步驟要做什麼，或者要用什麼材料，而是在單元教材中提供完整的資料與說明。每一份單元教材必須對學生要做的事項、學生如何進行工作、和所需的資源與材料等提供明確的指導。

㈡教學單元常是個別的

雖然受到發展的經費與時間的限制，無法達成完全的和絕對的個別化教材，但應該儘可能地將個別化教學包括在內。至少在單元教材中應提供自我的步調、回饋和精熟。常用在單元教學的特性如下：

1.自我步調：學生依照自己的速度來學習單元教材，按個人的能力訂定工作，學習的時刻表。

2.回饋：學生進行單元教材的學習經驗時，要接受評量，完成學習經驗之後，應能展示學習的成果。

3.精熟：學生應著重達成每一單元教材中可評量的特定目標。單元教材的學習經驗就是要促進這些特定目標的達成。

㈢教學單元是一種完整的資料套裝

表示單元教材是合乎邏輯且有系統的，並且有明確的開始和結束。換言之，學生知道何時開始，進步到何種程度，及何時完成單元教材。對應做什麼活動以達成某一單元目標及他們是否已完成，學生不會發生任何疑問。

㈣教學單元包含學習經驗和單元目標

經驗的提供是協助學生以最佳的效率達成特定的單元目標，並且提供學生閱讀、角色扮演、模擬、或合作的工作經驗。

㈤教學單元包含評估學生達成單元目標之過程

對單元教材非常重要，因為這與學生的回饋和精熟有密切的關係。當然提供訂定標準的方法、或提供完成單元教材的評量標準，同樣重要。

二、教學單元組成要素

　　教學單元的組成要素雖然有不同的觀點，但卻是大同小異的。Finch和Crunkilton認為教學單元有下述六個組成要素：單元簡介、單元目標、學前評量、學習經驗、資源材料及課後評量；黃政傑及美國職業教育研究中心均認為在學習活動或經驗之前，應有一項「學習內容」。茲依據Finch和Crunkilton，以及黃政傑（民85）列出構成要素：

(一)單元簡介

　　單元教材簡介是提供學生的學習步驟，並且用以鼓勵學生完成單元教材的學習經驗。單元教材的簡介說明宜簡單扼要，並且適於學生的閱讀能力，並應強調單元教材與學生的關係。簡介中尚需說明學生先備能力，以及進行單元教材的說明。理論上，學生先備能力是訂定學生在學習單元教材前應具備的條件，單元教材的說明則可依據特定單元教材的性質，內容可長可短。

(二)單元目標

　　提供單元教材的目標是使學生瞭解應達成的目標，以行為能力的方式敘寫，其中包含活動、實行活動的條件，以及應達成的行為能力水準等項。因此，對學生是否達成單元目標，應該不會有任何疑問。

　　在單元教材中有兩種目標，即總結目標和能力目標。總結目標是指與工作者角色的能力相同的學生行為水準；能力目標則是一種達成某一總結目標的方法，集合所有的能力目標，即能達成總結目標。

(三)學前評量

　　學前評量提供「測試」的方法，以瞭解學生是否已具備單元教材目標的能力，當然學前評量應與總結目標中的活動、條件、和能力水

準密切關連。通常學前評量與總結目標同時發展，使兩者相互配合。

學前評量包含說明和評量表。說明必須簡明扼要而且不含糊，須告訴學生如何正確地進行，及應做些什麼，如果特定的工作非常複雜，還須列出流程圖，或者評量過程的注意事項；評量表包含與總結目標有關的問題、項目、或標準。因為總結目標會改變，評量表也須隨著改變。

學前評量旨在瞭解學生通過本單元的學習程度。如果部分通過，則可依測驗診斷的結果，提供學生所需學習的單元教材。如果全部通過，則通過的學生可不必學習本單元，當然教師可指導學生學習與本單元有關的，但更為深入或更為廣泛的學習活動。

(四)學習內容

在教學單元中，可以列出學習內容大綱、綱要，或呈現完整的教材，以便學生參考。更重要的，教學單元中，應指引學生閱讀有關的參考資料。

(五)學習經驗

每一項學習經驗是協助學生達成精熟能力目標和總結目標的方法，學習經驗必須由自己來學習，因此必須提供學生達成特定目標的最佳方法。這表示應提供多種學習的方式，以適合學生的特殊學習方式。根據經驗所得，每一個能力目標至少應有一個學習經驗。這將確保學生有正規的協助，以精熟單元教材中的每一項單元目標。

包含一個或多個活動的學習經驗的後面，均附有評量和回饋。活動是協助學生獲得學習經驗的特定方法，如使用聽講、檢查、閱讀、分析、組織等方法，這包括許多不同的選擇性活動及增廣性活動。選擇性活動是提供不同的方法，但均為達成學習經驗技術的良好方法，學生可以為自己的學習方式選擇適合的學習活動；增廣性活動旨在培養更高水準的能力，它有益於學習經驗的知識能力，是基本教學的補

充教材。這些活動是要提供給想要獲得更廣博的知識的學生的。

　　與學習經驗配合一致的評量，旨在讓學生瞭解是否已精熟能力目標所設定的標準。雖然沒有學前評量或學後評量般正式，也應該讓學生瞭解進度，以及是否精熟了特定的學習經驗。可以由學生或同儕或教師來執行評量工作，至於使用哪種方式則可視實際情況而定。

　　㈥資源材料

　　基本資源如教科書和手冊之外，還可以使用知識單、錄音帶、幻燈片、影片、錄影帶、編序教材、實習設備及其他材料等。資源的範圍不只限學生使用的，角色扮演的指導和其他的模擬形式亦包括在內，腦力激盪和小組討論的方式也可以加以利用，只要資源具有可利用性和實用性即可。

　　㈦課後評鑑

　　當學生完成最後一個學習經驗，或認為已經可以精熟單元教材中的總結目標時，須接受課後測驗。如同學前測驗，課後測驗亦著重在總結目標和學生達成目標的程度。事實上，有些單元教材的課後目標與學前目標相同。尤其是當總結目標著重在操作技能，例如總結目標是有關焊接或書信打字方面的操作技巧，在這兩種情形，學前和課後測驗可以不變。

　　經課後評量後，通過者可以學習另一單元，未能通過者，則應接受補救教學，一直到達成教學目標為止。

　　以上七項教學單元的構成要素，學前評量及課後評量需要事先預備，但是可以不列入教學單元之中，只要師生方便使用即可。

　　教學單元的學習所須時間長短不一，所須學習時間過短，教學單元有趨於零碎的可能；所須學習時間太長，則學習者的注意不易集中，學習動機亦可能降低。因此，教學單元可以區分為大單元、小單元二者。每個小單元均是完整的學習，而這些小單元的學習總合起

來，代表大單元的學習。當然這裡所謂的大單元，是純粹就完整學習
單位的大小而言，不是結合了各個學科內容的大單元。

三、教學單元要素

教學單元既經排定，接下去便需開始設計每一個教學單元的內
容。一般言之，教學單元包含了下列要素（黃政傑，民85）：

(一)簡介

簡介如同一篇文章的前言或緒論，以生動有趣的文字向學習者或
教學者介紹本教學單元之主題。這種介紹一方面可以統觀全局，另方
面可以引發學習者的動機，增進學習效果。

(二)教學目標

教學目標是教學單元的引導者。要引導學習者學完後得以達成教
學目標，因此，教學目標必須明確訂定。教學目標不但引導了教學單
元的編製方向，同時也可以引導學生學習。此外，教學目標也是評量
學生成就的主要依據。教學目標至少應包含行為和行為的結果。

(三)學前評量

在瞭解學生是否已經通過本單元的要求，如果學生通過學前評
量，可不必學習本單元，教師亦可指引學生從事更深入的學習活動。

(四)學習內容

教學單元中，可以列出學習內容大綱、大要，或呈現完整的教
材，以便學生參考。更重要的是，教學單元中應指引學生閱讀有關的
參考資料。

㈤學習活動

是教學單元的重要成分，學習活動有時可以與學習內容合併設計，因為內容與活動往往不易截然割離。由於同樣的學習內容可以透過不同的學習活動來學習，因此學習活動必須儘量多樣化。舉凡閱讀、參觀、訪問、觀察、實驗、種植、設計、比賽、表演等活動，均可採用。再者，學習活動的設計應區分基本活動和變通活動，前者為通過某教學單元必須從事者，後者則純為加深或加廣某單元的學習，而為師生自由選擇的。變通活動又可區分為簡單的活動和高深的活動，這種區分的目的，在由課程設計的角度更進一步地適應學生的個別差異。設計學習活動，應由學生的角度，描述學生所可從事的活動。

㈥學習評量

學習評量主要的目的在於品質管制，使教學目標所訂的最低標準得以達成。經此評量後，通過者可以學習另一單元，末通過者，應接受補救教學，一直到達成教學目標為止。

㈦教學資源

在教學資源中應指出從事本單元的教學所應準備的事物，例如書籍、教具、媒體、環境等。另方面在教學資源中，亦應指出進一步學習可以參考的資料，或編製該單元所參考的資料。

上述七項是教學單元中的要素，然而學習前、後的評量，可不必列入教學單元中，只要師生要使用時再取用即可。編製教學單元，最應注意的是「彈性」和「學生中心」的觀念。所謂彈性，係指學習內容和活動足以適應不同需求；學生中心，係指單元的設計不可悖離學生的角度，因為由學生的角度來設計不但教師理解，學生也理解，而且也會使教師處處為學生設想。

四、教學單元編製

教學單元編製是課程設計工作之一，屬教學實施前之事先計畫，為學生學習成敗之所繫。教學單元編製工作相當繁雜，為能反應能力本位教育之精神，舉凡目標之敘寫、個別差異之適應、教學媒體之運用、學習結果之評鑑、補救教學之實施、學習成功之滿足等，均應於教學單元中事先設計。如同工程師設計建築圖樣一般，教學單元是教育工作者對於未來教學實施之理想計畫。編製教學單元時，均著重師生可使用的角度，因為如此較為經濟便利。如果教學單元純為學生的自學而編製，則可稱為自學單元，學生可以獨自依照單元中所提供的指導自學。

教學單元的編製，是種課程設計工作。重要性可就效率和教育機會均等的角度來看。就效率的觀點言之，教學效率的提升有賴於良好的教學單元設計。良好的教學單元設計，不但是單元與單元之間具有連續性，使某單元的學習成為另一單元的學習基礎，而且單元與單元間具有統整性，某單元的學習可促進另外單元的學習。

教學單元可由個人或團體著手編製。由於目前我國教師工作負荷繁重，而且集思廣益、眾志成城總比單打獨鬥要容易做好此項工作。因此，教學單元的編製仿似成立小組分工合作為宜。不論是個人或團體從事編製，須遵循完整程序，以保證教學單元的水準（黃政傑，民85）：

(一)探索

無論是教學單元的選擇組織或是教學單元的內容活動設計，均應經過探索的工夫。在探索的階段中，可以閱讀有關的文獻，也可以訪問、調查。探索的目的，在使吾人更深入瞭解教學單元編製工作，因此不論是教學單元本身或編製過程，均是探索的對象。

㈡計畫

　　計畫的工作包含多方面，舉凡人員、程序、時間、單元架構、評鑑、經費等均應斟酌。工作期間成員必須不斷有深入的討論，定期的討論應列入計畫。在工作小組之外，應利用社會資源來擴大視野。例如，其他學校的教師、學科專家、教育專家、社會人士等均是。

　　在程序和時間方面應列出何時應完成何項工作，但時間的設計也必須具有彈性。評鑑方面，應考慮由何人於何時對何事如何評鑑的計畫，以便能提升教學單元的品質，至於單元架構的計畫益爲重要。有了適當的教學單元架構，分發工作團體成員，則更有益溝通，最後整理亦可省時省力。

㈢編製教學單元的初稿

　　編製教學單元初稿前，可以先確定科目的教學目標及希望學生學會的能力。這些必須參酌各學科領域知識技能的發展、學生的學習背景和社會與未來的需要。教學單元的選擇和組織主要係依據教學目標。確定了教學單元後，即可著手編製教學單元的內容。這項工作的執行必須採取分工合作的方式。

㈣初稿的修正、試用和評鑑

　　工作小組分頭編成的教學單元，應聚集起來由小組成員互相討論加以修正，再送請有關人員指正。初稿修正不再有重大問題後，即可送請有關教師試用。試用期間，小組成員應該實施評鑑，以做爲進一步修正的參考。

㈤根據試用及評鑑結果再修正

　　如果評鑑後發現許多問題，則修正後最好再試用、再評鑑、再修正。

㈥訂稿、出版、製作

由於教學單元所包含的不僅是書面的東西，因此除了出版之外，有些部分必須加以製作。

㈦總結性評鑑與推廣

未訂稿前所做的評鑑，都是形成性的評鑑，主要在使教學單元更為完美，總結性的評鑑，則在探討教學單元的整體效果，如果效果良好，按著便是大力推廣。但也有先行推廣，再評鑑使用效果者，不論如何，推廣工作均不應置於最後才開始，在教學單元開始計畫時，便可進行推廣的工作。

上面所提的程序屬於一般性的，從事教學單元編製工作，尚可依照特殊需要加以改變。再則，整個程序並不是直線進行的，有時必須不斷反覆從事前幾階段的工作。例如，探索工作並非計畫完竣即中止，多數人在修正教學單元時，仍要不斷地探索。

五、教學單元編製原則

教學單元的編製原則（黃政傑，民85）：

㈠根據教學目標

使學生的學習目標符合教學目標的需求，編製時要時時反省各個活動、內容與目標、關連。

㈡適合社會需要

教學單元的選擇和內容活動的設計，應適合社會發展的需要，例如電腦資訊的內容，是各行各業均必須瞭解的，各科的教學單元中應能容納資訊管理的精神。

(三)以學生為中心

編製教學單元時，不但應站在學生的角度來陳述，而且應為學生設想。學生的能力、興趣、經驗如何？學生的年級？如果編製者能排除權威的因素，站在師生平等的立場考慮，則學生中心的理想何患不能達成？學習的效果亦可預期。

(四)比較學習內容的價值

教學單元的編製者，應體認學生是以有涯之生求無涯之如，因此內容的選擇必須就內容的價值來比較，切不可包羅萬象導致喪失了學習興趣。

(五)選擇多樣的學習方式

同樣內容的學習可以透過不同的學習方式，千萬不可死守其一而不知變通。就以植物分類法的記憶而言，觀察、討論、閱讀、實作等，對於學生記憶植物分類法，都有效。其他諸如演講、設計、製作、展覽、表演、實驗等方式，應依學習內容的性質妥善使用。

(六)提供變通的學習活動

教學單元之中，不但要包含有基本活動，使學生能學會基本能力，而且要包含有變通活動，使學生可以深入地學習或依自己的興趣有所選擇。

(七)利用各種資源

教學單元中的內容和活動，有時可以選自其他資源，例如雜誌、報紙、書籍等均是。但切忌抄襲，引用時均應註明出處。

㈧採用各種呈現方式

　　教學單元不一定要以書面的方式呈現，有時可以用幻燈片、電影片、錄影帶來表達，或者利用教學機或電腦呈現。此種選擇，當然應視教學單元的性質而定。

附錄　教學單元設計

教學單元設計

一、單元名稱：材料試驗之火花試驗

二、教學時間：1小時

三、教學來源：機械材料（全華、華興）第一冊第二章

四、設　計　者：○○○

五、教學班級：機械一甲

六、教學目標：

　　1.學生瞭解火花試驗的重要性與實用性。

　　2.藉由火花試驗知道不同材質會產生不同火花。

　　3.藉由火花的形成顏色瞭解含碳量的高低

　　4.能藉由標準試桿產生的火花判定材料的成分。

　　5.能應用在工場實際材料成分辨別。

七、學生經驗及教學準備：

　　1.學生已瞭解材料試驗的重要性。

　　2.常用機械材料多為碳鋼。

　　3.含碳量對材料硬度、強度的影響。

　　4.教師準備低碳鋼、中碳鋼、高碳鋼、火花形狀媒體

　　5.準備火花試驗用砂輪機及試桿。

　　6.教師準備給予學生思考之問題及解答。

八、教學活動：

活動一

　　1.說明火花試驗的重要性、實用性。

　　2.說明材料成分不同，將產生不同火花。

活動二

　　1.用投影媒體說明火花形狀及各部名稱，分火花根部、火花中部、火花梢部。

　　2.碳鋼火花之特徵（碳之破裂）

　　3.碳鋼火花草圖。

　　4.實際低、中、高碳鋼、鑄鐵試驗圖片。

活動三 分析低、中、高碳鋼、鑄鐵火花形狀、顏色

　　1.含碳愈多爆破愈多，高碳鋼因含碳多爆破時呈斷射線。

　　2.含碳愈多火花愈暗紅，故高碳鋼呈暗紅色，低碳鋼呈橙黃色。

　　3.含碳愈多火花長度愈短，愈綑流線愈多。

活動四 分組以試桿做火花試驗，分組觀察、分析討論試桿成分

　　1.介紹試驗安全性。

　　2.試驗壓力不可太大，砂輪機使用1/4-1/3HP，Vl2OO m/min，粒度34--46。

　　3.火花飛出500mm為準。

　　4.觀察。

　　5.判斷、分析、分組做出討論。

活動五

　　1.問題提出與解析。

　　2.問題討論。

九、心得與感想：＿＿＿＿＿＿＿＿＿＿＿＿＿＿＿＿＿＿＿

＿＿＿＿＿＿＿＿＿＿＿＿＿＿＿＿＿＿＿＿＿＿＿＿＿＿＿

問題教法活動實例

一、單元名稱：引擎調整—讓車輛引擎運轉平順

二、授課時數：18小時

三、教學資源：

　　設備：汽油引擎一部（裕隆303型）

　　工具：手工具一套、厚薄規、轉速白金閉角錶、正時燈

　　材料：汽油、引擎修護手冊

四、教學重點：由單元目標所列之各項步驟，依序以疑問方式讓學生自己動手嘗試錯誤，再由錯誤中學習，以循求正確答案。

五、教學目標：

1.能調整汽門間隙

　　A.能對皮帶正時嗎？

　　B.能確認第一缸或第四缸為壓縮死點嗎？

　　C.熱車時的汽門腳間隙須為0.35 mm。

2.能正確連接點火、起動系統線路

　　A.能瞭解鑰匙開關的接腳用途嗎？

　　B.能瞭解分電盤高壓分配順序嗎？

　　C.能瞭解電瓶的連接順序和其電量狀況嗎？

3.能調整白金閉角

　　A.能瞭解轉速白金閉角錶的連接與使用嗎？

　　B.能瞭解白金接點的燒蝕狀況嗎？

　　C.白金間隙須為0.5mm。

4.能調整點火正時

　　A.能瞭解正時燈的連接與使用嗎？

　　B.能瞭解各缸的跳火狀況嗎？

　　C.能由分電盤進行正時調整嗎？

5.能調整慢車

    A.能調整的汽油混合比嗎？

    B.慢車引擎轉速須爲750±50 rpm。

協同教學計畫：飛機學概論

(一)背景說明

    飛機學概論爲飛機修護科非常重要之基礎科目，本科目概略介紹飛機上涵蓋電器、通信、儀表、系統、內裝等不同專業之18個系統。由於飛機概論牽涉的專業繁雜，絕非一位老師足堪勝任；因此，集合不同專業老師採用協同教學法，將是使學生獲得最佳效果的學習方法。

(二)適用班級

高職或專科飛機修護科一年級學生。

(三)教學目標

透過協同教學法，傳授飛機各系統介紹，有助於學生能從事飛機檢查、拆裝、維修等實務工作。

(四)教材

教學內容概說如附件，詳細授課內容則輔以飛航輔助教材。

(五)授課期限

一學年（兩個學期）課程，每週授課時數2小時，總上課週次預計爲38週76小時。

(六)教師團成員

張中生：系統專長。

林立志：內裝、儀表專長。

陳勝景：航電專長。

王文法：系統專長。

㈦教學研討會

1.自八月份起，每週五第七節召開。

2.各老師提出各單元教案於教學研討會中討論。

3.檢討教學內容，學生反應，改進事宜。

4.媒體輔教工具製作及使用。

5.擬定小組學習討論題綱。

6.學生學習評量。

7.決定實習之航空公司及細節。

8.擬定補救教學。

㈧學生編組

原則上以14位學生為一組，分成12組，進行小組學習。

㈨教學方式

1.大班教學：每一章節以2個小時進行單元講述，共計18週。

2.小組學習：將18個章節分成12個單元，利用12星期的時間進行小組學習；學習方式於第一個小時分三大組觀看飛航訓練影片，第二個小時則依小組學習討論題綱進行分組討論。

3.航空公司實習：上、下學期期末各有一週利用調課與實習課合併，赴航空公司實習，以印證所學，並撰寫期末報告。

4.學習評量：每學期各有三次評量，由評量結果，觀察學習情況，以做為教學改進依據。

參考書目

王文科（民86）。學校需要另一種補充的課程：發展學校本位課程。
　　中華民國課程與教學學會。載於中華民國比較教育學會主編，課
　　程改革的國際比較：中日觀點。台北：師大書苑。

王秀玲（民85）。教學原則。載於黃政傑主編：教材教法的問題與趨
　　勢。台北：師大師苑。

王秀玲（民86）。教學原理。台北：師大書苑。

方柄林（民78）。普通教學法。台北：三民書局。

方柄林（民81）。教學原理。台北：教育文物出版社。

中國教育學會主編（民75）。有效教學研究。台灣書店。

中國視聽教育學會（民84）。系統化教學設計。台北：師大書苑。

中國視聽教育學會、中國視聽教育基金會主編（1991）。系統化教學
　　設計。台北：師大書苑。

中華創造力中心（民86）。創造思考工作坊。教育部八十六年大專院
　　校教師「創意活力營」。

台大管理論壇—網路學院140.112.110.130

台北市教師研習中心（民87）。編印創造性教學資料彙總。

朱敬先（民82）。教學心理學。台北：五南。

行政院教育改革委員會（民84）。第一期咨議報告書。

李大偉（民78）。技職教育測量與評鑑。北市：三民。

李大偉、王昭明（民78）。技職教育課程發展裡論與實務。台北：師
　　大書苑。

李坤崇（民88）。多元化教學評量。台北：心理。

李宗微（民80）。教學媒體與教育工學。台北：師大書苑。

李詠吟、單文經（民85）。教學原理。台北：遠流。

李祖壽（民69）。教學原理與方法。台北：大洋。

李隆盛（民84）。工藝科教材教法新趨勢：模組化的課程設計與解決
　　問題的教學策略。八十三學年度國中體育、工藝科教學示範與研
　　討會工藝科研討報告，頁23-43。

李隆盛（民85）。科技與職業教育的課題。台北：師大書苑。

李隆盛（民86）。職校教材的撰寫要領。技職教雙月刊，38期。

李錫津（民79）。合作學習之實施。教師天地，48-54。

李鍾桂（民84）。彩繪生命藍圖：談生涯規劃。中國青年反共救國團
　　團務通訊573期，頁2-12。

吳幸宜譯（民83）。學習理論與教學應用。台北：心理出版社。

吳明清（民85）。教學方法的選用。載於黃政傑主編：教材教法的問
　　題與趨勢。台北：師大書苑。

吳清山等（民85）。班級經營。台北：心理出版社。

吳萬福（民87）。體育教材的分析與選用原則。研習資訊，15(5)。

吳韻儀（民84）。澳洲教改，能力導向。天下雜誌172期，頁126-
　　130。

余民寧（民88）。教育測驗與評量。台北：心理出版社。

林生傳（民77）。教學理論與策略。台北：五南。

林清山（民79）。教育心理學——認知取向（原著：Richard E.
　　Mayer）。台北：遠流。

林寶山（民82）。教學論。台北：五南。

林寶山（民87）。教學原理與技巧。台北：五南。

金樹人（民85）。教室裡的春天。台北：張老師。

洪明洲（民88）。台大管理論壇—網際論壇：網路教學課程設計對學
　　習成效的影響研究。www.cc.ntu.edu.tw/~ccd1/webclasses.html/

洪明洲、王志修、黃汝頡（1998）。電腦網路溝通，台北：科技。

洪明洲、蔡碧鳳（1999）。學習與創造的網路課程設計：以「企業管

理」為例。隔空教育論叢第十一輯。

洪榮昭（民81）。電腦輔助教學。台北：師大書苑。

胡夢鯨（民85）。成人教育現代化與專業化。台北：師大書苑

南陽實業（民82）。同步同心。台北：卓越。

孫邦正（民80）。教育概論。台北：台灣商務。

高廣孚（民85）。教學原理。台北：五南。

袁立錕（民72）。工業教育學。台北：三民。

康自立（民67）。美國當前革新工業教育課程之類型。工業職業教育
　　　雙月刊，1(6)，頁11-15。

康自立主編（民78）。專科學校教師教學評量手冊。教育部技職司。

陳正昌等（民85）。教學設計原理。台北：五南。

陳李綢（民83）。學習策略的研究與教學。資優教育，第29期，15-24
　　　頁。

陳昭雄（民74）。工業職業教育。台北：三民。

陳昭雄（民78）。職業科目教學方法之理論與實務。台北：師大書
　　　苑。

陳敬明（民77）。斯金納的教學理論。載於黃光雄主編：教學原理。
　　　台北：師大書苑。

陳淑英（民75）。視聽媒體與方法在教學上應用之研究。台北：文
　　　景。

陳德懷（1996）。全球教育網站，視聽教育新科技國際研討會論文
　　　集。台北：國立台北師範學院。

陳龍安（民84）。創造思考教學。台北：心理。

張天津（民73）。技術職業教育行政與視導。台北：三民。

張天津（民87）。營向高科技社會技職教育的課程與教學。台北科技
　　　大學學報31(1)，頁1-5。

張玉成（民84）。思考技巧與教學。台北：心理。

張祖忻、朱純、胡頌華（民84）。教學設計：基本原理與方法。台

北：五南。

張新仁（民77）。現代教學法的新趨勢。教育研究，2期，頁69-88，
　　高雄師範學院。

張春興、林清山（民80）。教育心理學。台北：東華。

張春興（民85）。教育心理學——三化取向的理論與實踐。台北：東
　　華。

張嘉育（民87）。認識學校本位課程發展。載於台灣省國民學校教師
　　研習會編：國民教育與行政學術研討會實錄。台北：編者。

張霄亭總校閱（民86）。教學媒體與教學新科技。台北：心理出版
　　社。

張添洲（民86）。技職教育課程設計歷程。技職雙月刊，41。

莊明貞（民86）。國小課程的改進與發展—真實性的評量。載於道德
　　教學與評量——多元文化教育觀點。台北：師大書苑。

國立編譯館編（民71）。課程教材教法通論。台北：正中。

黃光雄（民77）。教學原理。台北：師大書苑。

黃光雄（民79）。教學理論。台北：復文。

黃光雄（民80）。課程與教學。台北：師大書苑。

黃光雄（民87）。一般教學模式。載於黃政傑主編：教材教法的問題
　　與趨勢。台北：師大書苑。

黃炳煌譯（民80）。課程與教學的基本原理。台北：桂冠。

黃政傑、李隆盛（民82）。班級經營-理念與策略。台北：師大書苑。

黃政傑主編（民85）。教材教法的問題與趨勢。台北：師大書苑。

黃政傑、林佩璇（民85）。合作學習。台北：五南。

黃政傑（民86）。課程設計。台北：東華。

黃政傑主編（民86）。教學原理。台北：師大書苑。

黃政傑（民87）。論教學單元編製的問題。載於黃政傑主編：教材教
　　法的問題與趨勢。台北：師大書苑。

曾憲政、高勳芳、周麗玉（民84）。聯考不再是入學唯一的路。聯合

報，84.1.29。

馮丹白（民80）。協調教師在建教合作中的角色扮演。技術及職業教育雙月刊，4期。

彭森明（民83）。新科技與教育創新：以新科技為教育開創新領域提高教育成果。教育資料與研究，第2期。

彭森明、李虎雄、簡茂發（民86）。教師基本素質評量制度之建立與評量工具之設計。教育資料與研究，22期，頁30-37。

賈馥茗（民72）。教育哲學。台北：三民。

楊朝祥（民73）。技術職業教育辭典。台北：三民。

蔡錫濤（民84）。國中生活科技課程內涵及教學策略探討。83學年度國中體育、工藝科教學示範與研討會工藝科研討報告，頁5-12。

趙中建（民81）。教學模式。台中：五南。

歐用生（民83）。課程教材教法通論。台北：正中。

歐陽教（民75）。教學的觀念分析。中國教育學會主編：有效教學研究。台北：台灣書店。

歐陽教（民83）。教育概論。台北：師大書苑。

鄭晉昌（民82）。自「情境學習」的認知觀點探討電腦輔助教學中教材內容的設計──從幾個學科教學系統談起。教學科技與媒體，12，3-14。

簡建忠（民84）。人力資源發展。台北：五南。

羅文基（民77）。技職教育的探索。台灣省教育廳：職業教育叢書編輯小組。

羅清水（民87）。九年一貫課程與學校本位課程發展。研習資訊，15(5)，1-8。

簡紅珠（民87）。教學發展趨勢。載於黃政傑主編：教材教法的問題與趨勢。台北：師大書苑。

饒見維（民85）。教師專業發展。台北：師大書苑。

Adams, J.S et al. (1979) Motivation and work behavior (2nd

ed). N.Y: McGraw—Hill.

Biehler, R.F., & Snowman, J. (1990). Psychology applied to teaching (6th ed). Boston: Houghton Mifflin.

Bigge, M.L. (1982). Learning theory for teachers, (4th ed.). N.Y.: Harper & Row.

Black, J., Swan, K., & Schwartz, D. (1988). Developing thinking skills with computers. Teachers' College Record, 89(3), 384—407.

Bloom, B.S. (1976). Human characteristics and school learning. N.Y.: McGraw—Hill.

Bloom, B.S. (1991). All our children learning. New York, N.Y: McGraw—Hill.

Bowers, C. (1991). Responsive teaching: An ecological approach to classroom patterns of language, culture, and thought. N.Y.: Teacher College Press.

Bruner, J. (1960/1981). Toward a theory of instruction. Cambridge, MA: The Belknap Press of Harvard University Press.

Brown, J.S., Collins, A., & Duguid, P. (1989). Situated congnition and culture of learning. Educational Researcher, 18(1),32—42.

Brady, L. (1990) Curriculum development. Sydney: Prentice Hall.

Bumbaca, F. (1988) Intelligent Computer—assisted instruction: a theoretical framework. International Journal of Man—Machine Studies, 29, 227—255.

Cross, K.P. (1980) Adult as learnners. San Fancisco Jossey—buss publishers.

Feldhusen, J.F., & Treffinger, D.J. (1980). Creative thinking and problem solving in gifted education. Tx: Kendall/Hunt.

Gagne', R.M. (1977). The conditions of learning and theory of instruction (3rd ed). N.Y.: Holt, Rinehart and Winston.

Gagne', R.M. (1974). Essentials of learning for instruction. Illinois: Dryden press.

Gredler, M.B. (1997). Learning and instruction: Theory and practice (3rd ed). Prentice-Hall, Inc.

Harasim, L. M. (1990). On-line education: Perspective on a new environment. New York: Praeger. Holden.

Hatch L. (1988). Problem solving approach. In CTTE (Ed.). Instructional strategies for teachnology education (pp.87-98). Mission Hills, CA: Glencoe.

Heinich, et al., (1982). Instructional media. N.Y.: John Wiley & Sons.

Johnson, S.D. (1987). Teaching problem solving, School Shop, 15-17.

Johnson. D.W., & Johnson, R.T. (1988) Circles of learning. Alexandria, VA: Association for Supervision and Curriculum Development.

Joyce, B., Weil,M., & Showers,B. (1996). Models of Teaching. 台北：雙葉書廊進口。

Kelly, A.V. (1989). The curriculum: Theory and Practice. London: Paul Chapman Pub. Ltd.

Kelly, G.P. & P.G, Altbach (1988). Alterative Approaches in Comparative Education, in T.N. Postlethwaite (Ed.) The

Encyclopedia of Comparative Education and National Systems of Education, Oxford: Pergamon Press.

Laska, J.A. (1984). The four basic methods for instruction. Educational Technology, Vol.24(6), pp.42–45.

McLellan, H., ed. (1996). Situated Learning Perspectives. Englewod Cliffs, NJ: Educational Technology Publications.

Moore, Kenneth D. (1989) Classroom Teaching Skills. N.Y.: Random House.

Robbins, S.P. (1991) Organizational Behavior. McGraw–Hills.

Reigeluth, C.M. (Ed.) (1983). Instructional–design theories and models: An overview of their current status. Hillsdale, N.J.: Lawrence Erlbaum Associates, Publisher.

Stufflebeam, D. L., et al. (1981) Educational evaluation and decision making. Itasca, Ill.; Peeacock.

Tyler, R. W. (1951) Basic principles of curriculum and instruction. Chicago: University of Chicago Press.

Wolf, D.P. (1989). Protfolio assessment: Sampling student work. Educational Leadership, 46(7). 35–36.

Yang, K. S. (1988) Will societal modernization eventually eliminate cross–cultural psychological differences. In M.H. Bond (ED.). The cross–cultural challenge to social psychology. Beverly Hills, CA: Sage.

國家圖書館出版品預行編目資料

教材教法：發展與革新／張添洲著.
--初版.--臺北市：五南，2000〔民89〕
面；　公分
ISBN 978-957-11-2205-2（平裝）
1.教學法
521.4　　　　　　　　89012936

1IDR

教材教法—發展與革新

作　　者 — 張添洲(210)

發 行 人 — 楊榮川

總 經 理 — 楊士清

副總編輯 — 陳念祖

責任編輯 — 陳佩玉

出 版 者 — 五南圖書出版股份有限公司

地　　址：106台北市大安區和平東路二段339號4樓

電　　話：(02)2705-5066　傳　　真：(02)2706-6100

網　　址：http://www.wunan.com.tw

電子郵件：wunan@wunan.com.tw

劃撥帳號：01068953

戶　　名：五南圖書出版股份有限公司

法律顧問　林勝安律師事務所　林勝安律師

出版日期　2000年　9月初版一刷
　　　　　2018年10月初版七刷

定　　價　新臺幣520元